George Abraham Grierson

The Kaçmiraçabdamrta

A Kaçmiri grammar written in the Sanskrit language

George Abraham Grierson

The Kaçmiraçabdamrta
A Kaçmiri grammar written in the Sanskrit language

ISBN/EAN: 9783743407480

Manufactured in Europe, USA, Canada, Australia, Japa

Cover: Foto ©Andreas Hilbeck / pixelio.de

Manufactured and distributed by brebook publishing software (www.brebook.com)

George Abraham Grierson

The Kaçmiraçabdamrta

NOTE.

(PRELIMINARY.)

This edition of the Kaçmīraçabdāmṛta of Īçvara-kaula has been prepared from a single MS. which the Editor owes to the courtesy of Bābū Nīlāmbara Mukarji. The MS. was presented to that gentleman by the Author himself, and has been carefully revised by him in his own handwriting. It may therefore be taken as the Author's final statement of his views on Kāçmīrī Grammar. Considering the authoritative nature of the MS. the Editor has not felt justified in making any alterations when preparing it for the Press. All that he has done has been to correct obvious slips of the pen. In most cases, when the Author in the course of his revision, altered a rule, he carefully made the necessary corrections in other portions of the work to which the rule incidentally applied. Here and there he has omitted to do so, and the Editor has exercised his discretion in making the necessary corrections or not. When it has been merely a question of spelling, he has usually done so, so as to secure uniformity in this most important particular. In more serious points, even when the Author is clearly wrong, e.g., when he marks the first व u in गुर gur*, a horse, as modified when it is certainly not modified (thus, गुर gur*), the Editor has left the text unaltered, and has contented himself with adding a footnote. Any additions made by the Editor, which are principally cross-references and a few rules added to make the work more accurate and more complete, are enclosed in square brackets. The reader can thus at once see what is the Author's and what is the Editor's.

Īçvara-kaula's work is a Grammar of the Kāçmīrī language written in Sanskrit, on the model of an ordinary *vyākaraṇa*. It is an excellent work, and might have been composed by Hēmacandra himself. Kāçmīrī is a language which is very little known, but which is of great importance for the purposes of comparative philology. Existing Grammars of it have been made by foreigners, and are imperfect. They all suffer from at least one grave fault, *viz.*, that they are based on the representation of the language which is displayed to them by the Persian alphabet, a system of characters which is quite unable to express the many broken vowel sounds in the language. Īçvara-kaula has adopted the Dēvanāgarī character, ingeniously modified to suit his purpose. With his system, there is no doubt, whatever, as to what is the exact sound of each word in the language. The phase of the language which is illustrated by him is that spoken by Hindūs of the City of Çrīnagar. It differs slightly from the dialect used by Musalmāns and from that used in the rest of the valley. Former Grammars have been based on the Musalmān language, which is that used by 90 per cent. of the population of the Happy Valley. The Hindū dialect has, however, its value. It is the language of the educated ruling class, and its contamination with Persian has been prevented by a wholesome tradition, which had no hold on the Muḥammadan inhabitants. It is hence much the purest form of the tongue.

Īçvara-kaula is not always consistent in his spelling. At least in two cases, he represents the same sound by various modes of spelling. It is important to note these in order to understand his Grammar. In the first place, he treats ङ् ñ and ञ् ñˢ as convertible terms. He nowhere says this, and unless the reader is forewarned he will find himself puzzled more than once. Thus on p. 14 he writes चाॅमॅञ् tʂāmąñˢ, but on p. 24 कृपरामॅञ् kṛpārāmąñ, and again, on p. 103, he writes words like वॅञ् wąñ, although he has, only a page or two back, said that these feminines must end in ū-mātrā, and we should hence except वॅञ् wąñˢ. In the second place, he is not consistent in his spelling of words which etymologically end in i followed by a consonant followed by u-mātrā. Take, for instance, the word किन् kitˢ. This is no doubt the correct etymological spelling, but the word is pronounced क्युत् kyut, and thus he occasionally writes similar words, as in the case of मंज्युम् mąnzyum, on p. 64. He generally, however, spells it क्युत् kyutˢ, which is no doubt the best way of dealing with the problem; for to omit the u-mātrā would be to play havoc with all the Author's rules of declension. Sometimes Īçvara-kaula uses one system of spelling, and sometimes another, and, in this case, the Editor has not felt himself at liberty to choose only one method, as it would entail too free a treatment of the text.

The Editor had intended to prefix to the present instalment of the Grammar, an account of the rules of the Kāçmīrī language, as given by the Author; but an affection of the eyes has put a stop for the present to his studies, and he must postpone a formal introduction to the completion of the work. The part now issued takes the student down to the end of Declension. The work will be completed in one more instalment which will deal with the Verb. The Author commences his Grammar with a chapter on the rules of Sandhi or Combination of Vowels only. Then follows a chapter on Declension, divided into three sections, the first describing the declension of Nouns, Substantive and Adjective, the second the luxuriant varieties of the Vocative Case, and the third the declension of

Pronouns. We next have a short chapter on Concordance and Composition of Nouns, and a long one on Secondary Suffixes, or the Formation of Nouns and Adjectives from other nouns and adjectives. The first part, now issued, concludes with a chapter on Indeclinables and another on the Formation of Feminines. The second part will contain a *Dhātupāṭha,* a chapter on Conjugation, and a chapter on Primary Suffixes, or the formation of Substantives, Adjectives, and various Verbal Forms from Roots.

In default of an exposition of the peculiarities of Kāçmīrī pronunciation, which, for the reason above stated the Editor is unable at present to give, he would refer the reader to his article on the Kāçmīrī vowel system which has appeared in the *Journal* of the Bengal Asiatic Society for 1896, pp. 280 & ff. This will be found to give all the necessary information, and to explain the system of spelling adopted by Īçvara-kaula.

The Editor has read the Grammar carefully through with Paṇḍit Mukunda Rāma Çāstrī, a Kāçmīrī born and bred in Çrīnagar, who came down to Patna for the purpose. The Paṇḍit has also read the proof sheets with him and has elucidated many doubtful points. The Editor is glad to have an opportunity of acknowledging the assistance which he has received from so learned and intelligent a co-worker.

The printing, which was a more complicated business than ordinary, has been carried out at Patna, under the Editor's personal supervision, and his thanks are due to the printers, Babu Rām Dīn Singh and Babu Sāhib Prasād Singh for the care with which the work has been carried out.

BANKIPUR : }
17*th March*, 1897. }

ॐ श्रीगणेशाय नमः ।

अथ

कश्मीरशब्दामृतं

लिख्यते ॥

यत्प्रसादादृना विघ्नगणा यान्ति ह्यगण्यताम् ।
अभीप्सिताय तं वन्दे शरदीव घनाघनाः ॥ १ ॥
तां वन्दे या चतुष्षष्टिवर्णरूपेण भारती ।
वागर्थरूपवन्ध्यायां क्रीडयत्यखिलान्कृतीन् ॥ २ ॥
कश्मीरे संस्कृता भाषा ह्यभूदित्यनुमीयते ।
पूर्वं सैवाधुना कालवशात्संकरतामिता ॥ ३ ॥
सूत्रधातुनिबन्धेन शब्दाश्चाधुनिकाः क्रियाः ।
व्याक्रियन्ते तथा नोपभ्रष्टाः स्युस्ते पुनर्यथा ॥ ४ ॥
यस्य हृत्सदने वाङ्मे प्रभातो ऽच्छप्रपूरिते ।
इवाभीक्ष्णमसापत्न्यसूचके धरणीपतेः ॥ ५ ॥
तस्य राजाधिराजस्य जम्बूकश्मीरभूभुजः ।
श्रीमच्छ्रीरणवीराख्यसिंहस्यामिततेजसः ।
अतिवेलप्रसादाप्तवृत्तिना क्रियते त्विदम् ॥ ६ ॥
संवीक्ष्य कल्पनाभोगं हृष्यन्त्वस्मिन्सुपूरुषाः ।
स्वोत्पादने पितृद्वेषी कुइनो ऽन्यस्य का कथा ॥ ७ ॥

वेदव्याकरणे किल त्रिनयनाभ्यस्ते च सारस्वत
ऐन्द्रे सादर ऐन्दवे सुमनसां यो बाहुलेये ऽपि च ।
प्रीत्या ईश्वरकौल ईशनिरतः कश्मीरशब्दामृतं
सद्वर्षे सुतिथौ शुभोऽहनि शुभे घस्रे च मासे व्यधात् ॥ ८ ॥

[८ । अस्य श्लोकस्य श्लिष्टार्थपदेभ्यो ऽयमर्थान्तरो व्यज्यते, वेदव्याकरणे वेदा इति संख्यार्थे चत्वारि, व्याकरणानि अष्टौ, अङ्कानां वामतो गतिरिति नयेन तच्चतुरष्टरूपं संख्यानं चतुरशीतिर्भवति तस्मिंश्चतुरशीत्यात्मके ८४ संख्याने त्रिनयनाभ्यस्ते त्रिभिर्नयनाभ्यां द्वाभ्यां पूर्वरीत्या त्रयोविंशत्या अभ्यस्ते गुणिते सति द्वि२त्रि३नव९एका१त्मिका संख्या अर्थात एकोनविंशतिः शतं द्वात्रिंशच्च जायते, तत्संख्यात्मके सद्वर्षे एकोनविंशतिशताधिकद्वात्रिंशे वैक्रमे संवत्सरे इत्यन्वयः, तथा सारस्वते सुतिथौ सरस्वतीदेवतायां तिथौ पञ्चम्यामिति यावत्, पुनश्च ऐन्द्रे शुभोऽहनि सति इन्द्रदेवतात्मके ज्येष्ठानक्षत्रे, घस्रे च शुभे ऐन्दवे इन्दुर्देवता-स्येत्यैन्दवः सोमवासरे इत्यर्थः, मासे च बाहुलेये बहुलाः कृत्तिकाः तद्युता पौर्णमासी यस्मि-न्मासे कार्तिके इत्यर्थः. शुभपदेन अवशिष्टः शुक्लपक्षो ऽवगम्यते इति भावः ॥ तथाकृते । संवत् १९३२ कार्तिकशुक्लपञ्चम्यां सोमवासरे ज्येष्ठानक्षत्रे ईशनिरतः शिवभक्त ईश्वरकौलः सुमनसां सहृदयानां देवानां च प्रीत्यै कश्मीरशब्दामृतम् नाम इदं कश्मीरभाषाव्याकरणं व्यधात् निरमादिति ॥]

ॐ अक्षरसंकेतपरिपाटीयम् ।

तत्रादौ काश्मीरभापायां वर्गचतुर्थाक्षराणि क्वचिन्नोच्चार्यन्ते अकारश्च प्रसिद्धोच्चारणतया न शब्दायत इति बोध्यम् ॥

प्रसिद्धा वर्णाः ।

अ आ इ ई उ ऊ ऋ ॠ ऌ ॡ ए ऐ ओ औ अं अः क ख ग ङ च छ ज ट ठ ड त थ द न प फ ब म य र ल व श ष स ह क्ष ॥

अप्रसिद्धानां संकेतः ।

अ॑ आ॑ उ॑ ऊ॑ ऋ॑ च़ छ़ ज़ झ़ ॥

भापाशब्दाः । अ॑गुनु । अ॑लुतु । आ॑शिद् । उ॑जुलु॑ । ऋ॑थ् ॥
संस्कृताः शब्दाः । अग्निः । अलक्तः । आश्विनः । उज्ज्वलः । ऋतुः ॥

भापाशब्दाः । प॑पु । त॑नु । दा॑रू । गु॑रु॑ [?] । तू॑रू । कू॑मू ॥
संस्कृताः शब्दाः । पक्वः । तनु । श्मश्रु । अश्वः । शीतम् । कूर्मः ॥

भापाशब्दाः । व॑रि । प॑पि । द॑रि ॥ व॑रु । प॑पु । द॑रु ॥
संस्कृताः शब्दाः । वलयाः । पक्काः । दृढाः ॥ वलयः । पक्वः । दृढः ॥

भापाशब्दाः । द॑रू । प॑पू । व॑रू ॥ च़॑रु । छ़॑रु । ज़॑रु । पोञ़् ॥
संस्कृताः शब्दाः । दृढा । पक्का । अप्रसूता ॥ बहु । रिक्तम् । बधिरः । पानीयम् ॥

अत्रोर्ध्वचिह्नं स्वरस्याधोबिन्दुर्व्यञ्जनस्य ज्ञेया । तथा ऊकारमात्रा (पू) इकारमात्रा (ि) उकारस्य (ु) ज्ञेया ॥

[1 वु॑जुलु॑ इत्यपि ॥]

[2 सर्वदा हि गुरुइत्यत्र गकाराश्रित उकारः प्रसिद्धतयोच्चार्यते ॥]

कश्मीरशब्दामृतम् ।

तत्रादौ ।

संधिप्रकरणम् ॥ १ ॥

संधिसिद्धिः पदेषु ॥ १ ॥

अत्र वक्ष्यमाणशब्दशास्त्रे संधेः (अक्षरसंयोगस्य) सिद्धिः (विधानं) पदेषु (लिङ्गस्वरूपेषु धातुस्वरूपेषु च) विज्ञेया ॥

॥ न वाक्येषु ॥ २ ॥

अत्र तिङन्तसुबन्तसमुदायरूपेषु वाक्येषु संधिर्नाविधार्यः ॥

॥ व्यञ्जनं परेण संधेयम् ॥ ३ ॥

ताप् उकु । अनेन संधौ कृते । तापुकु । आतपस्य ॥ इति सिद्धम् ॥ कर् यान् । अनेन संयोगे कृते कर्यान् । चकार । इति सिद्धम् ॥ पदेषु किम् । तिम् आय् । त आयाताः । अत्रोभयोः सुबन्ततिङन्तयोर्विद्यमानत्वात्संधिनिषेधः ॥

॥ असवर्णे ऽकारस्य लोपः ॥ ४ ॥

ड्यक उकु । गाट उलु । अनेन अकारस्य लोपे कृते । ड्यकुकु । ललाटस्य ॥ गाटुलु । बुद्धिमान् । इति सिद्धम् ॥ पदेषु किम् । च़ह् व्वल । त्वम् एहि । अत्र

संधिर्न भवति ॥ [काचित्को ऽयं विधिरुकारादिष्वसवर्णेषु विध्यन्तरस्य वक्ष्यमाणत्वात्] ॥

॥ स्वरः सवर्णे दीर्घपरलोपौ ॥ ५ ॥

करान् छ्य आ । अंछि इट् । अनेन दीर्घे परलोपे च कृते । करान् छ्या । [सा किं नु करोति] । अछीट् । [दुर्दृष्टिः] [सू० ४।३६] । इति सिद्धम् ॥ पदेषु किम् । पंछि इम् । अतिथय एते । इत्यत्र संधिर्न भवति ॥

[॥ अकारे ऽकारलोपः ॥ ५ क ॥

गर अन् । अनेन अकारस्य लोपः । गरन् । गृहाणि । इति सिद्धम् ॥]

॥ अकार इकार ए ॥ ६ ॥

अकार इकारे परे एकारो भवति परलोपश्च ॥ च्य इन् । [च्येन् । तेन पीतानि] ॥ च्यकारादकारविश्लेषं कृत्वानेनाकारस्यैकारे कृते च्येन् इति सिद्धम् ॥

॥ उकार ओ ॥ ७ ॥

अकार उकारे परे ओकारो भवति परलोपश्च ॥ ख्य उन् । ख्योन् । तेन खादितम्] ॥ च्य उन् च्योन् । [तेन पीतम्] ॥ अत्राकारोकारयोः संधौ कृते अनेन ओकारपरलोपौ ॥

॥ एकार ऐ ॥ ८ ॥

अकार एकारे परे ऐ संपद्यते ॥ ग एय् । [गैय् । ते गताः] ॥ प्य एय् । [प्यैय् । ते पतिताः] ॥ अनेन संधौ कृते गैय् प्यैय् इति भवति ॥

[क । इदं सूत्रं ग्रन्थकृतात्र लिखितं नास्ति लिङ्गपादस्थ ९२ सूत्रमध्ये त्वनुकृष्टम् । तस्मादवश्योपयोग्यत्र मध्ये प्रक्षिप्तम् ॥]

॥ ओकार औ ॥९॥

अकार ओकारे परे औ भवति॥ ग ओव्। प्य ओव्॥ अनेन संधौ कृते। गौव [। स गतः]॥ प्यौव् [। स पतितः]॥

॥ इकारो ऽसवर्णे यो ऽपरलोपः ॥ १०॥

इकारो ऽसवर्णे स्वरे न परलोपो यस्य तथाविधो यः संपद्यते॥ करि उकु। इकारस्य यत्वे परलोपाभावे च व्यञ्जनं परेण संधेयमिति (सू० ३)। कर्युकु। इति सिद्धम्॥ पदेषु किम्। कति आय्। कुत आगताः। इत्यत्र वाक्ययोर्विद्यमानत्वात्संधिनिषेधः॥

॥ उकारो वः ॥ ११ ॥

उकारो ऽसवर्णे स्वरे परे वकारो भवति परलोपाभावश्च॥ करान् छु आ। अनेन वत्वे कृते। करान् छ्वा [। स किं नु करोति]। इति सिद्धम्॥ पदेषु किम् पट्टु अन्। और्णमानय। अत्र संधिनिषेधः॥

इति श्रीशारदाक्षेत्रभाषाव्याकरणे
काश्मीरशब्दामृते संधिप्रकरणम् ॥१॥

अथ लिङ्गप्रकरणं ॥२॥

लिङ्गपादः ॥१॥

॥ अकारान्तानां प्रथमैकबहुत्वे लिङ्गवत् ॥ १ ॥

अकारान्तानां लिङ्गानामेकवचनं बहुवचनं च स्त्रीपुंसोर्लिङ्गवद्विज्ञेयम् ॥ ड्यक। ललाटम् ॥ ड्यक। ललाटानि ॥ ब्यञ । भगिनी ॥ ब्यञ । भगिन्यः ॥

॥ ऊदन्तानां पुंसि ॥ २ ॥

ऊकारान्तानां च लिङ्गानां प्रथमाया एकवचनं बहुवचनं च लिङ्गवद्विज्ञेयं पुंलिङ्ग एव ॥ अत्र शारदाक्षेत्रभाषाशब्दशास्त्रे इकारान्तं लिङ्गमुवर्णान्तं च लिङ्गं तत्तन्मात्रिकान्तमेव बोध्यम्। न तु संपूर्णम्। किंतु तेषु पूर्ववर्णसंबन्धिनः स्वरस्याप्रसिद्धता विज्ञेया। [७० सूत्रोक्तो विधिरयम्]। सा च आकारस्य अकारप्लुतत्वशब्दवद्भवतीति परिभाष्यते ॥ दानू। करकः। अनार ॥ दानू। करकाः। बहुत अनार॥ पुंसि किम्। बडू। महती। बडी॥ बज्य। महत्यः। बडियाँ ॥

॥ व्यञ्जनान्तानां च ॥ ३ ॥

व्यञ्जनान्तानां पुंलिङ्गानां प्रथमैकबहुत्वे लिङ्गवद्भवतः ॥ दय्। ईश्वरः। ईश्वर ॥ दय्। ईश्वराः। बहुत ईश्वर ॥

॥ इप्रत्ययस्याकारो व्यञ्जने ॥ ४ ॥

व्यञ्जनान्तानां पुंलिङ्गानामकारान्तानां च व्यञ्जने परे इप्रत्ययस्य अकारो भवति॥ गर सूतिन्। गृहेण। घर कर के॥ वाल सूतिन्। वालेन। बाल कर के॥ गर शब्दात् वाल् शब्दात् च। हेतौ सूतिन्नन्तौ सूत्यन्तौ वा (सू० ५०) इत्यनेन इ सूतिन्प्रत्ययः। अनेन इकारस्य अकारः। अकारव्यञ्जनान्तानां किम्। गुरि सूतिन्। अश्वेन। घोडे कर के॥ व्यञ्जने किम्। गुरि लोयु। अश्वेन हतः। घोडे ने मारा॥ पुंसि किम्। मालि सूतिन्। मालया। माला कर के॥

॥ न संख्यावाचिभ्यः ॥ ५ ॥

संख्यावाचिभ्यो व्यञ्जनान्तेभ्यो लिङ्गेभ्यः इप्रत्ययस्य अकारो न भवति॥ सति सूतिन्। सप्तभिः। सात कर के॥ ऐठि सूतिन्। अष्टाभिः। आठ कर के॥ सत् शब्दात् ऐठ् शब्दात् इ सूतिन् प्रत्ययः॥

॥ इतो लोपः ॥ ६ ॥

इकारात् इप्रत्ययस्य लोपो भवति॥ पोथि सूतिन्। पुस्तिकया। पोथी कर के॥ पूथि शब्दात् इ सूतिन् प्रत्ययः। पूर्ववर्णोकारस्यौकारः स्त्रियाम् (सू० ३३) इत्यनेन उपधाया ऊकारस्य ओकारः। अनेन इकारलोपः॥

॥ यड्गाव्थर्क्कठ्वड्भ्य ऊकारमात्रादेशः ॥ ७ ॥

एभ्यः शब्देभ्यः इप्रत्ययस्य ऊकारमात्रादेशो भवति॥ यड्ू सूतिन्। उदरेण। पेट कर के॥ यड् शब्दात् इ सूतिन् प्रत्ययः। अनेन इकारस्य ऊकारमात्रादेशः। ऊदन्तत्वे सिद्धे पूर्वस्वरस्याख्याततता ज्ञेया। व्यञ्जनं परेण संधेयम् (सू० १।३) यड्ू सूतिन्। इति सिद्धम्॥ एवं। गोवू (सू०७२) सूतिन्। गवा। गऊ कर के॥ थरू सूतिन्। पृष्ठेन। पीठ कर के॥ कठू सूतिन्। कुष्ठेन। कुठ कर के॥ वड्ू सूतिन्। व्याजेन। व्याज कर के॥

॥ उदन्तानां लिङ्गवदेकत्वमेव ॥ ८ ॥

स्पष्टम् ॥ कंड् । कटकः । कडा ॥

॥ स्त्रियामिदूदन्तानाम् ॥ ९ ॥

इकारान्तानामूकारान्तानां च स्त्रियामेकवचनमेव लिङ्गवद्भवति ॥ पूथि । पुस्तिका । पोथी ॥ पंदू । पट्टिका । फट्टी ॥ एकवचनं किम् । पोथ्य । पुस्तिकाः । पोथियाँ ॥ पच्य । पट्टिकाः । फट्टियाँ ॥ स्त्रियां किम् । बांचू । कुटुम्बजनाः । टब्बर ॥

॥ व्यञ्जनान्तानां च ॥ १० ॥

व्यञ्जनान्तानां स्त्रीलिङ्गानामेकवचनमेव लिङ्गवद्भवति ॥ क्रख् । कोलाहलः । ऊँचा शब्द ॥ क्रक्शब्दस्य । वर्गप्रथमान्तानां प्रथमायां द्वितीय (सू० ६६) इत्यनेन कस्य खः ॥ एकवचनं किम् । क्रक । कोलाहलाः । ऊँचे शब्द ॥

॥ बहुत्वे ऽकारागमः ॥ ११ ॥

व्यञ्जनान्तानाम् [इद्] ऊदन्तानां च स्त्रीलिङ्गानां बहुवचने अकारागमो भवति ॥ [पोथ्य । पुस्तकानि । पोथियाँ ॥] पच्य । पट्टिकाः । फटियाँ ॥ क्रक । कोलाहलाः । ऊँचे शब्द ॥ पंदू शब्दात् अनेन अकारागमे कृते । ऊदन्तटवर्गस्य चवर्गः प्रथमाबहुत्वादिषु स्त्रियाम् (सू०२२) इत्यनेन सूत्रेण टकारस्य चकारे कृते । उवर्णान्तानामिकार (सू०३०) इति ऊमात्राया इकारः । इकारो ऽसवर्णे यो ऽपरलोप (सू०१।१०) इति यत्वम् । अन्यत् स्पष्टम् ॥

॥ न्प्रत्यये सर्वत्र ॥ १२ ॥

सर्वत्र स्त्रीलिङ्गे पुंलिङ्गे च न् प्रत्यये पर अकारागमो भवति ॥ गुर्यन् छुह् खसान् । अश्वानारोहति । घोडियों को चढता है ॥ कोर्यन् छुह् रछान् । कन्याः पाति । कुडियों को पालता है ॥ कटन् छुह् मारान् । मेषान्हन्ति । भेडुओं को

मारता है ॥ गुद्द शब्दात्। द्वितीयायां स्नाव् (सू० ३८) इति न् प्रत्ययः। अनेनाकारागमः। उवर्णान्तानामिकार (सू०३०) इतीकारः ॥ कूरू शब्दस्य। पूर्ववर्णोकारस्यौकारः स्त्रियाम् (सू०११) इत्यनेनोपधाया ऊकारस्यौकारः। यत्वम्। शेषं पूर्ववत् ॥

॥ नोदन्तानां पुंसि ॥१३॥

ऊकारमात्रान्तानां पुंलिङ्गानां न् प्रत्यये परे अकारागमो न भवति ॥ दांनून् छुह् ख्यवान्। करकान् खादति। अनारों को खाता है ॥ लांकून्। इन्द्रवारुणीः। खीरों को ॥ कांन्जून्। काञ्जिकानि [। काँजी] ॥

॥ कृतादेशव्यञ्जनान्तेभ्यश्च ॥ १४ ॥

येषां व्यञ्जनान्तानां लिङ्गानामादेशः कृतो भवति न तु ऊमात्रान्तानां तेषां न् प्रत्यये परे अकारागमो न भवति ॥ रात्। ग्रन्द्। कथ्। इति शब्दाः (सू०२३) ॥ रांचून् छुह् परान्। रात्रीः पठति। रात्रियों को पढता है ॥ ग्रंन्जून् छुह् वुछान्। संख्याः पश्यति। गिन्तियों को देखता है ॥ कछून् छुह् वुठान्। [सूत्रतन्तुराशीन् वेष्टयति। लच्छे के सूत बाटता है] ॥ कृतादेशव्यञ्जनान्तेभ्यः किम्। पच्यन् छुह् गरान्। पट्टिका घटयति। फट्टियों को गडता है ॥

॥ वा गंन्ज़ूगांसूबाचूहांन्ज़ूभ्यः ॥ १५ ॥

एभ्यः शब्देभ्यः पुंस्त्वादकारागमो वा विकल्पेन भवति ॥ गंन्जून् छुह् मारान्। चर्मकारान्मारयति। चमिआरों को मारता है ॥ गांसून्। [तृणविक्रेतॄन्। घसियारों को] ॥ बांचून् छुह् प्यतरान्। कुटुम्बजनान्पाति। कुटुम्ब को पालता है ॥ हांन्जून् छुह् रछान्। नाविकान्पाति। हाँजियों को पालता है ॥ वा ॥ गन्जन्। गासन्। हान्जन्। बाचन् ॥

॥ कृतादेशानामूमात्रा आगमः ॥ १६ ॥

कृतादेशशब्दस्य पुनर्ग्रहणम् । यत्र यत्र वचने व्यञ्जनान्तानां लिङ्गानामादेशः कृतः स्यात्तत्र ऊमात्रा आगमो भवति ॥ रात् । सत् । कथ् । ग्रन्द् । हान् । इति लिङ्गानि (सू० २३) । रांच़ू । रात्रयः । रातियाँ ॥ संच़ू । आशाः । आशाओं ॥ कंछू । [सूत्रतन्तुराशयः । लच्छे] ॥ ग्रन्ज़ू । संख्याः । गिन्तियाँ ॥ हांसू । हानयः । हानियाँ ॥ ऊमात्रान्तत्वे पूर्वस्वरस्यामसिद्धता ॥

॥ यड्ग़ाव्क्कठ्थर्वडां च कृतादेशविधिः ॥ १७ ॥

एषां शब्दानां च कृतादेशलिङ्गवाद्विधिरागमानिषेधौ भवतः । अकारागमस्य निषेधः ऊमात्रागमस्य विधिः स्यात् ॥ यंड़ू । उदराणि । पेटाँ ॥ गोवू (सू० ७२) । गावः । गऊआँ । कंठू ॥ कुष्ठानि [औषधविशेषः] । कुठाँ ॥ थंरू । पृष्ठानि पीठाँ ॥ वंडू । कलान्तराणि । व्याजाँ ॥

॥ खार्मार्सार्राशादीनां च ॥ १८ ॥

एतदादीनां व्यञ्जनान्तानां स्त्रीलिङ्गानां चाऽकारागमनिषेध ऊमात्रागमश्च भवति ॥ खार् । खारी । खांरू । खार्यः ॥ मार् । नाम नदी । मांरू । नद्यः ॥ सार् । पट्टीभेदः । सांरू । पट्ट्यः ॥ राश् । वणिग्धनम् । रांशू । धनानि ॥

॥ हान्तानां शश्च ॥ १९ ॥

हकारान्तानां स्त्रीलिङ्गानां प्रथमाबहुत्वादिष्वऽकारागमनिषेध ऊमात्रागमाभ्यां भवति अन्त्यस्य हकारस्य च शकारो भवति ॥ काह् । एकादशी । कांशू । एकादश्यः ॥ बाह् । द्वादशी । बांशू । द्वादश्यः ॥ पाह् । विष्ठा । पांशू । विष्ठाः ॥ एवं । कांशूव् सूंतिन् । एकादशीभिरित्यादि ॥

॥ ऊकारादौकारस्य वत्वम् ॥ २० ॥

ऊमात्रायाः परस्य औकारस्य सर्वत्र पुंलिङ्गे स्त्रीलिङ्गे च वकारः स्यात् ॥ रांचूव् सूतिन् । रात्रिभिः । रातियों कर के ॥ यंडूव् पुछ्य् । उदरेभ्यः । पेटों वास्ते ॥ दांनूव् सूतिन् । करकैः । अनारों कर के ॥ वांचूव् सूत्य् । कुटुम्बैः । टब्बरों कर के ॥

॥ ऊदितोरकारागमः स्त्रियां सकारे ॥ २१ ॥

ऊकारान्तस्येकारान्तस्य च लिङ्गस्य सकारे परेऽकारागमो भवति स्त्रियाम् ॥ पंटू । तंन्नू । हंटू । पूथि । शब्दाः ॥ पच्य । पट्टिकाम् । फट्टी ॥ तन्य । तन्वीम् । पतली ॥ ह्च्य । काष्ठम् । लकड़ी ॥ पोथ्य । पुस्तिकाम् । पोथी ॥ द्वितीयायां स्नाव् (सू० ३८) इति स् प्रत्ययः [। स्लोपः स्त्रियां सर्वत्र (सू० ४०) इति सकारस्य। लोपः] । ऊदन्तटवर्गस्य (सू० २२) इति टस्य चः । उवर्णान्तानामिकार (सू० ३०) इति ऊमात्राया इकारः। इकारो ऽसवर्णे योऽपरलोप (सू० १।१०) इति यत्वम् । अनेनाकारागमः ॥ पूथि शब्दस्य चानेनाकारागमः । इकारो ऽसवर्णे यो ऽपरलोप (सू० १।१०) इति यत्वम् । व्यञ्जनं परेण संधेयम् (सू० १।३) । पूर्ववर्णौकारस्यौकार (सू० ३३) इत्यूकारस्यौत्वम् ॥

॥ ऊदन्तटवर्गस्य चवर्गः प्रथमाबहुत्वादिषु॥२२॥

प्रथमाया बहुवचनादिषु ऊमात्रायुतस्य टवर्गस्य चवर्गादेशो भवति स्त्रीलिङ्गे ॥ पंटू । कांटू । वंडू । इति शब्दाः ॥ पच्य छ्यह् । पट्टिकाः सन्ति । फट्टियाँ हैं॥ पच्यन् छुह् गरान् । पट्टिका घटयति । फट्टियों को गडता है॥ पच्य सूतिन् । पट्टिकया । फट्टी कर के॥ काछ्य छ्यह् । शाकादिकाष्ठानि सन्ति । सागों की लकडियाँ हैं ॥ काछ्यन् छुह् फुटरान् । काष्ठानि भनक्ति । सागों की लकडियों को तोडता है ॥ काछि सूतिन् । शाककाष्ठेन । सागों की लकडी कर के ॥ वज्य छ्यह । महत्यः

सन्ति। बड़ियाँ हैं ॥ बज्यन् छुह् दपान्। महतीर्वदति। बड़ी इस्त्रियों को कहता है ॥ बज्यौ सूतिन्। महतीभिः। बड़ी स्त्रियों कर के ॥

॥ तवर्गान्तानामप्रसिद्धः ॥ २३ ॥

तवर्गान्तानां स्त्रीलिङ्गानां क्रमेण अप्रसिद्धः चवर्गादेशो भवति अप्रसिद्धो दन्त्यः ॥ रात्। कथ्। ग्रन्द्। ईरन्। च़ामन्। इति शब्दाः ॥ रॊचू छ्यह्। रात्रयः सन्ति। रातियाँ हैं ॥ रॊचून् छुह् निवान्। रात्रीर्हरति। रातियों को लेता है ॥ रॊचूव् सूतिन्। रात्रिभिः। रातियों कर के ॥ कॊछू छ्यह् [। सूत्रतन्तुराशयः सन्ति। लच्छे हैं]॥ कॊछून् छुह् वुठान् [। सूत्रतन्तुराशीन् वेष्टयति। लच्छों को बाटता है] ॥ कॊछूव् सूतिन् [। सूत्रतन्तुराशिभिः। लच्छों कर के]॥ ग्रॆन्ज़ू छ्यह्। संख्याः सन्ति। गिन्तियाँ हैं ॥ ग्रॆन्ज़ून् छुह् गन्ज़्रान्। संख्या गणयति। गिन्तियों को गिनता है ॥ एवं। ईरॆञ़ू [। स्थूणाः। निहाइयाँ]॥ ईरॆञ़ूव् सूतिन् [। स्थूणाभिः। निहाइयों कर के]॥ च़ामॆञ़ू [। आमिक्षाः। पनीर]॥ च़ामॆञ़ूव् सूतिन् [। आमिक्षाभिः। पनीरों कर के]॥ (सू० १४,१६,२०) ॥

॥ न खुन्तन्नान्स्वन्हन्बनादीनाम् ॥ २४ ॥

एषां शब्दानां वर्गाक्षरादेशो न भवति॥ खुन्। कफोणिः। आरकी॥ खुन। कफोणयः। आरकियाँ॥ तन्। तनुः। देह॥ तन। तन्वः॥ तनौ सूत्य्॥ नान्। नाभिः। नाभि॥ नान। नाभयः॥ नानौ सूतिन्॥ स्वन्। सपत्नी। साकन्॥ स्वन। सपत्न्यः। स्वनौ सूतिन्॥ हनि सूतिन्। अल्पेन ॥ बनि सूतिन्। पुञ्जेन ॥

॥ कथादीनां च ॥ २५ ॥

कथ् [। कथा] ॥ वथ् [। मार्गः] ॥ व्यथ्। [वितस्ता नाम नदी] ॥ लथ् [। लत्तामहारः]॥ दथ्[। कोष्ठम्] ॥ ध्वथ् [। अन्तरायः] ॥ ऱ्वथ्[। गुदम्] ॥ स्रित्थ् [। नाडीस्तम्भः] ॥ चॆंथ् [। शरीरपरिवर्तनेन क्रीडाविक्षेपः] ॥ ग्रथ् [। नदीप्रवाह

वेगः] ॥ पीँथ् [। लेशः] ॥ तौँथ् [। चञ्चुः] ॥ इति कथादयः ॥ एषां शब्दानां च वर्गाक्षरादेशो न भवति ॥ कथ । कथाः । वार्ताँ ॥ लत । लत्ताः । लताँ ॥ दत । लोष्टानि [। ढेले] ॥ ध्वत । अन्तरायाः [। विघ्न] ॥ ऱ्वत । गुदानि । गाँडाँ ॥ चित । नाडीस्तम्भनानि । थंभना ॥ कथौ सूतिन् । कथाभिः ॥ लतौ सूत्य् । लत्ताभिः ॥ दतौ पुछ्य् । लोष्टेभ्यः ॥ ध्वति सूतिन् । अन्तरायेण ॥ ऱ्वतन् प्यठ् । गुदेषु ॥ च़िति सूतिन् । नाडीस्तम्भनेन ॥ चैँति सूतिन् ॥ गति सूत्य् । प्रवाहेन ॥ पीँति सूत्य् । अल्पेन ॥ तौँति सूतिन् । चञ्च्वा ॥

॥ टवर्गान्तानां च ॥ २६ ॥

टवर्गान्तानां ऊमात्रारहितानां स्त्रीलिङ्गानां च वर्गादेशो न भवति ॥ नठ् । गर्वेठ् । हड् । इति शब्दाः ॥ नटि सूतिन् । कम्पेन ॥ गर्वेठि पुछ्य् । गृहोपकरणाय ॥ हडि सूतिन् । हठेन ॥ ऊमात्रारहितानां किम् । ऱ्वटू । अपूपः ॥ ऱ्वच्य छुह् ख्यवान् । पूपान् खादति ॥ ऱ्वच्यौ सूतिन् । अपूपैः ॥

॥ वाल्साल्ज़ाल्कलां जः ॥ २७ ॥

एषां शब्दानां अन्त्यस्य जकारो भवति स्त्रियाम् ॥ वाल् । सर्पादिबिलम् ॥ साल् । स्थाली ॥ ज़ाल् । जालिका ॥ कल् । चिन्ता ॥ वाजू । बिलानि ॥ साजू । स्थाल्यः ॥ ज़ाजू । जालिकाः ॥ कंजू । चिन्ताः ॥ वाजूव् सूतिन् ॥ साजूव् सूतिन् ॥ ज़ाजूव् सूत्य् ॥ कंजूव् सूतिन् ॥ साधनं पूर्ववत् ॥ स्त्रियां किम् । वाल सूतिन् ॥ एषां शब्दानां किम् । गल् । कपोलादधो गल्संज्ञः ॥ गलौ सूतिन् ॥ जालि सूत्य् । कम्पेन ॥

॥ हाल्शब्दस्य स्त्रियां समासेऽपि ॥ २८ ॥

हाल्शब्दस्य लकारस्य जकारो भवति स्त्रीलिङ्गवर्तमानसमासपदान्तेऽपि ॥ हाल् । शाला । हांजू किन्य् । शालातः । हांजू प्यठ् । शालोपरि ॥ समासान्ते यथा । स्वरहांजू अंदर् । महानसे ॥ हस्तिहांजू अंदर् । हस्तिशालायां ॥ स्त्रीलिङ्गे किम् । च़ाटहालस् अंदर् । पाठशालायाम् ॥

॥ वा कुंडल्कर्तलोः ॥ २९ ॥

कुंडल् कर्तल् इत्यनयोः शब्दयोर्वा विकल्पेन लकारस्य जकारो भवति ॥ कुंडल्। कपालिका। कुंडलि सूतिन्। कुंड्जू सूतिन् ॥ कर्तल्। खड्गः। कर्तलि सूतिन्। कर्तज्जू सूतिन् ॥

॥ उवर्णान्तानामिकारः ॥ ३० ॥

उकारान्तानां ऊकारान्तानां च लिङ्गानां प्रथमाबहुत्वादिविभक्तिगणे अन्त्यस्वरस्य इकारो भवति ॥ गुरु। घोटकः ॥ गुरिस् छुह् खसान्। अश्वमारोहति ॥ एवं। गुर्यन्। गुरि सूतिन्। इत्यादि। गुरु शब्दात् द्वितीयायां स्नाव् (सू० ३८) इति स् न् प्रत्ययौ। न्प्रत्यये सर्वत्र (सू० १२) इति अकारागमः। अनेन उकारस्य इकारः। यत्वम् ॥ पंट्रू। पट्टिका। पच्य। पच्यन्। पचि सूतिन् ॥ प्रथमे। बहुत्वे ऽकारागमः (सू० ११) इति। अपरत्र न्प्रत्यये सर्वत्र (सू० १२) इति अकारागमः। ऊदन्तटवर्गस्य (सू० २२) इति टकारस्य चकारः। अनेन ऊकारस्य इकारः। तृतीये। इतो लोप (सू० ६) इति इप्रत्ययस्य लोपः ॥

॥ नोदन्तानां पुंसि ॥ ३१ ॥

ऊकारान्तानां लिङ्गानां पुंलिङ्गे अन्त्यस्वरस्य इकारो न भवति ॥ दांनू। करकः ॥ दांनू। दाडिमान्। दांनूव् सूतिन्। दाडिमैः ॥ हांन्जूव् सूत्य्। नाविकैः ॥ वांचूव् सूत्य् ॥ कुटुम्बैः ॥ गंन्जूव् सूत्य्। चर्मकारैः ॥ ऊदन्तानां पुंसि (सू० २) इति बहुवचनं लिङ्गवत्। द्वितीयायां स्नाव् (सू० ३८) इति न् प्रत्ययः। ऊकारादौकारस्य वत्वम् (सू० २०) इति सूत्रेण औ सूतिन् औं सूत्य् प्रत्ययोः औकारस्य वत्वम्। पुंसि किम्। व्यछ्यौ सूतिन्। स्थूलाभिः ॥

॥ व्यञ्जनान्तस्योकारोपधाया अन् ॥३२॥

व्यञ्जनान्तस्य शब्दस्य उपधाभूतस्य उकारस्य प्रथमाबहुत्वादिषु अकारो भवति ॥ वाँदुर् शब्दः । वाँदर् । वानराः ॥ वाँदरौ मूत्य् । वानरैः ॥

॥ पूर्ववर्णोकारस्योकारः स्त्रियाम् ॥ ३३ ॥

स्त्रीलिङ्गे वर्तमानस्य पूर्ववर्णसंबन्धिन ऊकारस्य ओकारो भवति प्रथमाबहुत्वादिविभक्तिगणे ॥ पूथि (प्र०ए०)। पुस्तकम् ॥ कूरू (प्र०ए०)। कन्या ॥ पोथ्य (प्र०ब०)। पोथ्य (द्वि०ए०) छुह् परान् । पोथि मूतिन् (तृ०ए०)। पोथ्यौ पुछ्य् (च०ब०)। इत्यादि ॥ कोर्य (प्र०ब०)। कन्याः। कोर्य (द्वि० ए०) छुह् रछान् । कोर्यन् (द्वि० ब०)। कोर्यौ मूत्य् (तृ०ब०)। इत्यादि ॥ अनेन पूर्ववर्णोकारस्य ओकारः । साधनं पूर्ववत् ॥

अत्र स्थानेऽन्तरतम [पा० १।१।५०।] इति वचनाद्यथा पूर्ववर्णसंबन्धिन ऊकारस्य ओकारो भवति तथैव ईकारस्य एकारो भवतीति बोध्यम् ॥ सीरू । इष्टिका । सेर्य । इष्टिकाः ॥ खीति । क्षेत्रम् । खेत्य । क्षेत्राणि ॥ इत्यादि ॥ गीरादीनां तु न ॥ गीरादयस्तु । गीरू [। गैरिकम्]॥ गीद्रू [। अर्भकविष्ठा] ॥ चीरि [। चीरिका]॥ टीट्टू [। अहंकारः]॥ टीरू [। शीतस्यौदनस्य घनीभूतो राशिः]॥ पीरू [। पीठकम्] ॥ इत्यादयः प्रायशो ज्ञेयाः । गीरू । गैरिकम् । गीरि मूतिन् । गैरिकेण ॥ इत्यादीनि स्वरूपाणि भवन्ति ॥

॥ बहुषु पुंस्यप्रथमायाम् ॥ ३४ ॥

प्रथमाबहुवचनं वर्जयित्वा पुंलिङ्गे विद्यमानस्य पूर्ववर्णसंबन्धिन ऊकारस्य बहुवचनेषु ओकारो भवति ॥ गूरु । गोपः ॥ गूलु । फलसारः ॥ गोर्यन् (द्वि० ब०)। गोल्यन् । गोर्यौ मूतिन् । इत्यादि ॥ द्वितीयायां न् प्रत्ययः । तृतीयायां औ मूतिन् प्रत्ययः ॥ उवर्णान्तानामिकारः (सू० ३०) न् प्रत्यये सर्वत्र (सू० १२) इत्यकारागमः । अनेनोपधाया ऊकारस्य ओकारः । यत्वम् ॥ बहुषु किम् । गूरिम् ।

गोपम् ॥ गूलिम् । फलसारम् ॥ अप्रथमायां किम् । गूरि । गोपाः ॥ गूलि । फलसाराः ॥ पुंसि किम् । कोर्य । कन्याः ॥ पोथ्य । पुस्तकानि ॥

॥ न मूलादीनाम् ॥ ३५ ॥

मूल् [। मूलम्]॥ कस्तूरु [। पक्षि-विशेषः] ॥ कूटु [। वृक्षस्तम्भः] ॥ चूँठु [। पालीवतः, सेव् इति भाषायाम्]॥ छूल् [। निर्झरः]॥ टूरु [। पात्र-विशेषः, स्त्रीभिर्यस्मिन्नन्नं भुज्यते]॥ डूरु [। पुष्पादिलघुवाटिका]॥ ईस् [। गदा विशेषः]॥ तूरु [। शीतम्]॥ दूरू [। अल्पमार्गः, गलीति भाषायाम्] ॥ नस्तूरु [। नस्तितः]॥ बूथ् [। भूतः]॥ मूरू [। अल्पशाखा]॥ रूदु [। वृष्टिः ॥ लूख् [। लोकाः, लोग् इति भाषायाम्]॥ लूदुर् [। लोलुभः] ॥ लूब्र् [। लोलुभः]॥ वूँद् [। उष्ट्रः]॥ सूर् [। भस्म]॥ हूस् [। कोलाहलः]॥ इत्यादयः प्रायशो बोध्याः॥ एषां शब्दानां पूर्ववर्णोकारस्य ओकारो न भवति ॥

मूल् शब्दः ।

	प्र०	द्वि०	तृ०	च०
ए०	मूल ।	मूलस् वा मूल् ।	मूल सूतिन् ।	मूल पुछ्य् ।
ब०	मूल ।	मूलन् वा मूल् ।	मूलौ सूतिन् ।	मूलौ पुछ्य् ।

	पं०	ष०	स०	आ०
ए०	मूल निश ।	मूलकु	। मूलस् प्यद् ।	हा मूल ॥
ब०	मूलौ निश ।	मूलन् हन्दु	। मूलन् प्यद् ।	हा मूलौ ॥

॥ व्यञ्जनान्तादकारागमो व्यञ्जने ॥३६ ॥

व्यञ्जनान्तात्पुंलिङ्गात् व्यञ्जने परे अकारागमो भवति ॥ काव् । काकः । काव सन्दु ॥ काव् शब्दात् । स्त्रीसंबन्धैकानेकत्वे स्तौ हन्दु (सू० ४२) इति स्त हन्दु प्रत्ययः । पुंप्राणिन (सू०४६) इति हस्य सः ॥ पुंसि संबन्धषष्ठ्यां च (सू० ४१) इति आदिसकारस्य लोपः । अनेन अकारागमः ॥ पुंसि किम् ।

मालि हंन्दु ॥ व्यञ्जनान्तानां किम् । गुरि संन्दु । अश्वस्य ॥ व्यञ्जने किम् । कावौ सूतिन् । काकैः ॥

॥ स्त्रियामिकारः ॥ ३७ ॥

व्यञ्जनान्तात् स्त्रियां वर्तमानात् लिङ्गात् व्यञ्जने परे इकारागमो भवति। माल्। माला॥ मालि हंन्दु। मालायाः॥ माल् शब्दात्। स्त्रीसंबन्धैकानेकत्वे स्नौ हंन्दु (सू० ४२) इत्यादिना स् हंन्दु प्रत्ययः। स्लोपः स्त्रियां (सू०४०) इति स्लोपः। अनेन इकारागमः। व्यञ्जनान्तात् किम्। पच्य हंन्दु। पट्टिकायाः॥ व्यञ्जने किम् मालौ सूतिन्। मालाभिः॥

॥ द्वितीयायां स्नावसंबन्धषष्ठ्यां च॥ ३८ ॥

स् न् इत्येतौ द्वितीयायाः एकत्वबहुत्वयोः प्रत्ययौ भवतः। संबन्धषष्ठीं वर्जयित्वा षष्ठ्याश्च क्रमेण प्रत्ययौ भवतः॥ गुरु। घोटकः॥ गुरिस् छुह् खसान्। अश्वमारोहति॥ गुर्यन् छुह रछान्। अश्वान्पालयति॥ गुरु शब्दात् अनेन स् न् प्रत्ययौ। बहुत्वे। न्प्रत्यये सर्वत्र (सू० १२) इति अकारागमः॥ उवर्णान्तानामिकार (सू० ३०) इति उकारस्य इकारः। यत्वम्॥ षष्ठ्यां यथा। ग्वरस् करिजि नमस्कार् ।गुरोर्नमस्कुर्यात्॥ द्रब्यन् दिजि न्नादर्। रजकानां वृहतिकां दद्यात्॥ ग्वर् शब्दात् अनेन स् प्रत्ययः। व्यञ्जनान्तादकारागमो व्यञ्जने (सू० ३६) इति अकारागमः॥ द्रबु शब्दात् अनेन न् प्रत्ययः। न्प्रत्यये सर्वत्र (सू०१२) इति अकारागमः। उवर्णान्तानामिकारः (सू०३०)। यत्वम्॥

॥ वा प्रथमावदसर्वनाम्नः॥ ३९ ॥

सर्वनामशब्दान् वर्जयित्वा द्वितीयाया एकत्वबहुत्वे प्रथमावद्वा विकल्पेन

भवतः । द्वितीयाषष्ठीसमुदायवाक्ये तु नित्यं प्रथमावद्भवत इति बोध्यम् ॥ केह् छुह् गरान् । वा । करिस् छुह् गरान् । वलयं घटयति ॥ च्रच्य छुह् ख्यवान् । वा । च्रच्यन् छुह् ख्यवान् । अपूपान्भक्षयति ॥ समुदायवाक्ये यथा ॥ द्रबिस् दिज़ि च्चादर् । रजकस्य द्वहतिकां दद्यात् ॥ अत्र द्रबिस् इति षष्ठी । च्चादर् इति द्वितीया । समुदायवाक्यत्वान्नित्यं प्रथमावदेव स्यात् न तु द्रबिस् दिज़ि च्चादरि इति संभवेत् ॥ असर्वनाम्नः किम् । तमिस् दपिज़ि । तं वदेत् ॥ कमिस् वनि । कं वदेत् ॥ इत्यादि ॥

॥ स्लोपः स्त्रियां सर्वत्र ॥ ४० ॥

सर्वेषां स्त्रीलिङ्गानां सर्वत्र द्वितीयायां षष्ठ्यां च स् प्रत्ययस्य लोपो भवति ॥ मालि छुह् छुनान् । मालां पातयति ॥ मालि हंन्दु पोप् । मालायाः पुष्पम् ॥ माल् शब्दात् प्रथमे स् प्रत्ययः । स्त्रियामिकार (सू० ३७) इति इकारागमः । अनेन स् प्रत्ययलोपः । अपरत्र स् हंन्दु प्रत्ययः । शेषं प्रथमवत् सर्वेषां स्त्रीलिङ्गानां बोध्यम् ॥

॥ पुंसि संबन्धषष्ठ्यां च ॥ ४१ ॥

सर्वेषां पुंलिङ्गानां संबन्धषष्ठ्यां स् प्रत्ययस्य लोपो भवति । ग्वर संन्दु च्चाट् । गुरोः शिष्यः ॥ ग्वर् शब्दात् । स्त्रीसंबन्ध (सू० ४२) इति स् हंन्दु प्रत्ययः । अनेन सकारलोपः । पुंप्राणिन (सू० ४६) इति हस्य सः । व्यञ्जनान्ताद् (सू० ३६) इत्यकारागमः ॥ ड्यकुकु । ललाटस्य ॥ ड्यक शब्दात् । अप्राणिना (सू० ४८) इति स् उकु प्रत्ययः । अनेन स्लोपः । असवर्णे ऽकारस्य लोपः (सू० १४) । संबन्धषष्ठ्यां किम् । ग्वरस् छुह् नमस्कार् करान् । गुरोर्नमस्कारं करोति । साधनं पूर्ववत् ॥

॥ स्त्रीसंबन्धैकानेकत्वे स्नौ हंन्दून्तावेकत्वे ॥४२॥

पुंलिङ्गानां स्त्रीलिङ्गशब्दस्य एकत्वेन संबन्धे सति संबन्धलिङ्गादेकवचने स् हंन्दु प्रत्ययः स्यात्। बहुत्वेन संबन्धे सत्येकवचने न् हंन्दु प्रत्ययः स्यात्॥ माज्य हंन्दु न्यचिवु। मातुः पुत्रः॥ माज्यन् हंन्दु न्यचिवु। मातृणां पुत्रः॥ न्यचिवु शब्दस्यैकस्य पुंलिङ्गस्य मांजू शब्देन स्त्रीलिङ्गेन संबन्धात्संबन्धलिङ्गात् मांजू शब्दात् स् हंन्दु प्रत्यय न् हंन्दु प्रत्ययौ। [ऊदितोरकारागमः स्त्रियां सकार (सू० २१) इत्यकारागमः] । स्लोपः स्त्रियां सर्वत्र (सू०४०) इति सकार-लोपः। उवर्णान्तानामिकार (सू० ३०) इत्यनेन ऊमात्राया इकारः। न्प्रत्यये सर्वत्र (सू० १२) इति अकारागमः। यत्वम्॥

॥ बहुत्वे हंन्यन्तौ ॥ ४३ ॥

पुंलिङ्गानां स्त्रीलिङ्गस्यैकत्वेन संबन्धे सति संबन्धलिङ्गादेकवचने स् हंन्दि प्रत्ययः। बहुत्वेन संबन्धे न् हंन्दि प्रत्ययो भवति॥ माज्य हंन्दि न्यचिवि। मातुः पुत्राः॥ माज्यन् हंन्दि न्यचिवि। मातृणां पुत्राः॥ अत्र न्यचिवि शब्दस्य बहुवचनत्वात् मांजू शब्दात् स् हंन्दि न् हंन्दि प्रत्ययौ। स्लोपः। साधनं पूर्ववत्॥

॥ स्त्रियां हंन्ज़् अन्तावेकत्वे ॥ ४४ ॥

स्त्रीलिङ्गस्य स्त्रीलिङ्गैकत्वेन संबन्धे सति संबन्धलिङ्गादेकवचने स् हंन्ज़ू प्रत्ययः स्त्रीलिङ्गानेकत्वेन संबन्धे सति न् हंन्ज़ू प्रत्ययो भवति॥ माज्य हंन्ज़ू कूरू। मातुः कन्या॥ माज्यन् हंन्ज़ू कूरू। मातृणां कन्या॥ अत्रापि कूरू शब्दस्यैकत्वात्संबन्धलिङ्गात् मांजू शब्दात् स् हंन्ज़ू न् हंन्ज़ू प्रत्ययौ। साधनं पूर्ववत्॥

॥ बहुत्वे हन्ज़् अन्तौ ॥ ४५ ॥

स्त्रीलिङ्गानां बहुवचने स्त्रीलिङ्गैकानेकत्वसंबन्धतः संबन्धिलिङ्गात् स् हन्ज़

न् हन्ज प्रत्ययौ भवतः ॥ माज्य हन्ज कोर्य । मातुः कन्याः ॥ माज्यन् हन्ज कोर्य । मातृणां कन्याः ॥

॥ पुंप्राणिन एकत्वसंबन्धे हस्य सः सर्वत्र ॥४६॥

पुंलिङ्गस्य प्राणिन एकवचनेन सह संबन्धे सति सर्वत्र स्त्रीलिङ्गे पुंलिङ्गे च हकारस्य सकारो भवति ॥ मा॑लि संन्दु न्यचिवु । पितुः पुत्रः ॥ मा॑लि सन्ज कोर्य । पितुः कन्याः ॥ दान्द संन्दु हंग् । वृषभस्य शृङ्गम् ॥ गुरि संन्दु लंदु । अश्वस्य पुच्छः ॥ प्राणिनः किम् । कनुकु वाल् । कर्णस्य वालः ॥ चाँग्युकु तील् । दीपस्य तैलम् ॥ अथुकु माज़् । हस्तस्य मांसम् ॥ अत्र अथ कन् शब्दयोः प्राणित्वसंभवे ऽपि खण्डप्राणित्वादप्राणित्वमेव । प्राणिनः कर्णे छिन्ने ऽपि न कर्णस्य प्राणिसंज्ञा । नापि छिन्नकर्णेन प्राणिनो ऽप्राणित्वम् ॥ पुंलिङ्गस्य किम् ॥ गोवू हंन्दु वं॒छु । गावो वत्सः ॥ गोवू हंन्जू वं॒छ्रू । गावो वत्सा ॥ कन्न हंन्दु प्यंतु । शिलाया अग्रम् ॥ कन्न हंन्जू छल् । शिलायाः खण्डम् ॥ माज्य हंन्दु मोलु । मातुः पिता ॥ माज्य हंन्जू मांजू । मातुर्माता ॥

॥ स्वन् रुप् शब्दयोर्वा ॥ ४७ ॥

स्वन् शब्दस्य रुप् शब्दस्य चैकत्वेन संबन्धे सति सर्वत्र स्त्रीलिङ्गे पुंलिङ्गे च विकल्पेन पुंप्राणिवत्स्वरूपं भवति ॥ स्वन संन्दु क॑रु । स्वर्णस्य कटकः ॥ रुप संन्दु खोस् । रौप्यस्य कंसः ॥ स्वन संन्जू गंग्जू । स्वर्णस्य गलन्तिका ॥ रुप संन्जू लूर् । रौप्यस्य दण्डः ॥ स्वनुकुं छ्यथ्र् । स्वर्णस्य छत्रम् ॥ रुपुंकु थाल् । रौप्यस्य थालः ॥ स्वनैंचू वांजू । स्वर्णस्योर्मिका ॥ रुपंचूं रज् । रौप्यस्य रज्जुः ॥

[४७ अत्र मूलपुस्तके रुप् इति पाठः। शुद्धोच्चारणं तु वॅप् इत्यस्ति ॥]

[४७ स्वनुकुं छ्यथ्र्, रुपुकुं थाल्, स्वैंनचु वांजू, रुँपंचू रज़्, अस्मिन्वाक्यचतुष्टये

॥ अप्राणिना पुंसोकुक्यौ पुंसि ॥ ४८ ॥

प्राणिव्यतिरिक्तस्य पुंलिङ्गस्य एकत्वेन संबन्धे सति पुंलिङ्गात् उकु क्रि क्रमेण भवतः। एकवचने उकु प्रत्ययः बहुवचने क्रि प्रत्ययो भवति॥ दाम्रकु त्वमुल्। धान्यस्य तण्डुलः॥ हारुकु मुंग्। आपाढस्य मुद्गः॥ कुलिक्रि वथ्र्। वृक्षस्य पत्राणि॥ मार्गक्रि द्वह्। माघस्य दिवसाः॥ एकत्वेन किम्। कुल्यन् हेन्दि वथ्र्। वृक्षाणां पत्राणि॥ कुल्यन् हेन्दु वथ्र्। वृक्षाणां पत्रम्॥ अप्राणिना किम्॥ काव सन्दु। काकस्य॥ गोवू हेन्दु। गोः॥

॥ चूचौ च स्त्रियाम् ॥ ४९ ॥

स्त्रीलिङ्गानां प्राणिव्यतिरिक्तस्य पुंलिङ्गस्यैकत्वेन संबन्धे संबन्धिपुंलिङ्गादेकवचने चू प्रत्ययः बहुवचने च प्रत्ययो भवति॥ कुलिचू लंण्डू। वृक्षस्य शाखा॥ कुलिच लञ्ज्य। वृक्षस्य शाखाः॥ नागचू नारिज्। नागस्य प्रणालिका॥ नागच नारिज। नागस्य प्रणालिकाः॥ एकत्वेन किम्॥ कुल्यन् हन्ज लञ्ज्य। वृक्षाणां शाखाः॥ नागन् हन्ज नारिज। अखातानां प्रणालिकाः॥ अप्राणिना किम्। गुरि संन्जू जंग्। अश्वस्य जङ्घा॥ कट सन्ज श्रोर्य। मेषस्य खुराः॥

॥ मनुष्यसंज्ञयोनुन्यौ पुंसि ॥ ५० ॥

मनुष्यनाम्ना संबन्धे सति पुंलिङ्गे एकत्वबहुत्वयोः उनु नि प्रत्ययौ भवतः॥ गण इति संज्ञा। गणुनु न्यचिवु। गणस्य पुत्रः॥ राधाकृष्ण इति नाम।

सुवर्णाद्भिन्नं छत्रम्, रौप्यस्याधाराद्यर्थं थाली, स्वर्णाद्यर्थं तद्भिन्नोर्मिका, रौप्यस्य बन्धनार्थं तद्भिन्नरूपा रज्जुरित्येवमर्थो विवक्षितश्चेत्तदा मूलपाठः संगच्छते—अन्यथा स्वर्णमयं छत्रम्, रौप्यमयी थाली, स्वर्णमय्यूर्मिका, रौप्यमयी रज्जुरस्मिन्नर्थे, स्वन संन्दु छथ्र्, र्वप संन्दु थाल्, स्वन संन्जू वाज़ू। र्वप संन्जू रज़् इत्येवं रूपाणि शुद्धानि सन्तीति॥]

राधाकृष्णन्नि गुरि । राधाकृष्णस्याश्वाः ॥ ब्यकुत् बत । ललाटस्य भक्तम् ॥ अत्र ब्यक शब्दस्य दैवार्थकत्वात् उत् प्रत्ययः । अन्यत्र ब्यकुकु रथ् । ललाटस्य रक्तम् ॥

॥ स्त्रियां ञ्ञौ च ॥ ५१ ॥

स्त्रीलिङ्गस्य मनुष्यनाम्ना संबन्धे सति संबन्धिलिङ्गादेकबहुवचनयोः ञ् ञ प्रत्ययौ भवतः ॥ मंतु इति नाम । मनिञ् कूरू । मंतु इत्यस्य कन्या ॥ मनिञ कोर्य । मंतु इत्यस्य कन्याः ॥ कृपाराम इति नाम । कृपारामञ् मांजू । कृपारामस्य माता ॥ कृपारामञ ब्यञ । कृपारामस्य भगिन्यः ॥

॥ सप्तम्यां स्नावन्दर्मन्ज़्प्यठन्तौ स्वार्थभेदतः ॥५२॥

स्नौ प्रत्ययौ । अन्दर् अन्तौ । मन्ज़् अन्तौ । प्यठ् अन्तौ । स्वस्वार्थभेदतः सप्तम्यां प्रत्ययौ भवतः । अन्तरार्थे अन्दरन्तौ । मध्यार्थे मन्ज़न्तौ । उपर्यर्थे प्यठन्ताविति ॥ अन्तर्वाणिभाषायां तु वेषान्तावपि प्रयुज्येते इति निर्णयम् ॥ गरस् अन्दर् । गृहस्यान्तरे ॥ नावि मन्ज़् । नौकाया मध्ये ॥ गरन् अन्दर् । गृहाणामन्तरे ॥ नावन् मन्ज़् । नौकानां मध्ये ॥ गुरिस् प्यठ् । अश्वस्योपरि ॥ गुर्यन् प्यठ् । अश्वानामुपरि ॥ गर शब्दात् स् अन्दर् न् अन्दर् प्रत्ययौ ॥ न्प्रत्यये सर्वत्र (सू० १२) इत्यकारागमः । अकारे ऽकारलोपः (सू० १ । ९ क) । नाव् शब्दात् स् मन्ज़् न् मन्ज़् प्रत्ययौ । स्लोपः सर्वत्र (सू०४०) इति सकारलोपः । स्त्रियामिकार (सू० ३७) इति इकारागमः ॥ गुरु शब्दात् स् प्यठ् न् प्यठ् प्रत्ययौ । उवर्णान्तानामिकार (सू० ३०) इति उकारस्य इकारः । न्प्रत्यये सर्वत्र (सू० १२) इत्यकारागमः । यत्वम् ॥

॥ अधिकरणे क्यथन्तौ ॥ ५३ ॥

स् नौ प्रत्ययौ क्यथ् अन्तावाधारसप्तम्या एकत्वबहुत्वयोः प्रत्ययौ भवतः॥ थालस् क्यथ्। थाले॥ नावि क्यथ्। नौकायाम्॥ थालन् क्यथ्। थालेषु॥ नावन् क्यथ्। नौकासु॥

॥ चतुर्थ्यां कितुकिचूअन्तौ पुंस्त्रीकर्मैकतः॥ ५४ ॥

वाक्येषु पुंलिङ्गैकत्वे कर्मणि सति स् नौ प्रत्ययौ कितु अन्तौ स्त्रीलिङ्गैकत्वे कर्मणि स् नौ किचू अन्तौ चतुर्थ्यामेकत्वबहुत्वयोः प्रत्ययौ भवतः॥ मालिस् कितु अंनुन् पोञु। पित्रे [तेन] आनीतं पानीयम्॥ मालिस् किचू अंञून् गाव्। पित्र्यानीता गौः॥

॥ किति किचान्तौ कर्मबहुत्वतः॥ ५५ ॥

वाक्ये पुंलिङ्गस्य बहुत्वे कर्मणि सति स् नौ प्रत्ययौ किति अन्तौ स्त्रीबहुत्वे कर्मणि सति स् नौ किच अन्तौ चतुर्थ्यां प्रत्ययौ भवतः॥ गुरिस् किति अंनिन् रव। अश्वायानीताः कम्बलाः॥ गुर्यन् किति। अश्वेभ्यः॥ग्वरस् किच अञन् पोथ्य। गुरवे आनीतानि पुस्तकानि॥ ग्वरन् किच। गुरुभ्यः॥ अत्रेदं ध्येयम्। कर्मिधातूनां कर्मणः स्त्रीपुंकर्मानुसारतः प्रोक्ताः प्रत्यया विज्ञेयाः। कर्तृधातूनां तु कर्तुः स्त्रीपुंलिङ्गैकवचनबहुवचनानुसारतो बोध्याः॥ यथा। व्यठनस् कितु आव्। स्थूलीभवनायागतः॥ व्यठनस् किति आय्। स्थूलीभवनायागताः॥

॥ कर्तृतृतीयायामिदौतौ ॥ ५६ ॥

तिसृषु कर्तृतृतीयाहेतुतृतीयासहार्थतृतीयासु मध्यात् इदौतौ इ औ

इत्येतौ प्रत्ययौ कर्तृतृतीयाया एकत्वबहुत्वयोः प्रत्ययौ भवतः। अत्रापि पुंलिङ्गे इकारस्यार्धमात्रता बोध्या। स्त्रीलिङ्गे तु पूर्णता विज्ञेया॥ गुरि मोरु। अश्वेन हतः॥ तमि वनु। तेन वणितम्॥ गुर्यौ मोरु। अश्वैर्हतः॥ तिमौ वनु। तैर्वणितम्॥ कोरि दपु। कन्यया प्रोक्तम्॥ कोर्यौ दपु। कन्याभिः प्रोक्तम्॥

॥ अन्द्रान्तौ निर्धारणे च ॥ ५७ ॥

इ औ प्रत्ययौ अन्द्र अन्तौ निर्धारणे एकत्वबहुत्वयोः प्रत्ययौ भवतः। एकत्वे इ अन्द्र प्रत्ययः। बहुत्वे औ अन्द्र प्रत्ययो भवति॥ गर अन्द्र छुह् जान् लॊँक। गृहे ऽमुकः साधुरस्ति॥ गरौ अन्द्र छुह् जान् आँगुन्। गृहाणां साध्वङ्गनमस्ति॥

॥ अकारव्यञ्जनान्तानां पुंस्येकवचने वाऽन ऽसर्वनाम्नाम् ॥ ५८ ॥

चानुकृष्टं नानुवर्तते इति निर्धारण इति निवृत्तम्। पुंलिङ्गानामकारव्यञ्जनान्तानां कर्तृतृतीयाया एकत्वविषये विकल्पेन अन् भवति असर्वनाम्नाम् सर्वनामशब्दान्वर्जयित्वा। तत्रेदानिंतनभाषायामन्प्रत्यय एव साधुतयोच्चार्यते। इ प्रत्ययविकल्पः प्राचीनभाषयैवेति बोध्यम्॥ ईश्वरन् दपु। ईश्वरेणोक्तम्।

[५७। गर अन्द्र छुह् जान् लॊँक। ईदृशेषु वाक्येषु स्वरे परे ऽपि (सू० ४) उक्तो विधिरिप्रत्ययलोपो ऽवगन्तव्यः॥ किं चैतद्वाक्यार्थे विवक्षिते प्रायशो गर मन्ज़ छुह् जान् लॊँक इत्येवं रूपवाक्यमेवोच्चार्यते इति। एवं गाम अन्द्र इत्यादिष्वपि ज्ञेयम्॥]

[५८। ऊमात्रान्तानामपि क्वचित्प्रत्ययादिलोपश्चेष्यते॥ कर्तृतृतीयाया एकत्वे अन् प्रत्ययस्तदाद्यक्षरस्याकारस्य च लोप इत्यर्थः॥ दानून् गन्ज़ून् हान्ज़ून् इत्यादि॥]

देयि देपु । ईश्वरेणोक्तम् ॥ ड्यकन् करु । ललाटेन कृतम् ॥ खरन् नचु । खरेण नर्तितम् ॥ अकारव्यञ्जनान्तानां किम् । शुरि वेदु । बालेन रुदितम् ॥ पुंसि किम् । जंगि लायु । जङ्घया क्षिप्तम् ॥ एकवचने किम् । ईश्वरौ देपु । ईश्वरैः प्रोक्तम् ॥

॥ हेतौ सूतिन्नन्तौ सूत्यन्तौ वा ॥ ५९ ॥

इ औ प्रत्ययौ सूतिन् अन्तौ सूत्य् अन्तौ वा हेतुतृतीयायामेकत्वबहुत्वयोः प्रत्ययौ भवतः । अत्र इकारस्य पूर्णता बोध्या ॥ अथ सूतिन् ख्योन् । हस्तेन भुक्तम् ॥ अथौ सूतिन् ख्योन् । हस्तैर्भुक्तम् ॥ श्राकि सूतिन् मोरुन् । छुरिकया हतः ॥ श्राकौ सूतिन् मोरुन् । छुरिकाभिर्हतः ॥ ख्वुर सूत्य् आव् । पादेनागतः ॥ ख्वुरौ सूत्य् गौव् । पादैर्गतः ॥

॥ सहार्थायां स्नौ ॥ ६० ॥

स् न् प्रत्ययौ सूतिन् अन्तौ सूत्य् अन्तौ वा सहार्थतृतीयायामेकत्वबहुत्वयोः प्रत्ययौ भवतः ॥ मालिस् सूतिन् आव् । पित्रा सहागतः ॥ बायिम् सूतिन् म्यूलु । भ्रात्रा साकं संगतः ॥

॥ हेतोः संबन्धषष्ठीकर्तृतृतीययोः प्रयोगलिङ्गात्प्रत्ययौ वा ॥ ६१ ॥

हेतुभूतस्याश्वादेर्यः संबन्धषष्ठीप्रयोगः कर्तृतृतीयाप्रयोगो वा स एव लिङ्गं तस्मात्प्रोक्तौ इ सूतिन् औ सूतिन् प्रत्ययौ वा इ सूत्य् औ सूत्य् प्रत्ययौ हेतुतृतीयाया एकत्वबहुत्वयोर्भवतः । लिङ्गग्रहणं तु तेषां प्रयोगानामागमादेशाद्यर्थम् ॥ गुरि सन्दि सूतिन् आव् । अश्वेनागतः ॥ नावि हन्दि सूत्य् वोतु । नौकया प्राप्तः ॥ महनिव्यन् हन्दि सूत्य् गौव् । पुरुषैर्गतः ॥ गुरि सूत्य् आव् ।

अश्वेनागतः ॥ नावि सूत्य् वोतु । नौकया प्राप्तः ॥ महनिव्यौ सूत्य् गोव् । पुरुषै-र्यातः ॥ गुरि संन्दु शब्दात् इ सूतिन् प्रत्ययः । उवर्णान्तानामिकार (सू० ३०) इत्यनेन संन्दु इत्यस्य उकारस्य इकारः । एवं सर्वेषाम् ॥

॥ खुत निश वा ऽपायपञ्चम्याम् ॥ ६२ ॥

तस्मादेव संबन्धषष्ठीप्रयोगलिङ्गात्तृतीयाप्रयोगलिङ्गाद्वा खुत प्रत्ययो निश प्रत्ययो वा अपायपञ्चम्याः स्वरूपं भवति । निशस्थाने निशिन् इति खुत-स्थाने खुतन् इति च व्यवह्रियत इति बोध्यम् ॥ ग्वर् सन्दि खुत छुह् गाडुल् । गुरोः सकाशाद्दक्षो ऽस्ति ॥ यद्वा । कन्न हन्दि खुत छुह् ब्रकुरु । शिलायाः कठि-नो ऽस्ति ॥ रुप निश छुह् स्वन् जान् । रौप्यात्स्वर्णं साध्वस्ति ॥ यद्वा । रुपौ खुत छिह् घार् जान् । रौप्याद्धनं शुभमस्ति ॥

॥ सामान्यचतुर्थ्यां पुछ्य् ॥ ६३ ॥

संबन्धषष्ठीप्रयोगलिङ्गात्तृतीयाप्रयोगलिङ्गाद्वा चतुर्थ्यां पुछ्य् प्रत्ययः स्यात् । एकबहुत्वे लिङ्गादेव बोध्येते ॥ पुत्र पुछ्य् आव् । पुत्रायागतः ॥ यद्वा । पुत्र सन्दि पुछ्य् । पुत्राय ॥ पुत्रौ पुछ्य् आव् । पुत्रेभ्य आगतः ॥ यद्वा । पुत्रन् हन्दि पुछ्य् । पुत्रेभ्यः ॥

॥ उकुप्रत्ययस्योकारस्याऽकारः ॥ ६४ ॥

षष्ठीप्रयोगसंबन्धिन उकु प्रत्ययोकारस्य अकारः स्यात् ॥ पश्याकि पुछ्य् । और्णवस्त्राय ॥ पश्युकु प्रयोगलिङ्गात्पुछ्य् प्रत्ययः । अनेन उकारस्य अकारः । उवर्णान्तानाम् (सू०३०) इति इकारागमः ॥

॥ पञ्चम्यामिदौतौ प्यठान्तौ निशान्तावन्द्रान्तौ वा ॥६५॥

लिङ्गात् इ औ प्रत्ययौ प्यठ अन्तौ वा निश अन्तौ वा अन्द्र अन्तौ पञ्चम्या एकत्वबहुत्वयोः प्रत्ययौ भवतः। ते च स्वस्वस्थानेषु प्रयुज्यन्ते॥ गाम प्यठ। ग्रामात्॥ सर्प निश। सर्पात्॥ गामौ प्यठ। ग्रामेभ्यः॥ सर्पौं निश। सर्पेभ्यः॥ गर अन्द्र द्राव्। गृहान्निर्गतः॥ नावि अन्द्र द्राव्। नावो निर्गतः॥

॥ वर्गप्रथमान्तानां प्रथमायां द्वितीयः ॥६६॥

वर्गप्रथमान्तानां लिङ्गानां प्रथमाविभक्तौ स्वस्ववर्गसंबन्धी द्वितीयाक्षरो भवति॥ त्रख्। द्रोणः॥ काछ्। काचः॥ कठ्। मेषः॥ त्रख्। द्रोणाः॥ काछ्। काचाः॥ कठ्। मेषाः॥ हथ्। शतम्॥ हथ्। शतानि॥ ताफ्। आतपः॥ ताफ्। आतपाः॥ प्रथमायां किम्। त्रक सूतिन्। द्रोणेन॥ काच़ सूतिन्। यक्ष्मणा॥ कट पुछ्य्। मेषाय॥ हतुक्। शतस्य॥ तापस् प्यठ्। आतपोपरि॥

॥ स्त्रियामेकवचन एव ॥ ६७ ॥

स्त्रीलिङ्गे वर्तमानस्य वर्गप्रथमान्तस्य प्रथमाया एकवचने एव स्वस्ववर्गद्वितीयाक्षरो भवति॥ क्रख्। कोलाहलः॥ रछ्। गुञ्जा॥ नठ्। कम्पः॥ वथ्। मार्गः॥ त्राफ्। भुक्तिः॥ एकवचने किम्। क्रक। कोलाहलाः॥ रच़। गुञ्जाः॥ नट। कम्पाः॥ वत। मार्गाः॥ त्राप। भुक्तयः॥ एवं। द्वितीयादिविभक्तिषु बोध्यम्॥

॥ न संयोगे तचोः ॥ ६८ ॥

लिङ्गान्ते पूर्ववर्णसंयुक्तयोस्तकारच़कारयोर्द्वितीयाक्षरादेशो न भवति॥

[६१। गर अन्द्र। अत्रापि (सू० १७) लिखितसंकेतो (नोट्) द्रष्टव्यः॥

सुङ् । सौचिकः ॥ वतुच । वर्तिका ॥ ब्वकुच् । बाला शुनी ॥ मकुच् । परशुः ॥ मस्त् । शिरोरुहः ॥ नस्त् । नासिका ॥ तत्रोः किम् । रम्फ् । अलार्थः ॥ चाम्फ् । सान्त्वम् ॥ संयोगे किम् । रथ् । रक्तम् ॥ ऋछ् । उपजातिः ॥

॥ उदन्तानामोदुपधाया आत्वमप्रथमैकत्वे ॥६९॥

प्रथमैकवचनं वर्जयित्वा उदन्तानामुकारान्तानां लिङ्गानामुपधाभूतो य ओकारस्तस्य आत्वं भवति शेषासु विभक्तिषु । तत्रादेशागमादिना इकारान्तीभूतस्थाने उपधाया वक्ष्यमाणसूत्रेण (सू०७०) अप्रसिद्धता विज्ञेया ॥ मालि । पितरः ॥ मालिस् । पितरम् ॥ मालि सन्दु । पितुः ॥ वालि । कुण्डलानि ॥ वालिस् । कुण्डलम् ॥ वालि दपु । कुण्डलेनोक्तम् ॥ बायि । भ्रातरः ॥ बायिस । भ्रातरम् ॥ बायि सन्दु । भ्रातुः ॥ मोलु । वोलु । बोयु शब्देभ्यः । उवर्णान्तानामिकार (सू०३०) इति सूत्रेण उमात्राया इकारमात्रादेशः । अनेनोपधाया ओकारस्य आत्वम् । उदन्तानां किम् । पोष् । पुष्पाणि ॥ पोष सूतिन् । पुष्पेण ॥

॥ इदुदूदन्तानामवर्णाप्रसिद्धता ॥ ७० ॥

इमात्रान्तानामुमात्रान्तानामूमात्रान्तानां च लिङ्गानां शब्दानां चोपधाया अवर्णस्याप्रसिद्धता निर्णेया । उदाहरणानि पूर्वसूत्रोक्तानि (सू०६९) । अन्यान्यपि यथा ॥ पटु [। और्णवस्त्रम्] ॥ हटु [। कण्ठः] ॥ तनु [। तनुः] ॥ इत्यादीनां शब्दानां स्वयमुकारमात्रान्तत्वादुपधाया अकारस्याऽप्रसिद्धता । एषामेव शब्दानाम् । उवर्णान्तानाम् (सू०३०) इत्यादिसूत्रेण बहुत्वविषये उकारस्य इकारे कृते इकारान्तीभूतत्वात्तत्राप्यप्रसिद्धता ॥ पटि । हटि । तनि ॥ ऊमात्रान्तानां यथा ॥ माजू

[७० । येषां शब्दानां पूर्वसूत्रेण (६९) उपधाभूतस्यौकारस्याकारः कृतस्तेषामेव तस्योपधाकारस्य द्वितीयैकत्वे ऽप्रसिद्धता विज्ञेया । यथा । मालिस् बायिस् इत्यादि । नत्वन्येषामिदुदूदन्तानाम् । यथा । पटिस् कारिस् इत्यादि ॥]

[। माता] ॥ कांठू [। काण्म्] ॥ अत्र स्वयमूपात्रान्तत्वादप्रसिद्धता। बहुत्वे तु। बहुत्वे ऽकारागम (सू०११) इति सूत्रेणाकारागमे कृते। ऊदन्तटवर्गस्य (सू० २२) इत्यादिना ठकारस्य छकारे च कृते। उवर्णान्तानामिकारः (सू०३०) इत्यूकारस्य इकारः यत्वं च कृते उपधाया अकारस्य प्रसिद्धता सिद्धा इति [। माज्य। काछ्य] ॥

॥ ज़ाम ओत्वं परस्वरलोपश्च ॥ ७१ ॥

ज़ाम् शब्दस्योपधाया ओत्वं भवति तस्मात्परस्य प्रत्ययागमादिजस्य स्वरस्य च लोपः स्यात् अप्रथमैकत्वे ॥ ज़ोम्। ननन्द्रः ॥ ज़ोम् वन्। ननन्दरं वद ॥ ज़ोम्न्। ननन्दॄः ॥ ज़ोम् दंपु। ननन्द्रोक्तम् ॥ ज़ोम्व्। ननन्दभिः ॥ ज़ोम् हेन्दु। ननन्दुः ॥ इत्यादि ॥

॥ गाव् शब्दस्यौकारः ॥ ७२ ॥

गाव् शब्दसंबन्धिन उपधाया आकारस्य ओकारो भवति प्रथमैकवचनं वर्जयित्वा ॥ गोवू। गावः। गोवून्। गावः ॥ गोवू हेन्दु। गोः ॥ गाव् शब्दात्सर्वत्रानेनोपधाया ओकारे कृते। यङ्गावूकठ्थर्वडां च कृतादेशविधि (सू० १७) रिति सूत्रेण अकारागमनिषेधः ॥

॥ उदन्तत्र्यक्षराणामुकारस्याकारः ॥ ७३ ॥

उदन्तानां त्र्यक्षरादीनां लिङ्गानामुपधाभूतस्य उकारस्य अकारो भवति प्रथमैकवचनं वर्जयित्वा ॥ गाटलिस्। दक्षम् ॥ गाटल्यन्। दक्षान् ॥ गाटल्यौ। दक्षैः ॥ गाटलिस् प्यठ। दक्षात् ॥ गाटुलु शब्दात्। द्वितीयायां स्नौ (सू०३८) स् न् प्रत्ययौ। उवर्णान्तानामिकारः (सू०३०)। न्प्रत्यये सर्वत्र (सू० १२) अकारागमः। अनेनोपधाया अकारः। त्र्यक्षराणां किम्। कुलिस्। वृक्षम् ॥ कुल्यन्। वृक्षान् ॥

॥ न कुछ़लादीनां शेषं कर्म ॥ ७४ ॥

कछ़ुलु । ऱ्वतुलु । च़कुलु । ग्वगुलु । वातुलु । बतुकु । गगुरु । म्वंगुरु । इत्यादयः ॥ एषां शब्दानामुकारान्तलिङ्गशेषक्रिया न भवति किंतु उपधाया अकारादेशो भवति ॥ कछ़ल् । भारिकाः ॥ ऱ्वतल् । स्वव्यभिचारकारयितारः ॥ च़कल् । चक्राकाराः ॥ ग्वगल् । वर्तुलाकाराः ॥ वातल् । चण्डालाः ॥ बतक् वर्तकाः ॥ गगर् । मूषकाः ॥ म्वंगर् । छागपोताः ॥

॥ इकारे लोपः ॥ ७५ ॥

त्र्यक्षराधिकानामुकारान्तानामिकारे परे उपधाया उकारस्य लोपो भवति ॥ गाट्ठ्लि । दक्षाः ॥ गाट्लि् वंनु । दक्षेणोक्तम् ॥ गाट्लि सन्दि पुछ्य् । दक्षाय ॥ गाट्लि संन्दु । दक्षस्य ॥ साधनं पूर्ववत् ॥ इकारे किम् । गाटलिस् । दक्षम् ॥ साधितचरमेव ॥

॥ युकारोपधाया इत् ॥ ७६ ॥

उकारान्तानां लिङ्गानामुपधाभूतस्य युकारस्य इत् भवति । प्रथमैकवचनं वर्जयित्वा ॥ ज़िठि । वृद्धाः ॥ ज़िठिस् । वृद्धम् ॥ ज़्युठु शब्दात् । उवर्णान्तानाम् (सू० ३०) इत्यनेन इकारे कृते । अनेन यु उपधाया इत्वम् ॥

[७६।७९ ॥ महन्युवु । महानिवु ॥ न्यच्युवु । निचिवु ॥ क्युतु । कितु ॥ ज़्युंठु । ज़िठु ॥ इत्यादयः शब्दा उभयरूपेणात्र लिखिता अपि प्रथमरूपेणैव महन्युवु इत्याद्यागमेन शुद्धोच्चारणाः संगताश्चावगन्तव्याः ॥]

॥ यूकारस्येसोरीत् ॥ ७७ ॥

उकारान्तानां लिङ्गानाम् इ स् इत्येतयोः परयोरुपधाया यूकारस्य ईकारो भवति ॥ ज्ञीनि । भित्तयः ॥ ज्ञीनिम् । भित्तिम् ॥

॥ शेषेष्वेकारः ॥ ७८ ॥

उकारान्तानां यूकारोपधायाः शेषप्रत्ययेषु एकारो भवति ॥ ज्ञेन्यन् । भित्तीः ॥ ज्ञेन्यौ सूतिन् । भित्तिभिः ॥ ज्ञेन्युकु । भित्तेः ॥ ज्ञेन्यन् प्यठ् । भित्तिषु ॥ साधनं पूर्ववत् ॥

॥ न गुरुत्वं ह्रस्वस्य संयोगे ॥ ७९ ॥

संयोगे परे पूर्ववर्णसंबन्धिनो ह्रस्वस्य गुरुत्वं नोच्चार्यते इति परिभाष्यते ॥ महन्युवु । पुमान् ॥ अत्र हकारसंबन्धिनः अकारस्य न गुरुत्वम् । एवं सर्वत्र विज्ञेयम् ॥

इति शारदाक्षेत्रभाषाव्याकरणे कश्मीरशब्दामृते
लिङ्गप्रकरणे लिङ्गपादः प्रथमः ॥ २ । १ ॥

[७७ । न्यूलु शब्दस्य सर्वत्र ॥ सर्वेषु प्रत्ययेषु परेषूपधाया ईकारो विधेय इत्यर्थः । नील्यन् । नील्यौ सूतिन् । इत्यादि ॥]

अथ लिङ्गप्रकरणं ॥२॥

संबुद्धिपादः ॥२॥

॥ आमन्त्रणे ॥१॥

इत उत्तरं ये प्रत्ययास्त आह्वाने विज्ञातव्याः ॥

॥ पुमादराह्वाने विशिष्टान्नाम्नो वा पूर्वं हे ॥२॥

पुंसा पुरुषस्यादरेण संबोधने कर्तव्ये जात्यादिना जुव् शब्दादिना विशिष्टान्नाम्नो वा शब्देन केवलान्नाम्नो वा पूर्वं हे शब्दः प्रयोज्यः ॥ हे नारान् जुव् ॥ हे गण कौल् ॥

॥ अन्ते सा प्रत्ययश्च ॥३॥

तस्मादेव हे-शब्दपूर्वाद्विशिष्टात्केवलान्नाम्नो वा आदरसंबोधनविषये सा प्रत्ययो भवति ॥ हे नारान् जुव् सा ॥ हे राम कौल् सा ॥ हे नारान् सा ॥

॥ हतसाहे पूर्वं वा ॥४॥

तस्मादेव विशिष्टात्केवलाद्वा नाम्नः हतसाहे शब्दः वा पूर्वं प्रयोज्यः । तकारः सर्वत्र विकल्पेन बोध्यः ॥ हतसाहे नारान् जुव् ॥ हतसाहे राम कौल् ॥ वा । हतसाहे नारान् जुव् सा ॥ हतसाहे राम कौल् सा ॥ विकल्पे तु ॥ हसाहे

नारान् जुत्र् । इत्यादि ॥ केवलान्नाम्नस्तु सा प्रत्ययो ऽवश्यं प्रयोज्यः ॥ हत-साहे गण सा ॥ हतसाहे गण इति न भवति ॥

॥ वा प्रत्ययः पुरोहितसामान्यदासेषु ॥५॥

पुरोहितस्य श्राद्धादिकारयितुः सामान्यजनस्य दासस्य च संबोधने कर्तव्ये केवलान्नाम्नो वा प्रत्ययो भवति हे शब्दश्च पूर्वं प्रयोज्यः ॥ हे नारान् वा ॥ केवलान्नाम्नः किम् ॥ हे गण ब्रेट् वा । इति तु न भवति । ब्रेट् अत्र जातिर्विज्ञेया ॥

॥ हतसाहे पूर्वं वा वृद्धेषु ॥६॥

तेषु पुरोहितादिषु वृद्धेषु सत्सु हतसाहे पूर्वं प्रयोज्यः । वा शब्दात् हत-बाहे च ॥ हतसाहे सहज् वा ॥ हतबाहे जन बा ॥

॥ आ प्रत्ययः कनिष्ठनीचयोः ॥७॥

कनिष्ठस्य नीचस्य च संबोधने कर्तव्ये विशिष्टात्केवलान्नाम्नो वा आ प्रत्ययः स्यात् ॥

॥ हताशब्दः पूर्वं च ॥८॥

स्पष्टम् ॥ हता माना ॥ हता मान कौला ॥ हता गुल्या ॥ तृतीयस्यात्र गुलु शब्दस्योकारान्तत्वादुवर्णान्तानामिकार (सू० २।१।३०) इत्यनेन सूत्रेण इकारः । यत्वम् ॥ व्यञ्जनं परेण संधेयम् (सू० १।३)। इत्थं पुंलिङ्गानां स्त्रीलिङ्गानां च यत्किंचिद्द्वितीयादिष्वागमादिकमभिहितं तत्सर्वं संबोधने चावधार्यम् ॥

॥ हा दूरविषादयोराप्रत्ययस्य चोकारः ॥९॥

स्पष्टम् ॥ हा नारानो ॥ हा काको ॥

॥ हतो वा ॥१०॥

नाम्नः पूर्वं दूरतो विषादतो वा संबोधने विधेये सति हतो शब्दः पूर्वं वा प्रयोज्यः ॥ हतो पर्यो ॥

॥ मांज् प्रत्ययो वृद्धास्त्रियो नाम्नः ॥११॥

पुरुषेण वृद्धाया ज्येष्ठायाः स्त्रियाः संबोधने कर्तव्ये केवलान्नाम्नो मांज् प्रत्ययो भवति ॥

॥ बिज़् सामान्यायाः ॥१२॥

सामान्यायास्तुल्यायाश्च स्त्रिया आह्वाने बिज़् प्रत्ययः अग्रे प्रयोज्यः ॥

॥ हतपूर्वौ पूर्वे च ॥१३॥

तौ मांज् बिज़् प्रत्ययौ हतशब्दः पूर्वो ययोस्तथाविधौ पूर्वे च प्रयोज्यौ ॥ हतमांज् पार्वत् मांज् ॥ हतबिज़् सरस्वत् बिज़् ॥ वा। हतबिज़् पार्वत् मांज् ॥

॥ य् प्रत्ययः कनिष्ठनीचयोः ॥१४॥

पुरुषेण कनिष्ठाया नीचाया वा संबोधने कर्तव्ये नाम्नः य् प्रत्ययो भवति। तत्र नीचायां वृद्धायां सत्यां पूर्वप्रयुक्तप्रत्ययादग्रे वा प्रयोज्यः ॥

॥ हा हत हतां पूर्वः पूर्वे च ॥१५॥

स एव य् प्रत्ययः हापूर्वो हतपूर्वो हतांपूर्वो वा नाम्नः पूर्वं प्रयोज्यः ॥ हाय् वक्रिय् ॥ हतय् वक्रिय् ॥ हतांय् वक्रिय् ॥

॥ स्त्रियादराहूते पुंनाम्नो वा प्रत्ययः ॥१६॥

स्त्रिया पुरुषस्यादरेणाह्वाने कर्तव्ये पुंनाम्नो वा प्रत्ययो भवति॥ तत्र प्रायः पुरोहितादिष्वेवात्र प्रयुज्यते॥

॥ औ प्रत्ययः प्रियकनिष्ठयोः ॥१७॥

स्पष्टम्॥

॥ हतपूर्वौ पूर्वं च ॥१८॥

तौ वा औ प्रत्ययौ हतपूर्वौ हत शब्दः पूर्वं ययोस्तथाविधौ पूर्वं च प्रयोज्यौ॥ हतवा हिमत् वा॥ हतौ हिगत् कोलौ॥ हतवा काकौ॥ हतौ काकौ॥

॥ अ वा ॥१९॥

नाम्नः अग्रे अप्रत्ययो वा प्रयोज्यः॥ हतवा काक॥ हतौ गण॥

॥ बाय बायौ सामान्यसंज्ञायाश्च ॥२०॥

सामान्यसंज्ञाया लोकेषु ख्यातायाः परौ बाय बायौ वा प्रयोज्यौ॥ हत बा महादेव बाय॥ हतौ महादेव बायौ॥ सामान्य संज्ञायाः किम्। हत बा काक बाय। इति न भवति॥ काक् शब्दस्य पित्रादिष्वेव विशिष्टत्वात्॥

॥ दूरे पूर्वं हतोव् च ॥२१॥

स्त्रिया पुरुषस्याह्वाने दूरतः कर्तव्ये हतोव् शब्दः पूर्वं प्रयोज्यः॥ हतोव मनसा रामौ॥

॥ पत्याह्वाने म्लेच्छयापि ॥२२॥

म्लेच्छस्त्रिया भर्तुराह्वाने कर्तव्ये नाम्नो हतोव् शब्दः प्रयुज्यते ॥

॥ ब्राह्मण्यां पतिसंबोधनाभावः ॥२३॥

॥ केवलो हतशब्दः क्वचिन्नैकट्ये ॥२४॥

क्वचिद्विविक्ते निकटस्थस्य भर्तुराह्वाने कर्तव्ये नामजात्यादिरहितः केवलो हतशब्दः प्रयुज्यते ॥

॥ स्त्रीसंबोधने पुंवत् ॥२५॥

स्त्रिया स्त्रियः संबोधने कर्तव्ये पुंवत् प्रत्यया भवन्ति ॥ यथा पुरुषेण स्त्रीसंबोधनं क्रियते तथैव स्त्रियापीत्यर्थः ॥

॥ अङ्गीकारे संबोधनमुख्यप्रत्यया आहन्शब्दात्परा उक्त्युपक्रमे ॥२६॥

अङ्गीकारे कर्तव्ये प्रोक्ताः संबोधनस्य मुख्याः प्रत्यया उक्तेरारम्भे आहन् शब्दात्परे प्रयोज्याः ॥ आहन्सा ॥ आहन्बा ॥ आहनो ॥ आहन् मांजू ॥ आहन् बिञ् ॥ आहनिय् ॥ आहनू ॥ आहनुव् ॥

॥ हपूर्वाश्च केवलक्रियाया अन्ते ॥२७॥

केवलक्रियाया अङ्गीकारे कर्तव्ये ते सा आदिप्रत्यया हपूर्वाः केवलक्रियायाश्चान्ते प्रयोज्याः ॥

॥ वर्तमानायां प्रत्ययादावेव ॥२८॥

वर्तमानायां विभक्तौ ते हपूर्वाः सां आदि प्रत्ययाः प्रत्ययात्पूर्वं प्रयोज्याः ॥ आहन्सां करान् हसां छुह् ॥

॥ तदभावे नपूर्वाः ॥२९॥

तस्याङ्गीकारस्याभावे सति नपूर्वा वाक्यारम्भे क्रियान्ते च प्रयोज्याः ॥ नवा करान् नवा छुह् ॥ एवमन्यत् ॥

॥ कर्मयुक्तायाः कर्मान्ते ॥३०॥

कर्मयुक्तायाः क्रियाया अङ्गीकारे अभिधेये सति वाक्यारम्भे आहन्सां आदयो भवन्ति कर्मान्ते तु हसां आदयो भवन्ति ॥ आहन्सां बत हसां छुह् रनान् ॥

॥ कर्तृयुक्तायाः कर्तुरन्ते च ॥३१॥

कर्तृकर्मयुक्तायाः क्रियायाः अङ्गीकारे गम्यमाने वाक्यारम्भे आहन्सां आदयः प्रयोज्याः कर्तुरन्ते हसां आदयो भवन्ति ॥ आहन्सां नारान् हसां छुह् पृथि परान् ॥ आहन्बा राम हबा छुस् न्यन्दुर् करान् ॥ इत्यादयो बुद्धिमता स्वयमूह्याः ॥

इति शारदाक्षेत्रभाषाव्याकरणे कश्मीरशब्दामृते
लिङ्गप्रकरणे संबुद्धिपादो द्वितीयः ॥२॥२॥

अथ लिङ्गप्रकरणे ॥२॥

सर्वनामपादः ॥३॥

॥ तिह् यिह् क्याह् इह् हुह् शब्दाः पुंस्यप्राणिनि ॥१॥

प्राणिव्यतिरिक्तानां तदादीनां पुंसि तिह् आदयः शब्दा भवन्ति ॥ तद् शब्दस्य तिह्। यद् शब्दस्य यिह्। किम् शब्दस्य क्याह्। इदम् शब्दस्य इह्। अदस् शब्दस्य हुह् शब्दो बोध्यः ॥ प्रथमैकवचनं सर्वत्र लिङ्गवदेव ज्ञेयम् ॥

॥ सुह् युस् कुस् इह् हुह् शब्दाश्च प्राणिनि ॥२॥

प्राणिनां मनुष्यादीनां तदादिशब्देषु सुह् आदिशब्दा अवधार्याः ॥ सुह्। सः ॥ युस् यः ॥ कुस्। कः ॥ इह्। अयम् ॥ हुह्। असौ ॥ अत्राप्येकवचनं लिङ्गवत् ॥

॥ उकारोपधायाः स्त्रियां वत्वमप्राणिनि च ॥३॥

प्राणिनां स्त्रीलिङ्गानां तदादिशब्देष्वभिधेयेषु सुह् आदिशब्दानामुपधाभूतो य उकारस्तस्य वत्वं भवति अप्राणिनि स्त्रीलिङ्गे च ॥ स्वह्। सा। वा स। सा ॥ ह्वह्। असौ ॥

॥ युस्कुसोरन्त्यस्य द्वित्वमकारागमश्च ॥४॥

युस् कुस् इत्येतयोः शब्दयोः स्त्रियामन्त्यस्य द्वित्वं भवति अकारागमश्च ॥ य्यस्स । या ॥ क्स्स । का ॥

॥ उभयेषां तम् यम् कम् इम् हुमो द्वितीयाद्येकवचनेषु ॥५॥

उभयेषां प्राणिवाचिनामप्राणिवाचिनां च तिहादिशब्दानां द्वितीयादीनामेकवचनेषु क्रमेण तम् आदय आदेशाः स्युः ॥ तमिस् । तम् ॥ यमिस् । यम् ॥ कमिस् । कम् ॥ इमिस् । इमम् ॥ हुमिस् । अमुम् ॥ सुह् शब्दादिभ्यो द्वितीयायां स्नाव् (सू० २।१।३८) इत्यादिना स्प्रत्ययः । स्प्रत्यय इकारागम (सू० १७) इति इकारागमः । अनेन तम् आदय आदेशाः ॥ केषांचिन्मते इह् शब्दस्य न्वम् आदेशो भवति । तन्मते । न्वमिस् । एनम् । इति स्वरूपं भवति ॥

॥ अन्त्यस्य वा ऽमिसोः ॥६॥

अन्त्यस्य हुह् शब्दस्य इकारसकारयोः परयोर्विकल्पेन अम् आदेशः स्यात् ॥ अमिस् । अमुम् ॥ अमि । अमुना ॥ इसोः किम् । हुमौ । अमीभिः ॥

॥ अप्राणिनि स्प्रत्ययलोपस्तकारादेशश्च ॥७॥

अप्राणिनि अभिधेये सति तम् आदीनां स् प्रत्ययलोपो भवति । अन्त्यस्य च तकारादेशः स्यात् ॥ तथ् छुह् चटान् । तच्छिन्नत्ति ॥ यथ् । यत् ॥ कथ् । किम् ॥ इथ् । इदम् ॥ हुथ् । अदः ॥ तिह् आदिशब्देभ्यो । द्वितीयायां स्नाव् (सू० २।१।३८) इति स्प्रत्ययः । उभयेषाम् (सू० ५) इत्यादिसूत्रेण तम् आदय आदेशाः । अनेन स्प्रत्ययलोपः अन्त्याक्षराणां तकारः । वर्गप्रथमान्तानाम् (सू० २।१।६६) इति सूत्रेण तस्य थः ॥

॥ चूह्ब्वहोऽऽच्यम्यौ च ॥ ८ ॥

त्वम् अहम् इति शब्दवाचकयोः चूह् ब्वह् शब्दयोर्द्वितीयादीनामेकवचनेषु क्रमेण च्य म्य आदेशौ भवतः स्प्रत्ययलोपश्च ॥ च्य छुह् वनान्। त्वां वदति ॥ चूह् शब्दाद्द्वितीयायां स्नाव् (सू० २।१।३८) इति स्प्रत्ययः। अनेन च्य आदेशः स्मत्ययलोपश्च । एवमन्यत् ॥

॥ प्रत्ययस्य लोपो द्वितीयाकर्तृतृतीययोः ॥९॥

चूह् ब्वह् इत्येताभ्यां शब्दाभ्यां द्वितीयायां कर्तृतृतीयायां च प्रत्ययस्य लोपः स्यात् ॥ च्य छुह् वनान्। त्वां वदति ॥ त्वह्य छुह् वनान्। युष्मान् वदति ॥ च्य वनुथ्। त्वया प्रोक्तम् ॥ त्वह्य वनुव । युष्माभिः प्रोक्तम् ॥

॥ सश्च ॥ १० ॥

चूह् ब्वह् शब्दाभ्यां स् इत्यस्य लोपो भवति चशब्दात्कर्तृतृतीयासंबन्धिनोः इ औ प्रत्यययोश्च लोपः स्यात् ॥ च्य सूतिन् । त्वया सह ॥ म्य सूत्य्। मया सह ॥ चूह् ब्वह् शब्दाभ्याम् इ सूतिन् प्रत्ययः। चूह्ब्वहोऽऽच्यम्यौ च (सू० ८) इति सूत्रेण च्य म्य आदेशौ । प्रत्ययस्य लोप (सू० ९) इत्यनेन इकारस्य लोपः। अनेन स् लोपः ॥

॥ षष्ठ्यामन्त्यस्वरस्य च्यस्ख्यातत्वं च ॥११॥

चूह् ब्वह् शब्दाभ्यां षष्ठ्यामन्त्यस्वरस्य लोपो भवति च्यसंबन्धिनश्चकारस्य ख्याततत्वं च स्यात् ॥ च्योनु । तव ॥ म्योनु । मम ॥ चूह् ब्वह् लिङ्गाभ्यां मनुष्यसंज्ञयोनु (सू० २।१।५०) इति उनु प्रत्ययः। चूह्ब्वहोऽऽच्यम्यौ च (सू० ८) इति च्य म्य आदेशौ । अनेन अकारलोपः। प्रत्ययादेरोत्पुंसि (सू० १३) इत्युकारस्यौकारः। चकारस्य च ख्याततता बोध्या ॥

॥ स्त्रियामाकारः पुंबहुत्वे च ॥ १२ ॥

स्त्रियां वर्तमानाभ्यां च्यूह् म्यह् शब्दाभ्यां पष्ठ्यामेकत्वबहुत्वयोरन्त्यस्वरस्याकारो भवति पुंलिङ्गस्य बहुवचने ऽपि ॥ च्यां[न्]। तव। स्त्रीलिङ्गवाची शब्दः ॥ म्याञ। तव स्त्रीलिङ्गवाचिनः शब्दाः ॥ च्यां[नि न्यचि[वि। तव पुत्राः ॥ म्यां[नि न्याचि[वि। मम पुत्राः ॥ साधनं पूर्ववत् ॥

॥ प्रत्ययादेरोत्पुंसि ॥१३॥

तयोः पुंलिङ्गस्य एकवचने प्रत्ययादेरुकारस्य ओकारो भवति ॥ च्योन्ु। तव ॥ म्योन्ु। मम ॥ साधितचरावेत्र ॥

॥ प्रयोगलिङ्गस्यौकारोपधाया आत्वं सर्वत्र॥१४॥

सर्वनामशब्दानां यत्र प्रयोगलिङ्गस्य उपधाभूत ओकारः स्यात्तत्र आत्वं भवति ॥ च्यानि सूंतिन्। त्वद्धेतुना ॥ म्यानि सूंतिन्। मद्धेतुना ॥ सानि सूंतिन्। अस्मद्धेतुना ॥ तुहन्दि सूंतिन्। युष्मद्धेतुना ॥ च्योन्ु। म्योन्ु। सोन्ु। इति प्रयोगलिङ्गेभ्यः इ सूंतिन् प्रत्ययः। उवर्णान्तानामिकार (सू०२।१।३०) इति उमात्राया इकारः। इतो लोप (सू०२।१।६) इति इ प्रत्ययस्य लोपः। अनेनोपधाया आत्वम् ॥ च्यां[नि सन्दि सूंतिन्। त्वदीयेन ॥ म्यां[नि सन्दि सूंतिन्। मदीयेन ॥ अत्र च्योन्ु म्योन्ु शब्दाभ्यां पूर्व संन्दु प्रत्ययः। उवर्णान्तानाम् (सू०२।१।३०) इति इकारः। अनेनोपधाया आकारः। पष्ठीप्रयोगात् इ सूंतिन् प्रत्ययः। शेषं पूर्ववत् ॥ बहुत्वे तु। च्यान्यौ सूंतिन्। त्वदीयैः ॥ म्यान्यौ सूंतिन्। मदीयैः ॥ तुहन्यौ सूंतिन्। युष्मदीयैः ॥ सान्यौ सूंतिन्। अस्मदीयैः ॥ तृतीयाया औ सूंतिन् प्रत्यय एव भवति। तुहन्दि सन्यौ सूंतिन्। इति ग्राम्याः। एवं सर्वनामशब्देषु सर्वत्र बोध्यम् ॥

॥ त्वंह्यस्यो बहुत्वे ॥१५॥

चूह् व्वह् शब्दयोः सर्वत्र बहुत्वे त्वंहि अंसि आदेशौ भवतः ॥ त्वंहि। यूयम् ॥ अंसि। वयम् ॥ त्वह्य। युष्मान् ॥ अस्य। अस्मान् ॥ द्वितीयायां न्प्रत्यये सर्वत्र (सू० २।१।११) इत्यकारागमे कृते प्रत्ययस्य लोप (सू० ९) इत्यादिसूत्रेण नकारलोपः। यत्वम् ॥

॥ तिम् यिम् कम् इम् हुमश्चोभयेषाम् ॥१६॥

उभयेषां प्राणिवाचिनामप्राणिवाचिनां च शब्दानां सर्वत्र बहुत्वे तिम् आदय आदेशा भवन्ति ॥ तिमन्। तान्। तानि ॥ यिमन्। यान्। यानि ॥ कमन्। कान्। कानि ॥ इमन्। इमान्। इमानि ॥ हुमन्। अमून्। अमूनि ॥ तिह् आदिशब्देभ्यो। द्वितीयायां स्वाप् (सू०२।१।३८) इति न् प्रत्ययः। अनेन तिम् आदय आदेशाः। न्प्रत्यये सर्वत्र (सू०२।१।१२) इत्यकारागमः॥ एवं तिमौ सूंतिन् ॥ तिहन्दि पुछ्य्। तिमौ प्यठ। तिहन्दु। तिमन् प्यठ्। इत्यादि विज्ञेयम् ॥

॥ स्प्रत्यय इकारागमः ॥१७॥

तिह् आदिशब्दानां सकारे परे इकारागमो भवति ॥ तमिस्। तम् ॥ एवं सर्वेषाम्। अत्र लोपविधेर्बलीयस्त्वात् अप्राणिविषये सकारस्य लोपे कृते प्रोक्त आगमो न भवतीति ॥

॥ त्वंहेर्हन्दौ हिलोपः पुंस्त्रियोर्वस्योत्वं च ॥१८॥

चूह् शब्दबहुत्वनियतस्य त्वंहेः पुंलिङ्गे स्त्रीलिङ्गे च हन्दौ परे हिलोपो भवति वकारस्य च उत्वं भवति। पुंलिङ्गकथनात् हकारस्य सकारनिषेधः ॥

तुइंन्दु । युष्माकं पुं ॥ तुइंन्जू । युष्माकं स्त्री ॥ स्इंन्दु स्इंन्जू प्रत्ययौ । एकत्र सश्च (सू०१०) इति । अपरत्र स्लोपः स्त्रियां सर्वत्र (सू०२।१।४०) इति स् लोपः । अनेन हिलोपः वकारस्य उत्वं च ॥

॥ असेराद्यन्तस्वरयोर्लोपाकारावुनुञोः ॥१९॥

व्वह् शब्दस्य बहुत्वे नियतस्य असिपदस्य उनु ञ् इत्येतयोः परयोरादिस्वरस्य लोपः अन्त्यस्वरस्य चाकारो भवति ॥ सोनु । अस्माकम् । एकवचनम् ॥ सानि । अस्माकम् । बहुवचनम् ॥ व्वह् शब्दात् उनु नि प्रत्ययौ । त्वंमसयौ बहुत्वे (सू० १९) इति असि आदेशः । अनेनाकारस्य लोपः । इकारस्य च अकारः । एकत्र प्रत्ययादेर्गोत्पुंसि (सू० १३) उकारस्य ओकारः । षष्ठ्यामन्त्यस्वरस्य (सू० ११) इत्यादिना अकारलोपः । अपरत्र स्त्रियामाकारः पुंबहुत्वे च (सू०१२) इति आकारः । स च इदन्तत्वादप्रसिद्धः (सू०२।१।७०) ॥ एवं । सोञ् । अस्माकम् । एकवचनं स्त्रीलिङ्गवाचकम् ॥ साञ । अस्माकम् । बहुवचनं स्त्रीलिङ्गवाचकम् ॥ साधनं पूर्ववत् ॥

॥ प्राणिनि मिलोपो वा सकारे ॥ २० ॥

प्राणिवाचिनां तदादिशब्दानां सकारे परे मिकारस्य विकल्पेन लोपो भवति ॥ तस् । तम् वा तस्य ॥ तमिस् । तम् वा तस्य ॥ तसंन्दु । तस्य ॥ तंमि संन्दु । तस्य ॥ सुह् शब्दात्स्प्रत्ययः । उभयेषाम् (सू०९) इति तम् आदेशः । स्प्रत्यये इकारागमः (सू०१७) । अनेन एकत्र मिलोपः ॥ एवं । यस् । यम् वा यस्य ॥ यमिस् । यम् वा यस्य ॥ यसंन्दु । यस्य ॥ यंमि संन्दु । यस्य ॥ कस् । कम् वा कस्य ॥ कमिस् । कम् वा कस्य ॥ कसंन्दु । कस्य ॥ कंमि संन्दु । कस्य ॥

इम् हुम् शब्दयोः संबन्धपष्ठ्यामेव । इसन्दु । अस्य ॥ इमिसन्दु अस्य ॥ हुसन्दु । अमुष्य ॥ हुमि सन्दु । अमुष्य ॥ असन्दु । अस्य ॥ अमि सन्दु । अस्य ॥

बहुत्वे तु सर्वेषां मन् इत्यस्य विकल्पेन लोप इष्यते ॥ तिहन्दु वा तिमन् हन्दु । तेषाम् ॥ यिहन्दु वा यिमन् हन्दु । येषाम् ॥ कहन्दु वा कमन् हन्दु केषाम् ॥ इहन्दु वा इमन् हन्दु । एषाम् ॥ हुहन्दु वा हुमन् हन्दु । अमीषाम् ॥

संबन्धपष्ठ्यां किम् । इमिस् । इमं वा अस्य ॥ हुमिस् । अमुं वा अमुष्य ॥ अत्र विकल्पाभावः ॥ प्राणिनि किम् । तम्युक् । तस्य वस्तुनः ॥

॥ निश्चयार्थे धातुलिङ्गस्वरूपान्ते यः प्रत्यययोर्मध्ये वा ॥ २१ ॥

धातुस्वरूपस्य वर्तमानादिषु लिङ्गस्वरूपस्य च प्रथमादिषु तद्धितादिषु च निश्चयार्थे गम्यमाने अन्ते यः प्रत्ययो भवति। द्वयोः प्रत्यययोर्मध्ये वा भवति ॥ तसन्दुय् । तस्यैव ॥ तमि सन्दुय् । तस्यैव ॥ ग्वरसूय् अन्दर् । गुरावेव ॥ ग्वरनूय् अन्दर् । गुरुष्वेव ॥ एवं सर्वेषां लिङ्गानां सर्वासु विभक्तिषु बोध्यम् ॥ प्रत्यययोर्मध्ये यथा ॥ ग्वरनूय् हन्दि पुछ्य् । गुरुभ्य एव ॥ ग्वर सन्दिय् पुछ्य् । गुरवे एव ॥ अत्र एकवचने स् प्रत्ययस्य लोपे कृते सन्दु पुछ्य् इत्येतयोर्मध्ये य् प्रत्ययः ॥ ग्वरन् हन्दिय् पुछ्य् । वा ग्वरन् हन्दि पुछिय् । इत्यपि साधु ॥ तद्धितप्रत्ययेभ्यो यथा । गाटुलुय् । दक्ष एव ॥ धातुस्वरूपेभ्यो यथा । करानूय् छुह् । करोत्येव ॥ कर्योनूय् । अकृतैव तेन ॥ करिय् करिष्यत्येव ॥ उपमायामपि क्वचिद्दृश्यते । यथा व्राद् ति गौव् न्यचिवुय् । शिष्यो ऽपि पुत्र एवास्ति ॥

॥ सोरुशब्दस्वरूपेभ्यो नित्यमेव ॥ २२ ॥

सोरु शब्दस्य यानि स्वरूपाणि तेभ्यः प्रायशो नित्यमेव य् प्रत्ययो भवति ॥ सोरु। सर्वः ॥ सोरुय्। सर्व एव ॥ सारि। सर्वे ॥ सारिय्। सर्वे एव ॥

॥ यप्रत्यये औकारस्याव् ॥ २३ ॥

प्रत्ययसंबन्धिन औकारस्य य् प्रत्यये परे अव् भवति ॥ गुर्यव्य् सूतिन्। घोटकैरेव ॥ नमव्य् सूतिन्। नखैरेव ॥ गुर्यौ सूतिन्। नमौ सूतिन् इत्यनयोर्मध्ये य् प्रत्यये कृते अनेन औकारस्य अव्। व्यञ्जनं परेण संधेयम् (सू० १।३) ॥

॥ व्याख् शब्दस्य बिय् प्रथमाबहुत्वादिषु ॥ २४॥

स्पष्टम् ॥ बिय्। अपरे ॥ बियन्। अपरान् ॥ बियौ। अपरैः ॥ अनेन बिय् आदेशे कृते व्यञ्जनान्तलिङ्गवत्साधनम् ॥

॥ कूतुशब्दस्योपधायाः प्रथमाबहुत्वे द्वितीयाद्येकवचनादिषु चाप्रसिद्धता ॥ २५ ॥

स्पष्टम् ॥ कूंति। कियन्तः ॥ कूंतिम्। कियन्तम् ॥ कूंति। कियता ॥

॥ बहुत्वे वैत्वम् ॥२६॥

कूतु शब्दस्य द्वितीयादिबहुत्वे वा ऐत्वं भवति विकल्पेनाप्रसिद्धता च ॥ कूत्यन्। कियतः ॥ कैत्यन्। कियतः ॥ कूंत्यौ सूतिन्। कियद्भिर्हेतुभिः ॥ कैत्यौ सूतिन्। कियद्भिर्हेतुभिः ॥ एवं सर्वत्र विज्ञेयम् ॥

॥ य्यूतु त्यूतु यूतु शब्दानामीत्वमप्रथमैक- वचने ॥२७॥

प्रथमैकवचनं वर्जयित्वा एषां शब्दानां यूकारस्य ईत्वं भवति ॥ यीति । यावन्तः ॥ तीति । तावन्तः । ईति । इयन्तः ॥ एवं सर्वत्र ज्ञेयम् ॥

॥ मूँष ऐत्वम् ॥२८॥

मूँष् शब्दोपधायाः प्रथमाबहुत्वादिषु ऐत्वं भवति ॥ मैंप । महिष्यः ॥ मैंषन् । महिषीः ॥ मैंषौ सूतिन् । महिषीभिः ॥

॥ कूँह्यो ऽन्त्यस्य सश्च ॥२९॥

कूँह् शब्दस्य उपधाया ऐत्वं भवति अन्त्याक्षरस्य च सकारो भवति ॥ कैंसि दप् । कंचिद्वद ॥ कैंसि दपु । केनचिदुक्तम् ॥ कैंसि हन्दु । कस्यचित् ॥ इत्यादि । साधनं पूर्ववत् ॥ कूँह्शब्दापरपर्यायस्य कांह् शब्दस्य चेत्थं बोध्यम् । किंचानयोः शब्दयोरुभयलिङ्गत्वात् द्वितीयायां स् प्रत्ययः । स्त्रियामिकार (सू० २।१।३७) इति इकारागमः । स्लोपः स्त्रियां सर्वत्र (सू० २।१।४०) इति स् लोपः ॥

॥ केन्च् शब्दो नित्यं बहुत्वे ॥३०॥

स्पष्टम् ॥ केन्च् । केचित् ॥ केन्चन् । कांश्चित् ॥ केन्चौ । कैश्चित् ॥

॥ काँछाह् कैंछाह् शब्दावेकत्वे ॥३१ ॥

स्पष्टम् ॥ काँछाह् । कश्चित् ॥ कैंछाह् । किंचित् ॥

॥ ज़्ह् शब्दस्य दु द्वितीयादिषु ॥३२॥

द्वियाचकस्य ज़्ह् शब्दस्य द्वितीयादिविभक्तिषु दु आदेशः स्यात् ॥ द्वन्। द्वौ ॥ द्वयौ सूतिन्। द्वाभ्याम् ॥

॥ अयागमः स्वरे ॥३३॥

तस्मादादेशकृतात् दुशब्दात्स्वरे परे अयागमो भवति ॥ द्वयि सूतिन्। द्वयेन ॥ द्वयौ सूतिन्। द्वाभ्याम् ॥ ज़्ह् शब्दात् औं सूतिन् प्रत्ययः। पूर्वसूत्रेण दु आदेशः। अनेन अय् आगमः। व्यञ्जनं परेण संधेयम् (सू० १।३) ॥

॥ त्रिह्षद्दोरन्त्यलोपश्च ॥३४॥

त्रिह् षह् शब्दाभ्यां स्वरे परे अयागमो भवति। अन्त्याक्षरस्य च लोपो भवति ॥ त्र्ययौ सूतिन्। त्रिभिः ॥ षयौ सूतिन्। षड्भिः ॥

॥ वा चोर्शब्दस्य न्प्रत्यये ह्रस्वश्च ॥३५॥

चोर् शब्दस्य न्प्रत्यये परे विकल्पेनान्त्याक्षरस्य लोपः ओकारस्य च उकारो भवति॥ च्वन्। चतुरः। वा। चोरन्। चतुरः॥ चोर् शब्दात् द्वितीयायां न् प्रत्ययः अनेन रकारलोपः ओकारस्य च उकारः। उकारो वः (सू० १।११) इति वत्वम्। व्यञ्जनं परेण संधेयम् (सू० १।३)। अन्यत्र न्प्रत्यये (सू० २।१।१२) अकारागमः॥

॥ पानशब्दादिप्रत्ययलोपः ॥३६॥

अयं शब्दो नित्यमेकवचन एव। देहार्थवाचकस्य पान् शब्दस्य तु एकानेकत्वं भवति ॥ पान। स्वयम् ॥ पानस्। स्वम् ॥ पान। स्वेन ॥

॥ अकारलोपोपधाह्रस्वौ चोनुञोः ॥३७॥

तस्यैव पानशब्दस्य उनु ञ् इत्येतयोः प्रत्यययोः परयोरकारस्य लोप उपधायाश्च ह्रस्वो भवति ॥ पनुनु । स्वस्य पुंलिङ्गे ॥ पनेञ् । स्वस्य स्त्रीलिङ्गे ॥ साधनं पूर्ववत् ॥ देहार्थवाचकस्य पान् शब्दस्य । पानुकु । देहस्य पुंलिङ्गे ॥ पानेंचू । देहस्य स्त्रीलिङ्गे ॥ इत्यादिस्वरूपाणि भवन्ति ॥

॥ अखुजोरयोराहागमो निश्चयसामान्ये ॥३८॥

अखुशब्दात् द्विवाचकाज्जोरशब्दाच्च निश्चयसामान्ये गम्यमाने आह् आगमो भवति ॥ अखाह् । एककः ॥ जोराह् । द्विकम् ॥ अखुशब्दस्य प्रथमायामेव विज्ञेयम् । अपरस्य सर्वासु विभक्तिषु । अखुशब्दग्रहणात्प्रथमैकवचनान्तेभ्यः सर्वेभ्यः शब्देभ्यो भवति ॥ कथाह् । एक आलापः ॥ जोराहौ मूर्तिन् । द्विकेन ॥

॥ त्रिहस्तारादेशः ॥ ३९ ॥

निश्चयसामान्ये त्रिह्शब्दस्य तार आदेशो भवति ॥ तार । त्रिकम् ॥ निश्चयसामान्ये किम् । त्रिय् । त्रय एव ॥

॥ चोरश्च्वमरः ॥ ४० ॥

चोर् शब्दस्य च्वमर आदेशो भवति निश्चयसामान्ये ॥ च्वमर । चतुष्कम् ॥ निश्चयसामान्ये किम् । चोरय् । चत्वार एव ॥

॥ पांन्चः पैंशः ॥ ४१ ॥

पांन्च्शब्दस्य पैंश आदेशो भवति निश्चयसामान्ये ॥ पैंश। पञ्चकम् ॥ निश्चयसामान्ये किम्। पांन्चय्। पञ्चैव ॥

॥ षहो ऽन्त्यस्य खाह् ॥ ४२ ॥

षह्शब्दस्यान्त्याक्षरस्य खाह् आदेशो भवति निश्चयसामान्ये ॥ षखाह्। षट्कम् ॥ निश्चयसामान्ये किम्। षय्। षडेव ॥

॥ सतष्ट एठागमश्च ॥ ४३ ॥

सत्शब्दस्यान्त्याक्षरस्य टकारो भवति एठ आगमश्च निश्चयसामान्ये ॥ सटेठ। सप्तकम् ॥ निश्चयसामान्ये किम्। सतय् सप्तैव ॥

॥ ऐठादिभ्यो ऽमरागमश्च ॥ ४४ ॥

ऐठ्आदिभ्यः संख्याभ्यो निश्चयसामान्ये अमर आगमो भवति ॥ ऐठमर। अष्टकम् ॥ नवमर। नवकम् ॥ दहमर। दशकम् ॥ निश्चयसामान्ये किम् ॥ ऐठय्। अष्टावेव ॥ नवय्। नवैव ॥

॥ एकत्वनिर्दिष्टपरिमाणादिशब्दात्खण्डा च ॥४५॥

एकवचनेन निर्दिष्टो यः संख्यापरिमाणादिशब्दस्तस्मान्निश्चयसामान्ये खण्डा प्रत्ययो भवति। चशब्दात् आह् आगमो ऽपि भवति॥ अखाह् खण्डा। एकमात्रम्॥ च्राखाह् खण्डा। चतुष्टयमात्रम् ॥ दहाह् खण्डा। दशकमात्रम् ॥ हथाह् खण्डा। शतमात्रम्॥ क्रुहाह् खण्डा। क्रोशमात्रम् ॥ छ्हाह् खण्डा।

दिनमात्रम् ॥ ऋथाह् खण्डा । ऋतुमात्रम् ॥ रुपयाह् खण्डा । मुद्रिकामात्रम् ॥ एकत्वनिर्दिष्टात्किम् ॥ तार । त्रयः ॥ च्वमर । चत्वारः ॥ चोराह् खण्डा । इति तु न भवति ॥ चारख्शब्दस्य त्वेकत्वनिर्देशाद्भवत्येव । परं तु यत्रैव आह् आगमो भवति तत्रैव खण्डा प्रत्ययः सस्वरः स्यात् । यत्र तु केवलः स्यात्तत्र खण्ड् प्रत्ययो भवति । यथा । क्रुह् खण्ड् । क्रोशमात्रम् ॥

॥ सर्वेभ्यो बहुवचनान्तेभ्यो ज़ू ॥ ४६ ॥

बहुवचनान्तेभ्यः सर्वेभ्यः शब्देभ्यो निश्चयसामान्ये ज़ू प्रत्ययो भवति । कटज़ू । मेषाः ॥ गुरिज़ू । अश्वाः ॥ रुपयज़ू । रूपिकाः ॥ कन्जज़ू । शिलाः इत्यादि ।

इति शारदाक्षेत्रभाषाव्याकरणे कश्मीरशब्दामृते
लिङ्गप्रकरणे सर्वनामपादस्तृतीयः ॥ ३ ॥
समाप्तं चेदं लिङ्गप्रकरणम् ॥२॥

अथ समासप्रक्रिया ॥३॥

शब्दाः संज्ञाविभक्त्यव्ययधातुभेदाच्चतुर्धा भवन्ति ॥ तत्र विभक्तिः केवलं स्वयमर्थदानाभावात्संज्ञया संगत्य कारकार्थं जनयति । धातुना च संगत्यातीतादिकालबोधिनी क्रिया भवतीति ॥ अव्यया हि स्वार्थदाने विभक्तिनिरपेक्षा इति ॥ विभक्तियोगात्संपन्नयोः क्रिययोर्वक्ष्यमाणसमासरीतिवत्संयोगो ऽसंभाव्यो ऽस्ति किंत्वव्ययभूतैः कृत्प्रत्ययैरेवेति ॥ संज्ञा तु विशेष्यपदविशेषणपदभेदाद्द्विविधा । तत्र द्वयोर्विशेष्यपदविशेषणपदयोः परस्परसंयोगो युक्तः विशेष्याद्विशेषणस्य बहिरनवस्थानादिति । विशेष्ययोस्तु पदयोः संयोगः कदाचित्संभाव्यः स्यात् । संयोगसंभवे तु पदे विशेष्ये वा भवतां । विशेष्यविशेषणे वा भवतामिति तुल्यमस्ति । कदाचित्त्वसंभाव्यः । इति द्वे स्वरूपे । तयोस्तु तुल्यातुल्यविभक्तिसंयोजनया चत्वारि स्वरूपाणि भवन्तीत्यतः समासाश्चत्वार एव भवितुमर्हन्त्येतदर्थं युक्तायुक्तेति समासलक्षणं सूत्रयति ॥

॥ युक्तायुक्तपदविभक्तीनां संगतिकृत्समासः ॥१॥

युक्तानां योग्यानामयुक्तानामयोग्यानां पदानां विभक्तीनां च संगतिकृत्संयोगकारकः समासो ऽवगन्तव्यः ॥ तत्रायुक्तपदसमविभक्तीनां संधायको द्वन्द्वः ॥ युक्तपदसमविभक्तीनां योगकारी कर्मधारयः ॥ युक्तपदभिन्नविभक्तीनां संधायकस्तत्पुरुषः ॥ अयुक्तपदायुक्तविभक्तीनां संयोगकारको बहुव्रीहिरिति ॥ संबन्धसंज्ञायां समासे विशेषः । तत्र संबन्धसंज्ञा द्विविधा । एका

सामान्यसंबन्धसंज्ञा । द्वितीया विशेषसंबन्धसंज्ञा ॥ तत्र तदादिशब्दाः सामान्यसंबन्धसंज्ञकाः ॥ यथैकस्मिन्नेव मनुष्ये स्वयं वक्तरि सति अहमिति संज्ञा कथ्यते ॥ तस्मिन्नेव श्रोतृतया संनिधिस्थेन येन केनचित्प्रोक्ते त्वमिति संज्ञा ॥ अश्रोतृतया संनिधिस्थेन प्रोक्ते अयमिति संज्ञा ॥ असंनिधिस्थेन येन केनचित्प्रोक्ते स इति संज्ञा ॥ द्वापरतया क इति संज्ञा ॥ सामान्यतया य इति संज्ञा । इति सामान्यसंबन्धसंज्ञा । अत्र संबन्धषष्ठीतत्पुरुषं विना समासाप्राप्तिर्निवधार्येति ॥ विशेषसंबन्धसंज्ञापि सामान्यविशेषाभ्यां द्विविधा ॥ तत्राद्या शिल्पवशात्सूपादिसंज्ञा तस्मिन्सूपत्वशिल्पस्य समवायिसंबन्धान्न हि तदादिशब्दवदेकेन सूप इत्युच्यते अपरेण स्वर्णकार इत्युच्यत इति विशेषत्वम् । परं तु सर्वैः सूप इत्युच्यत इति सामान्यत्वमिति ॥ अपरा पितृपुत्रादित्वसंबन्धसंज्ञा ॥ यथा हे पितरिति पुत्रेणैव कथ्यते बैजिकसंबन्धात् नान्येन॥ स एव सहोदरेण भ्रातेति कथ्यते समानोदर्यत्वात्॥ इत्यादयो विशेषसंबन्धसंज्ञकाः ॥ अत्र समासाप्राप्तिर्धीमद्भिरवधार्या इति ॥

द्वन्द्वोदाहरणं यथा ॥ ताफ् गट । आतपान्धकारौ ॥ अत्रातपेन साकं न को ऽपि ध्वान्तस्य संबन्धः किंतु समविभक्तित्वात् द्वन्द्वेन संबन्धः संपन्नः ॥

कर्मधारयोदाहरणं यथा ॥ म्वटि गुरि सूतिन् गौव् । स्थूलघोटकेन गतः ॥ अत्र य एव स्थूलः स एव घोटक इति युक्तपदत्वम् । स्थूलेन घोटकेन गत इति समविभक्तित्वामित्यतः कर्मधारयेण संगतिः ॥

तत्पुरुषोदाहरणं यथा ॥ राज़ न्यच्युवु । राजपुत्रः॥ अत्र राज्ञा सह पुत्रस्य योग्यत्वे ऽपि राज्ञः पुत्र इत्यनयोर्भिन्नविभक्तित्वमित्यतस्तत्पुरुषेण संगतिः ॥

बहुव्रीह्युदाहरणं यथा ॥ ह्रनि वुथु । श्वमुखः ॥ अत्र श्वन्शब्दमुखशब्दयोर्न च योग्यत्वसंबन्धः नापि श्वन्मुखं यस्य स श्वमुख इति निरुक्त्या विभक्तिसंबन्ध इत्यतो बहुव्रीहिना संगतिः ॥

॥ समासमध्ये विभक्तिलोपो व्यञ्जनाद्यवयवस्य ॥ २ ॥

समासे कर्तव्ये पदयोर्मध्ये या विभक्तिस्तस्या व्यञ्जनाद्यवयवस्य लोपो भवति। "एको ह्यवयवो यस्य को ऽसाववयवी भवेत्" इति कथनान्न केवलव्यञ्जनरूपप्रत्ययस्य लोपः स्यात्॥ छल्यौ गुर्यौ सूतिन् आव्। श्वेतघोटकैरागतः॥ नीलिम् गुरिस्। अत्र स् प्रत्ययस्य केवलत्वान्न लोपः। छंतु शब्दाद्गुरु शब्दाच्च औ सूतिन्प्रत्ययः अनेन मध्याविभक्तेः सूतिन् इति विभक्त्यवयवस्य लोपः। प्रत्ययलोपे प्रत्ययलक्षणम् (पा० सू० १।१।६२) इति उवर्णान्तानामिकारः (२।१।३०) इति यत्वम्॥

॥ सजातीयविभक्तिकानां विजातीयपदानामन्त्यपदविभक्त्या कथनं द्वन्द्वः ॥३॥

येषां वस्तूनां लोकेषु संयोगो ऽसंभाव्यो ऽपि स्यात्तेष्वपि शब्देषु तुल्यविभक्तिकेषु सत्सु स्वकल्पितस्यान्त्यपदस्य विभक्त्या तेषां कथनं द्वन्द्वसमासो विज्ञेयः॥ नब् नम् फल्। नभोनखफलम्॥ एषां पदानां यद्यपि संयोगो ऽसंभाव्यो ऽस्ति तथाप्यनेन संगतिः॥ वारि कुलि फल ज़ल पुछ्य् आव्। वाटिकावृक्षफलजलायागतः॥ वारुशब्दात् कुलुशब्दात् फल्शब्दात् ज़ल्शब्दाच्च इ पुछ्य् प्रत्ययः। समासमध्ये (सू० २) इति सूत्रेण मध्यमानां पुछ्य् इति प्रत्ययावयवानां लोपः। प्रथमयोरुवर्णान्तानामिकार (सू० २।१।३०) इति ऊकारोकारयोरिकारः। इतो लोप (सू० २।१।६) इति इप्रत्ययस्य लोपः। अपरयोर्व्यञ्जनान्तत्वादिकारस्याकारः (२।१।४)॥ माज्य कोर्य। मातापुत्रिके॥ मालि पुथ्र्। पितापुत्रौ॥ हश न्वप। श्वश्रूस्नुषे॥ ज़ोम् कारूञ। ननन्दाप्रजावत्यौ॥ पच्य कूच्य। पट्टिकादारुणी॥

॥ विशेषणविशेष्ययोः पूर्वोत्तरपदस्थयोरेकपदेनाभिधानं कर्मधारयः ॥४॥

विशेष्यविशेषणयोर्योग्यसंबन्धत्वाद्युक्तपदत्वं विशेष्याद्बहिर्विशेषणस्यानवस्थानात् तयोः समविभक्तित्वमपि नित्यमेव स्यात्तयोर्विशेषणे पूर्वपदस्थे विशेष्ये उत्तरपदस्थे सति एकविभक्त्या यत् कथनं स कर्मधारयसमासो विज्ञेयः ॥ बड्यन् यारन् छुह् ज़ेनान्। महद्द्रव्याण्यर्जयति ॥ म्वचि ड्वचि सूतिन्। स्थूलपूपेन ॥ त्रिछि कोरि पुछ्य्। दक्षकन्यायै ॥ बजि लरि प्यठ। महद्गृहात् ॥ बज्य ग्रेन्ज़ हेन्दु। महत्संख्यायाः ॥ बडिस् गुरिस् प्यठ्। महदश्वोपरि। अत्र प्रथमान्त्ययोः न् म् प्रत्यययोः केवलत्वान्मध्ये ऽपि न लोपः। किंतु न् प्रत्यये सर्वत्र (सू० २।१।१२) इति अकारागमः। उवर्णान्तानामिकार (सू० २।१।३०) इति सर्वत्र इकारः। ऊदन्तटवर्ग (सू०२।१।२२) इत्यादिसूत्रेण क्रमेण टवर्गान्तस्य चवर्गः। शेषं पूर्ववत् ॥

॥ अप्रथमान्ते पूर्वपदे विभिन्नविभक्तिकयोः पदयोर्युगपत्कथनं तत्पुरुषः ॥५॥

संभाव्यसंयोगसत्ताकयोः पदयोर्मध्यात्प्रथमाविभक्तिव्यतिरिक्ते पूर्वपदस्थे सति तुल्यातुल्यप्रथमादिविभक्तिके उत्तरपदस्थे तयोर्यद्युगपत्कथनं स तत्पुरुषसमासो बोध्यः ॥ श्राकि खश्। छुरिकाच्छेदः ॥ टोपि फलु। शिरस्त्रमान्तम् ॥ सर्प बय सूतिन्। सर्पभयेन ॥ राज़ न्यचिवि पुछ्य्। राजपुत्राय ॥ बट कोर्य हेन्दु। ब्राह्मणकन्यायाः ॥ स्वन डब अन्। स्वर्णपुटकमानय ॥ म्यच्नि फ्रूतु थव्। मृत्कटोलं निधेहि ॥

॥ उत्तरपदस्थस्य पोञ्शब्दस्य पो वः ॥६॥

समासविषये पोञ्शब्द उत्तरपदस्थे सति पोञ् शब्दसंबन्धिनः पकारस्य

वकारः स्यात्॥ गंग वोञ्‌ञु। गङ्गाजलम्॥ व्यथ वोञ्‌ञु। वितस्ताजलम्॥ शीन वो-ञ्‌ञु। हिमजलम्॥ वुग वोञ्‌ञु। ओघजलम्॥ मा'र् वोञ्‌ञु। मारीजलम्॥ क्रीऽि वो-ञ्‌ञु। कूपपानीयम्॥ रूद वोञ्‌ञु। वर्षापानीयम्॥ नाग वोञ्‌ञु। अखातजलम्॥ समासे किम्। व्यथि हन्दि पाञ्‌ञि सूतिन्। वितस्तायाः पानीयेन॥

॥ पूर्वपदस्थे ञस्यानुस्वारः ॥७॥

समासविषये पोञ्‌ञुशब्दे पूर्वपदस्थे सति ञकारस्यानुस्वारो भवति॥ पाँ त्रख्। पानीयद्रोणः॥ पाँ नंदु। पानीयकुम्भः॥ समासे किम्। पाञ्‌ञुकु त्रख्। पानीयस्य द्रोणः॥

॥ दाञ्‌शब्दस्यापि ॥८॥

समासविषये दाञ्‌शब्दे पूर्वपदस्थे सति ञकारस्यानुस्वारो भवति॥ दाँ खार्। धान्यखारी॥ दाँ फुतु। धान्यकटोलः॥ अपिशब्दादन्येभ्यो ऽपि॥ वाँ ग्रलु। वणिकूर्णं॥ वाँ कूरु। वणिकन्या॥ समासे किम्। दाञ्‌चू खार्॥

॥ पंथ्र्‌शब्दस्य पुंलिङ्गे च ॥९॥

पंथ्र्‌शब्दः स्वयं पुंलिङ्गः समासे ऽपि पुंलिङ्गेन निर्देशे कर्तव्ये पकारस्य वकारो भवति॥ बोञि वंथ्र् [। छायावृक्षपत्रम्]॥ पोप वंथ्र् [। पुष्पपत्रम्]॥ ख्यल्‌ वंथ्र्। पद्मगात्रम्॥ हाक वंथ्र्। शाकपत्रम्॥ पुंलिङ्गेन किम्। मुजि पंत्र्। मूलिकापत्रम्॥ गुग्‌जि पंत्र्। इत्यादि॥

॥ पंचाहः समासे ॥१०॥

समासविषये पंचाह्‌शब्दस्य पकारस्य वकारो भवति॥ अकवञ्जाह॥ द्ववञ्जाह्। कुनवञ्जाह्। इत्यादि॥

॥ शैठः शस्य हः ॥११॥

कुनहैठ्। अकहैठ्। ड्ठहैठ्। इत्यादि ॥

॥ छ्वंटूशब्दस्य म्वंडू आदेशः सस्यव्यतिरिक्ते ॥१२॥

सस्यव्यतिरिक्तस्य वस्तुनः अपूपार्थके छ्वंटूशब्दे उत्तरपदस्थे म्वंडू आदेशो भवति॥ ठूल-म्वंडू। अण्डापूपः॥ नदुरि-म्वंडू। बिसापूपः॥ चामंस्-म्वंडू। आमिक्षापूपः॥ अद्रक्-म्वंडू। आर्द्रकापूपः॥ सस्यव्यतिरिक्ते किम्॥ त्वमुल-छ्वंटू। तण्डुलापूपः॥ कनक-छ्वंटू। गोधूमापूपः॥ वुष्कि-छ्वंटू। यवापूपः॥ सस्ये ऽपि पुंलिङ्गनिर्देशेन म्वंडु आदेश इष्यते॥ त्वमूल-म्वंडु। अब-म्वंडु। इत्यादि॥

॥ पूर्वोत्तरपदस्थभेद्यभेदकोभयविशिष्टान्यपदबोधको बहुव्रीहिः ॥१३॥

विशेष्ये पूर्वपदस्थे विशेषणे चोत्तरपदस्थे सति तदुभयेन विशिष्टस्यान्यपदस्य ज्ञानविधायको बहुव्रीहिर्ज्ञेयः॥ यड-वंडु। बृहदुदरः॥ दारि-ज्यूठु। दीर्घश्मश्रुः॥ कन-छ्वटु। छिन्नकर्णः॥ दु-वहरु। द्विवार्षिकः॥ दु-वरिश्। द्विवार्षिकी॥ सत-बोचु। सप्तकुटुम्बः॥ पाँच्न-प्वतुर्। पञ्चपुत्रः॥ हूनि-बुथु। श्वमुखः॥ अत्र मध्यपदलोपो बुद्धिमतावधार्यः॥

॥ द्विरुक्तेन च ॥१४॥

एकेनैव पदेन द्विरुक्तेन विशिष्टस्यान्यपदस्यावबोधकश्च बहुव्रीहिर्विज्ञेयः॥ स च स्त्रीलिङ्गः॥ ठूल ठूल्। शृङ्गाशृङ्गि॥ टप टफ्। खुराखुरि॥ ठूँक ठूँख्। शृङ्गाशृङ्गि॥ चप चफ्। दन्तादन्ति॥

इति श्रीशारदाक्षेत्रभाषाव्याकरणे कश्मीरशब्दामृते
समासप्रक्रिया समाप्ता॥३॥

अथ तद्धितप्रक्रिया ॥४॥

॥ जातेरपत्यार्थे पूतु ॥१॥

अपत्ये ऽभिधेये सति जातेर्जातिवाचकाच्छब्दात् पूतु प्रत्ययो भवति ॥ दर-पूतु। कौल-पूतु। तिकि-पूतु। इत्यादि ॥ दर् कौल् त्युकु इति जातिवाचकाः शब्दाः। अनेन सूत्रेण पूतु प्रत्ययः। व्यञ्जनान्तानामकारागमः (सू०२।१।३६)। तृतीये युकारोपधाया इत्वम् (सू०२।१।७६)। उवर्णान्तानामिकारः (सू० २।१।३०) एवमुत्तरत्र ज्ञेयम् ॥ जातिशब्दग्रहणात्पशुपक्ष्यादीनां जातिर्गृह्यते ॥ काव-पूतु। काकपोतः ॥ पछिन्-पूतु। पक्षिपोतः ॥ ककर्-पूतु। कुक्कुटपोतः ॥ कट-पूतु। मेषपोतः ॥ म्याँ-पूतु। मेषपोतः ॥ कोतर्-पूतु। कपोतपोतः ॥ इत्यादि ॥

॥ न संज्ञायाः ॥२॥

पित्रादिनाम्नः परः पूतु प्रत्ययो न भवतीति परिभाष्यते ॥

॥ चूरशब्दाद्बालक्रीडायां च ॥३॥

पित्रादौ स्तनन्धयं क्रीडयति सति चूरशब्दात् पूतु प्रत्ययो भवति। च-शब्दाच्चौरपुत्रे ऽभिधेये ऽपि ॥ चूर-पूतु। चौरपोतः ॥

[१ ककर् कोतर् इत्यादीनि पदानि उकारान्तशब्दव्युत्पन्नान्यपि कछ्लादि (सू० २।१।७४) गणान्तर्गतत्वात्साधूनि विज्ञेयानि ॥]

॥ मिज़्शब्दात्स्वार्थे ॥४॥

चुम्बनवाचकात् मिज़्शब्दात्स्वार्थ एव पूतु प्रत्ययो भवति ॥ मिज्ञ-पूतु । चुम्बनम् ॥ मिज़् इत्यस्य म्वज़् च कथ्यते ॥ तेन । म्वज्ञ-पूतु । चुम्बनम् ॥ इत्यपि भवति ॥

॥ अनादरापत्यार्थे ऽधमशब्देभ्यः कठ् ॥५॥

अनादरेण क्रोधेन च अपत्ये अभिधेये सति अधमशब्देभ्यः परः कठ् प्रत्ययो भवति ॥ चूर-कठ्। चौरपुत्रः॥ गान-कठ्। विटपुत्रः॥ पोग-कठ्। नाशपुत्रः॥ षाज़-कठ्। सूदपुत्रः ॥ रास-कठ्। जारजः ॥ क्र-कठ्। कुपुत्रः ॥ सुशब्दादपि दृश्यते ॥ स्व-कठ्। सुपुत्रः ॥ स्वख-कठ्। सुखपुत्रः ॥

॥ स्वस्वकार्योद्यमेनाभिधेये कंटु ॥६॥

जातिवाचकानां शिल्पवाचकानां च शब्दानां निजनिजकार्यस्योद्यमेनापत्ये अभिधेये सति कंटु प्रत्ययो भवति ॥ बट-कंटु। ब्राह्मणपुत्रः॥ दर-कंटु। कौल-कंटु। स्वनर्-कंटु। स्वर्णकारपुत्रः॥ मनर्-कंटु। शाङ्खिकपुत्रः॥ छान-कंटु। तक्षकपुत्रः ॥

॥ मूँष्शब्दाच्च ॥७॥

महिषीवाचकस्य मूँष्शब्दस्यापत्ये अभिधेये कंटु प्रत्ययो भवति॥ मैंष कंटु। महिषः॥ मूँष्शब्दात् कंटु प्रत्ययः। व्यञ्जनान्तानामकारागमः (सू० २।१।३६)। मूँष ऐत्वम् (सू० २।३।२८) इति सूत्रेण ऊकारस्य ऐत्वम् ॥

॥ पित्रोः सहजापत्यीयसंबन्धे पुंसि तुरु ॥८॥

पित्रोर्जनयितुर्जनन्याश्च सहजौ पितृभ्राता पितृभगिनी मातृभ्राता मातृभगिनी च तयोः पुमपत्यसंबन्धिनि संबन्धे अभिधेये सति तत्तच्छब्दात् तुरु प्रत्ययो भवति॥ प्वफतुरु बोयु। पैतृष्वस्रीयः ॥ मासतुरु बोयु। मातृष्वस्रीयः ॥ मामतुरु बोयु। मातुलपुत्रः ॥

॥ स्त्रियां तूर् ॥९॥

तेषामेव शब्दानां स्त्र्यपत्यसंबन्धिनि संबन्धे अभिधेये सति तूर् प्रत्ययः स्यात्॥ प्वफतूर् ब्यञ। पैतृष्वस्रीया॥ मासतूर् ब्यञ। मातृष्वस्रीया॥ मामतूर् ब्यञ। मातुलपुत्रिका॥

॥ पितृर्शब्दात्तुर्लोपः ॥१०॥

स्पष्टम्॥ पितुरु बोयु। पैतृव्यः॥ पितूर् ब्यञ। पितृव्यपुत्री॥ एवं प्वफतूर् बाय्यि काकञ्। पैतृष्वस्रीयभार्या॥ मासतूर् बाय्यि काकञ्। मातृष्वस्रीयभार्या॥ मामतूर् बाय्यि काकञ्। मातुलपुत्रभार्या॥ पितूर् बाय्यि काकञ्। पैतृव्यभार्या॥

॥ ब्यञ्बोयुशब्दाभ्यां पुमपत्ये थूरन्त्ययोर्नबौ च ॥११॥

ब्यञबोयुशब्दयोः पुमपत्ये ऽभिधेये सति थूर् प्रत्ययो भवति अन्त्याक्षरयोश्च क्रमेण नकारबकारादेशौ भवतः॥ ब्यन थूर्। भागिनेयः॥ बाब थूर्। भ्रातृव्यः॥

॥ स्त्र्यपत्ये ज़ो नवौ च ॥१२॥

तयोर्व्यञ्ज़बोयुशब्दयोः स्त्र्यपत्ये ऽभिधेये सति ज़ प्रत्ययो भवति अन्त्याक्षरयोश्च नकारवकारौ भवतः ॥ व्यन्ज़ । भागिनेयी ॥ बाव्ज़ । भ्रातृपुत्री ॥

॥ द्रियुशब्दस्य द्यारादेशश्च ॥१३॥

देवरवाचकस्य द्रियुशब्दस्य पुंस्त्र्यपत्ये ऽभिधेये पूर्वोक्तौ प्रत्ययौ भवतः। द्रियुशब्दस्य च द्यार आदेशः स्यात् ॥ द्यारथ्र् । देवरपुत्रः ॥ द्यारज़ । देवरपुत्री ॥

॥ तदस्यास्तीत्यलादयः ॥१४॥

तत् अस्ति अस्य इत्यस्मिन्नर्थे वक्ष्यमाणा अलादयः प्रत्ययाः स्युः ॥

स्वमूर्तिवर्तमानद्रव्यगुणवत्त्वाभिधेये ऽल् ॥१५॥

प्राणिनो ऽप्राणिनो वा निजमूर्तौ वर्तमानं यद्द्रव्यं गुणो वा तद्वत्त्वेन तस्मिन्नभिधेये सति द्रव्यशब्दाद्गुणशब्दाच्च अल् प्रत्ययो भवति । न चात्र गुणशब्देन शुक्लादिगुणा गृह्यन्ते इति ॥ दार्यल् । श्मश्रुलः ॥ गोंछ्ल् । गुम्फवान् ॥ डखल् । काकपक्षवान् ॥ वबल् । स्तनवती ॥ कोछल् । कोष्ठवान् ॥ ह्यङ्गल् । शृङ्गी ॥ ठूँकल् । शृङ्गाघाती ॥ ढ्वलल् । शृङ्गाघाती ॥ च्रपल् । दन्ताघाती ॥ फशल् । वेशवान् ॥ ग्यङ्गल् । वलिनः ॥ स्यसल् । सीमावान् ॥ प्वंदल् । क्षुतवान ॥ मच्छ्यव्यचल् । तिलकालकः ॥ त्रासल् । कासवान् ॥ घूँटल् । पर्दी ॥ साधनं पूर्ववत् ॥

॥ हाचो ऽभियोक्तरि ॥१६॥

अभियोगकृदर्थे हाच् शब्दादल् भवति न त्वभियोज्यार्थे॥ हाचल्। अभियोक्ता॥

॥ ज़्यवः सूचके ॥१७॥

ज़्यव् शब्दात्सूचकार्थे अल् प्रत्ययो भवति॥ ज़्यवल्। सूचकः॥ न तु जिह्वावान्। किंतु तत्र। ज़्यविसंस्तु। वा ज़्यविवोलु (सू० २४) इति भवति॥

॥ ब्यञ्कूरूशब्दाभ्यामश्लीले ॥१८॥

स्पष्टम्॥ ब्यञ्जल्। कोर्यल्॥ अश्लीले किम्। ब्यञ्जवोलु (सू० २४)। भगिनीवान्॥ कोरिवोलु। कन्यावान्॥

॥ दांरूशब्दाद्यागमो वा ॥१९॥

स्पष्टम्॥ दांरियाल्। श्मश्रुलः॥

॥ क्वचिल्लदपि ॥२०॥

द्रव्यगुणवत्त्वे ऽभिधेये सति क्वचित् लद् प्रत्ययो ऽपि भवति। स च प्रायो दोष एव॥ फकलद्। दुर्गन्धः॥ छ्वकलद्। विदग्धः॥ छ्वकलद्। व्रणी॥ बकलद्। भषणवान्॥ द्वखलद्। दुःखी॥ द्रागलद्। दुर्भिक्षहतः॥ क्वचिद्ग्रहणात्। गोंछिलद्। डखलद्। बवलद्। इति न भवति। किंतु ग्यञ्जलद्। स्यसलद्। ष्रासिलद्। इत्यादीनां द्वयमेव भवति॥

॥ फश उन्मादिनि ॥२१॥

फशशब्दादुन्मत्तस्यार्थे लद् भवति ॥ फशलद् । उन्मत्तकल्पः ॥ अन्यत्र । फशल् । वेशकारी ॥

॥ पंज़ुअपंज़ुशब्दाभ्यां योरु ॥२२॥

आभ्यां शब्दाभ्यां सहितत्वे वाच्ये योरु प्रत्ययो भवति ॥ पंज़ियोरु । सत्यवक्ता ॥ अपंज़ियोरु । असत्यवक्ता ॥

॥ मंन्ज़्युम्शब्दाद्दूतार्थे ॥२३॥

दूतस्यार्थे मंन्ज़्युम्शब्दात् योरु प्रत्ययो भवति ॥ मंन्ज़्युम्योरु । दूतः ॥

॥ मूर्तिबाह्यवस्तुवत्त्वे वोलुग्राकौ ॥२४॥

निजमूर्तेर्भिन्नैर्वस्तुभिः सहितत्वे अभिधेये ग्राक्वोलु प्रत्ययौ भवतः ॥ धारवोलु । धनवान् ॥ लरिवोलु । गृहवान् ॥ शायिवोलु । स्थानवान् ॥ कोरिवोलु । कन्यावान् ॥ न्यचिविवोलु । पुत्रवान् ॥ गुरन्वोलु । गोपगवान् । इत्यादि ॥ एवं । लरिग्राख् । इत्यादिस्वरूपाणि भवन्ति ॥ गरशब्दस्य गृहाध्यक्षार्थे ऽकारलोप इष्यते ॥ गर्वोलु । गृहाधिपः ॥ अन्यत्र । गरवोलु । गृहवान् ॥

॥ जीवादिव्यथाकारिभ्यो हंतु ॥२५॥

यैर्यैरान्तरीयैर्बाह्यैर्वा वस्तुभिर्जीवादिनैव पीडा भुज्यते न तु देहेन तत्साहित्ये अभिधेये सति हंतु प्रत्ययः स्यात् ॥ न्यंद्रिहंतु । निद्राहतः ॥ त्रेपहंतु । तृषाहतः ॥ बुछहंतु । बुभुक्षाहतः ॥ क्रूदहंतु । क्रोधाहतः ॥ गुमहंतु । स्वेदाहतः ॥ तापहंतु । आतपाहतः ॥ तूरिहंतु । शीताहतः ॥ आरहंतु ।

दयाहतः ॥ लवहंतु । [जलकणाहतः ॥] तावहंतु । [दाहहतः ॥] इति द्वयमन्यस्मिन्नपि विशेषणीक्रियते । तावहंचू चुतराथ् । [दाहहता पृथ्वी इति ॥]

॥ मंदछमोदमानेभ्यो व्यंतु ॥२६॥

एभिस्त्रिभिः शब्दैः सहितत्वे अभिधेये व्यंतु प्रत्ययो भवति ॥ मंदछव्यंतु । मन्दाक्षयुतः ॥ मोदव्यंतु । आदरयुतः ॥ मानव्यंतु । मानयुतः ॥

॥ बसाशब्दादाढ्यार्थे ॥२७॥

स्पष्टम् ॥ बसाव्यंतु । आढ्यः ॥

॥ दन्दनस्तोरनिष्टार्थे आन् ॥२८॥

दंदुनस्तुशब्दाभ्यामनिष्टार्थाभ्यां सहितत्वे ऽभिधेये सति आन् प्रत्ययो भवति ॥ दंदान् । दन्तुरः ॥ नस्तान् । दुर्नासिकः ॥

॥ उ् वा ॥२९॥

आभ्यां शब्दाभ्यां विकल्पेन उ् प्रत्ययो भवति ॥ नस्तु । दंदु ॥ पक्षे । नस्तूरु । दंदूरु ॥

॥ यड्शब्दात्तुन्दावल् ॥३०॥

स्पष्टम् ॥ यडल् । तुन्दिलः ॥

॥ जिघत्सावलोपश्च ॥३१॥

स्पष्टम् ॥ यड्ल् । कुक्षिंभरिः ॥

॥ हर्शब्दात्ताच्छील्ये ॥३२॥

अस्माच्छब्दात्तच्छीले अर्थे अल् प्रत्ययो ऽकारलोपश्च स्यात् ॥ ह्र्ल् । कलहशीलः ॥

॥ जत्शब्दात्तद्वति ॥३३॥

स्पष्टम् ॥ जत्तल् । रोमवान् ॥

॥ वैंसो जैवातृके ऽट् ॥३४॥

वैंस्शब्दादायुष्मत्त्वे ऽभिधेये अट् प्रत्ययो भवति ॥ वैंसट् । आयुष्मान् ॥

॥ रूषस्ताच्छील्ये ॥३५॥

रूष्शब्दात्ताच्छील्यार्थे अट् प्रत्ययो भवति ॥ रूषट् । ईर्ष्यालुः ॥

॥ अंछिशब्दाद्दुर्दृष्टाविट् ॥३६॥

दुर्दृष्टौ पुरुषे ऽभिधेये सति अंछिशब्दात् इट् भवति ॥ अछीट् । दुर्दृष्टिः ॥

॥ रूपलूब्राभ्यामतिशये ॥३७॥

रूपलूब्र्शब्दयोर्भूरित्वस्त्वे ऽभिधेये सति इट् प्रत्ययो भवति ॥ रूपिट् । अतिसुन्दरः ॥ लूबिट् । लोलुभः ॥

॥ ज़्यवश्च ॥३८॥

ज़्यविट् । सूचकः ॥

॥ ल्यकल्शब्दादूठ् ॥३९॥

स्पष्टम् ॥ ल्यकलूठ् । अश्लीलदः ॥

॥ भावे ॥४०॥

इत उत्तरं ये प्रत्ययास्ते भावे विज्ञेयाः ॥ भावस्तु संज्ञाभावधातुभावभेदाद्विविधः । संज्ञाभावे अधिकारो ऽयम् । धातुभावस्तु कृत्प्रक्रियायां निरूपयिष्यते ॥

॥ विशेष्यायत्तानामट् ॥४१॥

विशेष्यस्य भेद्यस्य अधीना ये विशेषणशब्दास्तेषां भावे अट् प्रत्ययो भवति । उदाहरणान्यग्रे सर्वत्र ॥ दृतुशब्दस्य तु देहशुभतायामेव भावप्रत्ययः स्यादिति वेद्यम् ॥

॥ त्र्यक्षराधिकानामार् ॥४२॥

ते नित्यविशेष्यनिघ्नाः शब्दाश्चेत् त्र्यक्षरास्तदधिका वा स्युस्तदा आर् प्रत्ययो भवति ॥ व्वज़ज्यार् । रक्तता ॥ म्वकज्यार् । मुक्तता ॥

॥ टोठोर्वा ऽनागमो ऽन्त्यस्वरलोपश्च ॥४३॥

टोठुशब्दाद्विकल्पेन आर् प्रत्ययः अन् आगमश्च भवति अन्त्यस्योकारस्य च लोपः स्यात् ॥ टाठञार् । प्रियता ॥ अत्र लिङ्गस्य अनागमव्यवहितत्वात् टवर्गान्तानां च (सू० ४९) इत्यनेन ठकारस्य छकारो न भवति किंतु तवर्गान्तानामप्रसिद्ध (सू० ५०) इत्यनेन नकारस्य ञकारः। पक्षे । टाछ्यर् । प्रियता ॥

॥ क्वचित्पूर्व एव ॥४४॥

त्र्यक्षराधिकानां क्वचित्स्थाने पूर्वः अर् प्रत्यय एव भवति ॥ अपज़र् । असत्यता ॥ क्रहन्नर् । कार्ष्ण्यम् ॥ काज़र्यर् । कपिलता ॥ कावर्यर् । नीलता ॥ कृप्णर् । कार्पण्यम् ॥ कायर्यर् । असारता ॥ खोवर्यर् । वामता ॥ ग्यश्याम्यर् । श्यामता ॥ चत्र्यर् । चतुरता ॥ विसम्यर् । विषमता । इत्यादि ॥

॥ हशो ऽश्लीले ॥४५॥

हश्शब्दादश्लीले ऽर्थे अर् भवति ॥ हशर् । गालिदानेन श्वश्रूत्वम् ॥ अश्लीले किम् । हशतोनु । श्वश्रूत्वम् ॥ (सू० ६३) तोनु प्रत्ययः ॥

॥ कंबुगंशुभ्यां वा लोपः ॥४६॥

आभ्याम् शब्दाभ्यां विकल्पेन भावप्रत्ययलोपः स्यात् ॥ कब्यर् । कुब्जता ॥ गश्यर् । जालमता ॥ पक्षे । कंबु । कुब्जता ॥ गंशु । जालमता ॥

॥ कवर्गान्तानां चवर्गादेशः क्रमात् ॥४७॥

तेषां विशेष्यनिघ्नानां द्व्यक्षराणां त्र्यक्षराणां च अन्त्यस्य उकारविशिष्टस्य कवर्गीयाक्षरस्य क्रमेण चवर्गीयाक्षरादेशो भवति ॥ निकु । निच्यर् । क्षुद्रत्वम् ॥ टंकु । टच्यर् । तैक्ष्ण्यम् ॥ हंखु । हछ्यर् । शुष्कता ॥ त्र्युखु । त्रिछ्यर् । दक्षता ॥ द्वंगु । द्वज्यर् । दुर्लभता ॥ सुगु । सुज्यर् । सुलभता ॥ निकुशब्दाद्विशेष्यायत्तानामर् (सू० ४१) अनेन ककारस्य चकारः । उवर्णान्तानामिकारः (सू० २।१।३०) यत्वम् । त्र्युखुशब्दोपधायुकारस्य इकारः (सू० २।१।७६) । सर्वत्र यत्वम् ॥

॥ न च्वंकुखूँखुशब्दयोः ॥४८॥

च्वंकुशब्दखूँखुशब्दसंबन्धिनोः ककारखकारयोश्चवर्गादेशो न भवति॥ च्वंकु। च्वक्यर्। अम्लत्वम्॥ खूँखु। खूँख्यर् [। अवनाटवद्वचनम्]॥

॥ टवर्गान्तानां च ॥४९॥

टवर्गान्तानां विशेष्यनिघ्नानां शब्दानां च क्रमेण चवर्गादेशो भवति॥ म्वंटु। म्वच्यर्। स्थौल्यम्॥ गंटु। गच्यर्। अल्पोज्ज्वलता॥ ड्रौंठु। ड्रौंछ्यर्। कठोरता॥ मूँठु। मैँछ्यर्। मन्दता॥ म्वंडु। म्वंज्यर्। कुण्ठता॥ वंडु। व-ज्यर्। महत्ता॥ प्रोणु। प्राञर्। पुराणता॥

॥ तवर्गान्तानामप्रसिद्धः ॥५०॥

तवर्गान्तानां विशेष्यनिघ्नानां शब्दानामन्त्याक्षरस्य क्रमेणाप्रसिद्धश्चवर्गा-देशो भवति अप्रसिद्धो दन्त्यः॥ तंतु। तच़र्। तप्तता॥ मंतु। मच़र्। मत्तता॥ वंथु। वछ़र्। विस्तृतता॥ थंदु। थज़र्। औन्नत्यम्॥ मंदु। मन्ज़र्। मान्द्यम्॥ तंनु। तञ़र्। तनुता॥ गुमंनु। गुमञ़ार्। ईषन्मालिन्यम्॥ तमंनु। तमञ़ार्। कार्ष्ण्यम्॥ तूंनु। तूंञ़ार्। शीतता॥ कटमलिनु। कटमलिञ़ार्। धूसरता॥ पनुनुशब्दस्यादिस्वरस्य दीर्घ इष्यते॥ पानञ़ार्। आत्मीयता॥

॥ अप्रसिद्धादिलोपः ॥५१॥

अप्रसिद्धाच्चवर्गात् इकारस्य लोपो भवति उदाहरणानि पूर्वसूत्रोक्तानि अप्रसिद्धचवर्गात्परस्य इकारस्य लोपः स्वयं बुद्धिमता निर्णेयः॥ छ़्यंचु। छ़्यच़र्। रिक्तता॥ अंछु। अछ़र्। नैर्बल्यम्॥ पंजु। पज़र्। सत्यता॥ अंनु। अञ़र्। अन्धता॥

॥ लान्तानां जः ॥५२॥

लकारान्तानां विशेष्यनिघ्नानामन्त्यस्य जकारो भवति ॥ खलु । खज्यर् । विस्तृतत्वम् ॥ [व्रलु ।] वोज्यर् । चाञ्चल्यम् ॥ कुमुलु । कुमज्यार् । कोमलता ॥ एवं । व्वज़ज्यार् । उज्ज्वलता ॥ म्वकज्यार् । मुक्तता ॥ ज़ायज्यार् । सूक्ष्मता ॥ पिशज्यार् । पेशलता ॥ लान्तानां किम् ॥ वियर् । पर्युषितत्वम् ॥ ब्रयर् । आधिक्यम् ॥ फह्यर् । पारुष्यम् ॥ नव्यर् । नवीनता ॥

॥ त्रकुरुशब्दस्य च ॥५३॥

अन्त्यव्यञ्जनस्य रकारस्य जकारो भवति ॥ त्रकज्यार् । कठोरता ॥ पक्षे । त्रकर्यर् ॥

॥ हान्तानां शः ॥५४॥

स्पष्टम् ॥ हिहु । हिश्यर् । सादृश्यम् ॥ त्रोहु । त्राश्यर् । कटुता ॥ हान्तानां किम् । गश्यर् । जालमता ॥ त्राष्यर् । कटुत्वम् ॥ फरिश्यर् । पारुष्यम् ॥

॥ सान्तानां वा छः ॥५५॥

स्पष्टम् ॥ कूँसु । कैँछर् । कनिष्ठता ॥ पक्षे ॥ कैँसर् । कनिष्ठता ॥ पवर्गान्तान्युदाहरणानि यथा ॥ पंपु । पप्यर् । पक्वता ॥ फंफु । फफ्यर् । लोहलत्वम् ॥ ग्रंबु । ग्रब्यर् । गुरुत्वम् ॥ ओमु । आम्यर् । आमता । इति ॥

॥ बंडुशब्दादीमी वा ॥५६॥

बंडुशब्दात्परो विकल्पेन ईमी प्रत्ययो भवति । आदेशाभावश्च ॥ बंडु । बडीमी । महत्ता ॥ पक्षे । बड्यर् । इति ॥

॥ श्रूचुछ़्यंटुशब्दाभ्यां यांरू च ॥५७॥

आभ्यां शब्दाभ्यां पक्षे भावे यांरू च भवति ॥ श्रूचु। श्रूच़ियांरू। शुद्धता ॥ छ़्यंटु। छ़्यंट़ियांरू। उच्छिष्टता ॥ पक्षे। श्रोच़र्। छ़्यच्यर् ॥ इति भवतः ॥

॥ योरुशब्दान्ताज्ज़् ॥५८॥

योरुशब्दाद्भावविषये ज़् प्रत्ययो भवति ॥ मंज़िमूयार्ज़्। दूतता ॥ पंज़ियार्ज़्। सत्यता ॥ अपंज़ियार्ज़्। असत्यता ॥ यार्ज़्। मित्रता ॥ श्रूच़ियार्ज़्। शुद्धता ॥ छ़्यट़ियार्ज़्। अशुद्धता ॥

॥ विशेष्यानायत्तानामिल्आंज़्प्रत्ययौ ॥५९॥

भावे इत्यनुवर्तते स्वयं विशेष्यशब्दानां भावे अभिधेये इल् प्रत्ययः आंज़् प्रत्ययश्च भवति ॥ पंण्डितांज़्। पण्डितता ॥ पक्षे। पंण्डितिल् ॥ छांनिल्। वा। छानांज़्। तक्षकता ॥ गूरिल्। वा। गोरांज़्। पुरोहितता। इत्यादि ॥

॥ क्वचिदेकतरः ॥६०॥

क्वचिच्छब्दे एकतर एव प्रयुज्यते ॥ द्वंसिलांज़्। लेपकता ॥ द्वंसिलिल्। इति न साधुशब्दः ॥

॥ क्वचिद्युगपच्च ॥६१॥

क्वचित्स्थाने प्रोक्तौ प्रत्ययौ युगपत्प्रयुज्येते ॥ मतिल्। वा। मंतिलांज़्।

[६१। युगपच्छब्दोऽत्रोभयार्थको ज्ञेयः न तु समवायार्थकः समवेतयोः प्रत्यययोरेकस्माच्छब्दात्प्रयोगासंभवात् ॥]

उन्मत्तता ॥ अत्र मंतुशब्दस्य विशेष्यनिघ्नत्वात्पूर्वं मत्वर्थरूपे सिद्धे ऽपि प्रोक्तकर्मार्थमेव पुनरुदाहृतम्॥ गूरिलांज्। छानिलांज्। ब्रीठिलांज्। इत्यादि॥

॥ लाँछ्शब्दस्योपधाया ऊत्वं वा ॥६२॥

लूँछिल्। पक्षे। लाँछिल्। नपुंसकता॥

॥ संबन्धिनां तोनु ॥६३॥

नाडीसंबन्धिनां भावे अभिधेये सति तोनु प्रत्ययो भवति॥ मालितोनु। पितृत्वम्॥ माजितोनु। मातृत्वम्॥ बायितोनु। भ्रातृत्वम्॥ पुत्रतोनु। पुत्रत्वम्॥ हशतोनु। श्वश्रूत्वम्। इत्यादि॥ कृत्रिमसंबन्धिनां भावे तु तकारस्य पकार इष्यते॥ व्यसपोनु। वयस्यात्वम्॥ दायपोनु। धात्रीत्वम्॥ पाजिपोनु। नीचत्वम्। इत्यादि॥

॥ शत्रुमित्रपितुर्ऋषिबन्धुभ्य उत् ॥६४॥

एषां शब्दानां भावे गम्यमाने सति उत् प्रत्ययो भवति॥ शत्रुत्। शत्रुत्वम्॥ म्यत्रुत्। मित्रत्वम्॥ पितुरुत्। सजातीयत्वम्॥ ऋष्युत्। ऋषित्वम्॥ बन्दुत्। बन्धुत्वम्॥

॥ मैत उन् ॥६५॥

शवत्रावाचकात् मैतशब्दाद्भावे उन् प्रत्ययो भवति॥ मैत्। मैतुन्। शवता॥

॥ म्वंड्शब्दादुस् ॥६६॥

विधवावाचकात् म्वंड्शब्दाद्भावे उस् प्रत्ययो भवति॥ म्वंडुस्। वैधव्यम्॥

॥ द्बुशब्दात्सृगार्थे ॥६७॥

स्पष्टम् ॥ द्बुस्। सृगः ॥ अन्यत्र। द्बिल्। रजकता ॥

॥ स्वन्शब्दाद्दु ॥६८॥

स्पष्टम् ॥ स्वनर्द्दु। साफल्यम् ॥

॥ बोजुशब्दाद्दठ् च ॥६९॥

अस्माच्छब्दात् बद् प्रत्ययो भवति पक्षे र्द्दु प्रत्ययश्च स्यात् ॥ बाजिर्द्दु। साधारणता ॥ पक्षे। बाजिबद्। साधारणता ॥

॥ हतादिभ्यः संख्यायाम् ॥७०॥

हत्आदीनां संख्यावाचकानां र्द्दु प्रत्ययो भवति ॥ हतर्द्दु। शतशः ॥ सासर्द्दु। सहस्रशः ॥ लछ्यर्द्दु। लक्षशः। इत्यादि ॥

॥ शाकादिभ्यो मुष्ट्यर्थे ॥७१॥

शाकानां मुष्टावभिधेयायां सत्यां र्द्दु प्रत्ययो भवति ॥ हाकर्द्दु। शाकमुष्टिः ॥ मुजिर्द्दु। मूलिकामुष्टिः ॥ ग्नग्जिर्द्दु [। सर्पपशाकमुष्टिः] ॥

॥ उलु ॥७२॥

अधिकारो ऽयम् ॥ इत उत्तरं वक्ष्यमाणार्थेषु उलु प्रत्ययो भवति ॥

॥ गाटशब्दान्निपुणे ॥७३॥

स्पष्टम् ॥ गाटुलु। निपुणः ॥

॥ कंडो ऽल्पार्थे ॥७४॥

कंड् इति । वृहत्कुण्डं । तस्याल्पार्थे उलु प्रत्ययो भवति । कंडुलु । कुंडलाकृतिः ॥

॥ गंडो वस्तुसाकल्ये ॥७५॥

वस्तुनः साकल्ये अभिधेये ग्रन्थिवाचकाद्गंडशब्दात् उलु प्रत्ययो भवति ॥ गंडुलु । वस्तुसामस्त्यम् ॥

॥ ग्तूशब्दादतिशये ॥७६॥

नदीप्रवाहवाचकात् ग्तशब्दादतिशये ऽर्थे उलु भवति ॥ ग्तुलु । बहुलम् ॥

॥ गदश्च ॥७७॥

स्पष्टम् ॥ गदुलु । बहुलम् ॥

॥ टंठुशब्दान्मानावपने ॥७८॥

द्रोणद्वयवाचकात् टंठुशब्दात्परिमाणभाण्डार्थे उलु प्रत्ययो भवति ॥ टठुलु । काष्ठावपनम् ॥

॥ द्वंगुप्वंतुशब्दाभ्यां सादृश्ये ॥७९॥

द्वंगु । मुष्टिः ॥ प्वंतु । अर्भकः ॥ आभ्यां सादृश्यार्थे उलु प्रत्ययो भवति ॥ द्वगुलु । पिण्डम् ॥ प्वतुलु । शिलामयी मूर्तिः ॥

॥ म्वलसादोस्तद्वति ॥८०॥

स्पष्टम् ॥ म्वलुलु । बहुद्रव्यम् ॥ सादुलु । स्वादवान् ॥

॥ क्छ्शब्दाद्भारिके ॥८१॥

स्पष्टम्॥ क्छुलु। भारवाहः॥

॥ छ्वक्शब्दात्स्पष्टतायाम् ॥८२॥

छ्वक्। शोधना। तस्मात्स्पष्टार्थे उलु प्रत्ययो भवति॥ छ्वकुलु। गद्गदम्॥

॥ च्रट्शब्दाच्चौरे ॥८३॥

च्रट्। छदनमे। तस्माच्चौरार्थे उलु भवति॥ च्रटुलु। चौरः॥

॥ पत्शब्दादुडुपे ॥८४॥

स्पष्टम्॥ पतुलु। उडुपः॥

॥ ङ्वच्छब्दात्स्वव्यभिचारे ॥८५॥

गुदवाचिनः ङ्वत्शब्दात्स्वव्यभिचारकारयितरि उलु स्यात्॥ ङ्वतुलु। स्वव्यभिचारकारयिता। गांडू॥

॥ रात्दुहोस्तत्काले ॥८६॥

रात्दुह्शब्दाभ्यां तत्तत्काले ऽभिधेये उलु प्रत्ययः स्यात्॥ रातुलु। निशा-कालः॥ दुहुलु। दिनकालः॥

॥ मून्शब्दाद्वस्त्रे ॥८७॥

उपधाह्रस्वश्च निपात्यते॥ मुनुलु। और्णं वासः॥

॥ युलु ॥८८॥

इत उत्तरं वक्ष्यमाणार्थेषु युलु भवति ॥ अधिकारोऽयम् ॥

॥ टंपुजटोर्जटाधारिणि ॥८९॥

टंपुशब्दात् जटशब्दाच्च तद्धारिणोऽर्थे युलु स्यात्॥ टप्युलु। जटाधारी॥
जट्युलु। जटाधारी॥

॥ दाहः करुणायामुपधाह्रस्वश्च ॥९०॥

स्पष्टम्॥ दह्युलु छुह् वदान। सकरुणं रोदिति॥

॥ रसात्तद्वति ॥९१॥

स्पष्टम्॥ रस्युलु छुह् ग्यवान्। सरसं गायति॥

॥ मछ्स्निहोः स्नेहवति ॥९२॥

मछ् इति। सान्त्वनं। स्निह् इति स्नेहस्तयोः शब्दयोः युलु प्रत्ययो भवति॥
मछ्युलु। सस्नेहः॥ स्निह्युलु। सस्नेहः॥

॥ मिषान्नखमांसलेशे ॥९३॥

स्पष्टम्॥ मिष्युलु। नखमांसलेशः॥

॥ स्यकः स्वादादिसादृश्ये ॥९४॥

स्यक्। सिकता। तत्सादृश्येन स्वादादावभिधेये युलु प्रत्ययः स्यात्॥ स्यक्युलु
चूँटु। सिकतास्वादसदृशः पालीवतः॥ स्यकिजू बुतराथ्। सैकतिला भूमिः॥

॥ मांजूशब्दादपत्रपिष्णौ ॥९५॥

मातृवाचकात् मांजूशब्दात् लज्जावदर्थे युलु प्रत्ययः स्यात् ॥ मांयुलु । लज्जावान् ॥

॥ मलाद्युनु तद्वति ॥९६॥

मलशब्दात्तद्वदर्थे युनु प्रत्ययो भवति ॥ मल्युनु । मलिनः ॥

॥ कूटुशब्दादल्पार्थे उनु ॥९७॥

कूटु । बृहत्काष्ठं । तस्याल्पार्थे उनु प्रत्ययो भवति ॥ कूटुनु । क्षुद्रकाष्ठम् ॥

॥ दगादायुधे ॥९८॥

दग् । घातः । तस्मादायुधार्थे उनु प्रत्ययो भवति ॥ दगुनु । मृगः ॥

॥ रंग्स्वन्मन्चम्दाँद्काँद्भ्यः शिल्पिनि र्॥९९॥

एभ्यः शब्देभ्यः शिल्पिनि अर्थे र् प्रत्ययो भवति ॥ रंगर् । रजकः ॥ स्वन्र् । स्वर्णकारः ॥ मन्र् । शाङ्खिकः ॥ चम्र् । चर्मकारः ॥ दाँदुर् । शाकविक्रयी ॥ काँदुर् । कान्दविकः ॥

॥ डास्फासोर्विनाशकभेदकयोः ॥१००॥

स्पष्टम् ॥ डास्र् । विनाशकः ॥ फास्र् । भेदकः ॥

॥ बंगात्तत्पायिनि ॥१०१॥

बंगशब्दात्तत्पायिनि अर्थे र् प्रत्ययो भवति ॥ बंगर् । भङ्गापः ॥

॥ बमो ऽन्तरायिणि ॥१०२॥

बम्शब्दाद्विघ्नकारके ऽर्थे ऱ् प्रत्ययः स्यात् ॥ बमुऱ् । विघ्नकृत् ॥

॥ लमो विलम्बके ॥१०३॥

लमशब्दाद्विलम्बकर्त्रर्थे ऱ् प्रत्ययो भवति ॥ लमुऱ् । विलम्बकः ॥

॥ लाबो वार्धुषिके ॥१०४॥

लाब्शब्दात् उक्तार्थे ऱ् प्रत्ययः स्यात् ॥ लाबुऱ् । वृद्ध्याजीवः ॥

॥ सालो जन्ये ॥१०५॥

साल्शब्दान्निमन्त्रितजन्यार्थे ऱ् प्रत्ययो भवति ॥ सालुऱ् । जन्याः ॥

॥ लूटो लुण्ठके ॥१०६॥

लूट्शब्दात् लुण्ठकार्थे ऱ् प्रत्ययः स्यात् ॥ लूटुऱ् । लुण्ठकः ॥

॥ भ्रमो भ्रमप्रदे ॥१०७॥

स्पष्टम् ॥ भ्रमुऱ् । भ्रमदः ॥

॥ लूबो ऽन्त्यस्य दश्च ॥१०८॥

लूब्शब्दात्तद्वत्त्वार्थे ऱ् प्रत्ययो भवति अन्त्यस्य बकारस्य च दकारो भवति ॥ लूदुऱ् । लोलुभः ॥

॥ तौल्यपरिमिते युनु ॥१०९॥

तुलया परिमिते वस्तुनि युनु प्रत्ययो भवति । तच्च द्विधा । एकं स्वयं वस्तु

कियदस्तीति द्वितीयं कियन्मितस्य वस्तुन आधारभूतमस्तीत्यनयोर्द्वयोरेव योगारम्भः ॥ त्रोक्युन्नु कद् । द्रौणिको मेषः ॥ सीयुन्नु थाल् । प्रास्थिकः स्थालः ॥ खोर्युन्नु बोङ् । खारिको भारः ॥ त्रोक्युन्नु नंदु । द्रौणिकः कुम्भः ॥ सीयुन्नु बान । प्रास्थिकं भाण्डम् ॥ अत्र त्रव्शब्दस्योपधाया दीर्घः सेर्शब्दस्य एकारस्य ईकारो दृश्यते । प्रस्थवाची सीयुन्नु शब्दः पलवाची पल्शब्दापरपर्यायः पल्युन्नुशब्दश्चेतरावत्रार्थौ ॥ अन्यत्र । च्वत्रोकु । चतुर्द्रोणिकः ॥ च्वत्रोक्युन्नु । चातुर्द्रौणिकः ॥

॥ पाँज़ुवुशब्दस्य वस्य शश्च ॥११०॥

द्रोणार्धवाची पाँज़ुवुशब्दस्तत्तौल्येनाभिहिते वस्तुनि युन्नु प्रत्ययो भवति वकारस्य च शकारो भवति ॥ पाँज़शुन्नु । अर्धद्रौणिकः ॥

॥ षष्ठ्यादेर्मौल्यसंख्यायां च ॥१११॥

मौल्यसंख्यया वस्तुनि अभिधेये सति षष्टेः परतः युन्नु प्रत्ययो भवति ॥ शीठ्युन्नु । षाष्टिकः ॥ सतत्युन्नु । साप्ततिकः ॥ षष्ट्यादेः किम् ॥ दहन् हंन्दु दाँदु । दशानां वृषः ॥

॥ सर्वनामशब्देभ्यश्च ॥११२॥

तीत्युन्नु । तावतिकः ॥ यीत्युन्नु । यावतिकः ॥ कूत्युन्नु । कियतिकः ॥ ईत्युन्नु । एतावतिकः ॥

॥ वर्षार्थे च ॥११३॥

वोर्ष्युन्नु । वार्षिकः ॥

॥ संख्यायाश्च पूरणे युमु ॥११४॥

संख्यायाः पूरणेऽर्थे युमु प्रत्ययो भवति चशब्दात्सर्वनामशब्देभ्यश्च ॥ अक्युमु । प्रथमः ॥ दह्युमु । दशमः ॥ वुह्युमु । विंशः ॥ हत्युमु । शततमः ॥ सास्युमु । सहस्रतमः ॥ पुंस्त्रियोः कतिशब्दवाचकाभ्याम् कॅतूकत्तशब्दाभ्यामपि विज्ञेयः ॥ कत्युमु । कतमः ॥ यीत्युमु । यतमः ॥ तीत्युमु । ततमः ॥ ईत्युमु । इतमः ॥ स्त्रीलिङ्गे तु युकारस्य इकारो भवति ॥ कत्तिमू । कतमा ॥ यीतिमू । यतमा ॥ इत्यादि ॥

॥ अष्टसंख्यावधि शतार्थे हत् ॥११५॥

स्पष्टम् ॥ अख्हथ् । एकशतम् ॥ ज़्हहथ् । शतद्वयम् ॥ त्रिहथ् । त्रिशती ॥ इत्यादि ॥

॥ तत्परतो हस्य शः ॥११६॥

नवसंख्यामारभ्य शतार्थे हकारस्य शकारो भवति ॥ नव्शथ् । नव शतानि ॥ काहशथ् । एकादश शतानि ॥ बाहशथ् । द्वादश शतानि ॥ इत्यादि ॥

॥ देशभवे इ प्रत्ययश्च ॥११७॥

स्पष्टम् ॥ सोव्पूरि नाव् । सुय्यपुरजा नौः ॥ ईरानि गुर् । ईरानदेशजोऽश्वः ॥ चीनि खोसु [। चीनदेशभवः कंसः] ॥ हिन्दुस्तानि कपुर् । इत्यादि ॥

॥ कशीर्देशभवे उरु अन्त्यस्वरादिलोपोपधादीर्घौ च ॥११८॥

काश्मीरभाषायां कश्मीरः कशीर् इति स्त्रीलिङ्गवाची शब्दः कथ्यते । तस्या उद्भूते वस्तुनि अभिधेये सति उरु प्रत्ययो भवति अन्त्यस्वराद्यवयवस्य लोप

उपधायाश्च दीर्घो भवति ॥ कांशुरु कंग् । काश्मीरं कुङ्कुमम् ॥ कांशुरु पश्मीन । काश्मीरं बहुमूल्यम् [राङ्कवम्] ॥ कांशिरू कठ् । काश्मीरं कुष्ठम् । इत्यादि ॥

॥ देशकालभवे चोकु अस्त्रियाम् ॥११९॥

देशभवे कालभवे च वस्तुनि अभिधेये उकु प्रत्ययो भवति स्त्रीलिङ्गं वर्जयित्वा ॥ कत्युकु । कुत्रत्यः ॥ तत्युकु । तत्रत्यः ॥ इत्युकु । इहत्यः ॥ यत्युकु । यत्रत्यः ॥ हुत्युकु । अत्रत्यः ॥ गरुकु । गृह्यः ॥ करुकु । किंकालिकः ॥ रातुकु । ह्योभवः ॥ पर्सुकु । परारि भवः । इत्यादि ॥ अज्शब्दादिकारागमश्चेष्यते ॥ अज्युकु । अद्यतनः ॥

॥ मिलोपयुक्तात्पांरिप्रत्ययान्तात्सर्वनाम्नो युमु ॥१२०॥

उक्तप्रत्ययो भवतीति स्पष्टम् ॥ पांर्युमु । पारदेशजः ॥ कपांर्युमु । किंपार्श्वः ॥ तपांर्युमु । तत्पार्श्वः ॥ यपांर्युमु । यत्पार्श्वः ॥ हुपांर्युमु । अपारजः ॥ इपांर्युमु । एतत्पार्श्वः ॥ अपांर्युमु । पारजः ॥ अस्त्रियां किम् ॥ कतिचू । कुत्रत्या ॥ एवं । पांरिमू । पारजा ॥ इत्यादि ॥ दिग्भवे च दछिनुखोवुरुशब्दौ वर्जयित्वा युमु भवति ॥ ब्रूँठ्युमु । अग्रिमः ॥ पत्युमु । पश्चिमः ॥ हीर्युमु । वा । प्यठ्युमु । ऊर्ध्वः ॥ तल्युमु । वा । ब्वन्युमु । अधरः ॥ अंन्दर्युमु । आन्तरः ॥ न्यंबर्युम् । बाह्यः ॥ अद्वौ प्रोक्तौ किम् ॥ दछिन्युकु । दक्षिणः ॥ खोवर्युकु । वामः ॥

॥ समूहे ख्यंलु ॥१२१॥

स्पष्टम् । गोवूख्यंलु । गोसमूहः ॥ गुरिख्यंलु । अश्वसमूहः ॥ गुपनूख्यंलु । गोपशुसमूहः ॥ तीरिख्यंलु । मेषादिसमूहः ॥ ज़नानख्यंलु । स्त्रैणम् ॥ महनिविख्यंलु । मानुष्यकम् ॥ इत्यादि ॥

॥ लूकुशब्दादय् ॥१२२॥

लूकुशब्दात्समूहे अय् भवति ॥ लूकय् । जनता ॥

॥ पानशब्दादुनु उपधाह्रस्वश्च ॥१२३॥

स्पष्टम् ॥ पनुनु । आत्मीयः ॥

॥ परशब्दादुदु ॥१२४॥

स्पष्टम् ॥ परुदु । परकीयः ॥

॥ तिहादिभ्यः प्रकारोक्तौ थः ॥१२५॥

तिह्यिह्आदिभ्यः पञ्चभ्यः प्रकारवचने गम्यमाने थ प्रत्ययो भवति ॥ तिथ । तथा ॥ यिथ । यथा ॥ क्यथ । कथम् ॥ इथ । इत्थम् ॥ हुथ । इत्थम् ॥

॥ उपमाने थु ॥१२६॥

तिह्आदिशब्दैरुपमाने वाच्ये सति थु प्रत्ययो भवति ॥ तिथु । तादृशः ॥ यिथु । यादृशः ॥ किथु । कीदृशः ॥ इथु । एतादृशः ॥ हुथु । ईदृशः ॥ लिङ्गप्रकरणोक्तनिश्चयप्रत्ययान्ताश्च [सू० २।३।२१] यथा ॥ तिथय् । तथैव ॥ यिथय् । यथैव ॥ क्यथय् । कथमेव ॥ इथय् । इत्थमेव ॥ हुथय् । इत्थमेव ॥ एवं बुद्धिमता निश्चयार्थप्रत्ययस्य सर्वत्र प्राप्तिरवधार्या ॥

॥ तस्मात्परौ पांठि पांठिन् वा ॥१२७॥

तस्मात्प्रकारप्रत्ययान्तात् परः पांठि प्रत्ययः पांठिन् प्रत्ययो वा प्रयोज्यः ॥

तिथपाठि । तथा ॥ यिथपाठि । यथा ॥ क्यथपाठि । कथम् ॥ इथपाठि । इत्थम् ॥ हुथपाठि । इत्थम् ॥ एवं । तिथपाठिन् । यिथपाठिन् । इत्यादि ॥

॥ अन्यतो ऽपि च ॥१२८॥

तौ पाठिपाठिन्प्रत्ययौ अन्येभ्यो ऽपि दृश्येते ॥ वियपाठिन् । इतरथा ॥ सारियपाठि । सर्वथा ॥ हंलिपाठि । वक्रप्रकारम् ॥ इत्यादि ज्ञेयम् ॥ एवं संबन्धषष्ठ्यन्तेभ्यः सर्वेभ्यः शब्देभ्यो बोध्यम् ॥

॥ क्याहो ह्रस्वः ॥१२९॥

क्याह्शब्दस्य ह्रस्वो भवति ॥ क्यथपाठि । कथम् ॥ क्यथताञ्पाठि । केनापि प्रकारेण ॥

॥ प्राणिकृतादेशेभ्यो रंग च ॥१३०॥

प्राणिनो द्वितीयादीनामेकवचनेषु [सू० २।३।५] ये तमादय आदेशाः कृतास्तेभ्यः प्रकारवचने गम्यमाने रंग प्रत्ययो भवति चशब्दादन्येभ्यो ऽपि ॥ तमिरंग । तथा ॥ यमिरंग । यथा ॥ कमिरंग । कथम् ॥ इमिरंग । इत्थम् ॥ हुमिरंग । इत्थम् ॥ अमिरंग । इत्थम् ॥ अकिरंग । एकधा ॥ द्वयिरंग । द्विधा ॥ त्र्ययरंग । त्रिधा ॥ सारिरंग । सर्वथा ॥ यत्निरंग । वा । सिठाहिरंग । बहुधा ॥ इत्यादि ज्ञेयम् । साधनं पूर्ववत् ॥

॥ प्रत्ययेषु हलोपः सर्वत्र ॥१३१॥

सर्वत्र लिङ्गप्रकरणे धातुप्रकरणे च प्रत्ययेषु परेषु हकारस्य लोपो भवति ॥ क्यथपाठिन् । कथम् ॥ क्याह्शब्दात् थ प्रत्ययान्तात् पाठिन् प्रत्ययश्च अनेन हकारस्य लोपः । क्याहो ह्रस्व (सू० १२९) इत्यनेनाकारस्याकारः ॥

॥ अप्राणिभ्यः स्थाने इ प्रत्ययश्च ॥१३२॥

तेभ्यः अप्राणिकृतादेशेभ्यः सामान्यस्थाने गम्यमाने इ प्रत्ययो भवति ॥ तत्र पञ्चम्यां प्रसिद्धता सप्तम्यां तु पूर्वस्वरस्याप्रसिद्धता ॥ तति । तॅति । ततः । तत्र ॥ यति । यॅति । यतः । यत्र ॥ कति । कुतः । कुत्र ॥ इति । इॅति । अतः । अत्र ॥ हुति । हुॅति । अमुतः । अमुत्र ॥ अति । अॅति । अतः । अत्र ॥

॥ तस्मादनऽनसौ वा ॥१३३॥

तस्मात् इ प्रत्ययान्ताच्छब्दात् अन् प्रत्ययः अनस् प्रत्ययो वा भवति ॥ कत्यन् वा कत्यनस् । कुत्र ॥ तत्यन् वा तत्यनस् । तत्र ॥ यत्यन् वा यत्यनस् । यत्र ॥ अत्यन् वा अत्यनस् । अत्र ॥ एवमन्यत् ॥ अनसः सकारस्य नकारो ऽपि दृश्यते ॥ यत्यनन् । यत्र ॥ अत्यनन् । अत्र ॥ एवमन्यत् ॥

॥ पञ्चम्यां प्यठान्तो ऽपि ॥१३४॥

स एव इ प्रत्ययान्तः शब्दः प्यठान्तो विशेषतः पञ्चमीप्रयोगो भवति ॥ ततिप्यठ । ततः ॥ यतिप्यठ । यतः ॥ कतिप्यठ । कुतः ॥ इतिप्यठ । इतः ॥ हुतिप्यठ । अमुतः ॥ गरप्यठ । गृहतः ॥ गामप्यठ । ग्रामतः ॥ इत्यादि ॥

॥ सप्तम्यामनन्तादी च ॥१३५॥

अन्प्रत्ययान्ताच्छब्दात्सप्तम्यां विशेषत ई प्रत्ययो ऽपि भवति ॥ तत्यनी । तत्र ॥ यत्यनी । यत्र ॥ कत्यनी । कुत्र ॥ इत्यनी । अत्र ॥ हुत्यनी । अमुत्र ॥

॥ ओर्तुप्रत्ययौ वान्त्यलोपश्च ॥१३६॥

तेभ्यः अप्राणिकृतादेशेभ्यः शब्देभ्यः सप्तम्याम् ओर् प्रत्ययः तु प्रत्ययो

वा भवति। अन्त्याक्षरस्य च लोपो भवति। तु प्रत्ययस्योकारान्तत्वात्पूर्वस्वरस्याप्रसिद्धता ज्ञेया ॥ तोर्। तत्र ॥ योर्। यत्र ॥ कोर्। कुत्र ॥ योर् ॥ अत्र ॥ होर् वा ओर्। अमुत्र ॥ एवम् ॥ तंतु। यंतु। कंतु। इतु। हुतु। अंतु। विज्ञेयाः ॥ तु प्रत्ययान्तात् त् प्रत्ययश्चेष्यते ॥ ततुत्। यतुत्। कतुत्। इतुत्। हुतुत्। अतुत्। इत्यादि ॥ यप्रत्यये ओकारस्य ऊकार इष्यते ॥ तूर्य्। तत्रैव ॥ यूर्य्। यत्रैव ॥ कूर्य्। कुत्रैव ॥ यूर्य्। अत्रैव ॥ ऊर्य्। अमुत्रैव ॥ एवं ॥ ततुय्। यतुय्। कतुय्। इतुय्। हुतुय्। अतुय्। बोध्याः ॥

॥ पञ्चम्यामपर ओर् ॥१३७॥

अकारः परो यस्मात्तथाविधः ओर् प्रत्ययः पञ्चम्यां भवति ॥ तोर। ततः ॥ योर। यतः ॥ कोर। कुतः ॥ होर वा ओर। अमुतः। इति ॥

॥ तिहादिभ्यः काले ऽलिः ॥१३८॥

तिहादिभ्यः कालविषये अलिप्रत्ययो भवति ॥ त्यलि। तदा ॥ य्यलि। यदा ॥ क्यलि। कदा ॥ प्रत्ययस्य इदन्तत्वात्पक्षे पूर्वस्वरस्याप्रसिद्धता बोध्या ॥ त्य॑लि। य्य॑लि। क्य॑लि। इति ॥

॥ इहहुहोर्वुञ्ज्व्वञादेशौ ॥१३९॥

अनयोः शब्दयोः सविभक्तिकयोः वुञ् व्वञ् आदेशौ क्रमेण भवतः ॥ वुञ्। एतर्हि ॥ व्वञ्। अधुना ॥

॥ क्याहः कर् ॥१४०॥

क्याहशब्दस्य कालविषये कर् आदेशो भवति ॥ कर्। कदा ॥

॥ उलुन्ताभ्यां रातृद्दह्भ्यामिः ॥१४१॥

स्पष्टम् ॥ रात्लि । नक्तम् ॥ द्दह्लि । दिवा ॥

॥ रातः कितु च ॥१४२॥

स्पष्टम् ॥ रात्कितु । नक्तम् ॥

॥ अन्यतो ऽपि च ॥१४३॥

न्यहफ्लि । प्रभातम् ॥ सुलि । अचिरेण ॥ यंचूका्लि । चिरेण ॥ का्लि । कालेन ॥ का्लिक्यथ् । परतरेद्युः ॥ ततिका्लिक्यथ् । परतरतरेद्युः ॥ कमिविज़ि । कदा ॥ तमिविज़ि । तस्मिन्काले ॥ यमिविज़ि । यस्मिन्काले ॥ इत्यादयो विज्ञेयाः ॥

॥ कोज़ुमिम्युज़ुशब्दाभ्यां स् ॥१४४॥

आभ्यां शब्दाभ्यां काले गम्यमाने स् प्रत्ययो भवति ॥ का्जिस् । प्राह्णम् ॥ मिमिज़िस् । अपराह्णम् ॥

॥ शेषेभ्यो ऽप्यन् ॥१४५॥

शेषेभ्यो रात्रिदिनविभागेभ्यः अन्येभ्यो ऽपि अन् प्रत्ययो भवति ॥ मन्दिञन् । मध्याह्नम् ॥ दुपहरन् । मध्याह्नम् ॥ कालचनन् । सायम् ॥ बतन्यंगन् वा बतदवन् । नक्तम् ॥ अड्रातन् । अर्धरात्रे ॥ पतिम्पहरन् । रात्रिपश्चायामे ॥ एवमितरभाषाशब्देभ्यो ऽपि व्यवह्रियते ॥ सुब्हन् । प्रभातम् ॥ शामन् । सायम् । इति ॥

॥ अः प्रत्यर्थे लिङ्गात्पूर्वः प्रथ् च ॥१४६॥

प्रतिशब्दस्यार्थे गम्यमाने अप्रत्ययो भवति लिङ्गात्पूर्वः प्रथ्शब्दश्च प्रयोज्यः ॥ प्रथ्द्वह। प्रतिदिनम् ॥ प्रथ्पहर। प्रतिप्रहरम् ॥ प्रथ्वरिह्य। प्रतिवर्षम्। इत्यादि ॥

द्वितीयान्तेभ्यः शब्देभ्यो ऽपि दृश्यते ॥ प्रथ्अकिम्। प्रत्येकम् ॥ प्रथ्विज़ि। प्रतिकालम् ॥ प्रथ्महानिविस्। प्रतिपुरुषम् ॥ प्रथ्ज़नानि। प्रतिस्त्रियम्। इत्यादि बोध्यम् ॥

॥ द्वहः प्रथ्लोपो वा ॥१४७॥

द्वह्शब्दात्पूर्वस्य प्रथ्शब्दस्य लोपो भवति ॥ द्वह। प्रतिदिनम् ॥

॥ यप्रत्यये नित्यम् ॥१४८॥

तस्मादेव द्वह्शब्दात् यप्रत्यये परे नित्यं प्रथ्शब्दस्य लोपो भवति ॥ द्वहय्। प्रतिदिनमेव ॥ प्रथ्द्वहय्। इति तु न भवति ॥

॥ वीप्सायामाद्यात्पथन्वर्थे ॥१४९॥

अनुशब्दस्यार्थे गम्यमाने वीप्सायां द्विरुक्तशब्दस्य आद्यात् पथ् प्रत्ययो भवति ॥ द्वहपथ् द्वह। अनुदिनम् ॥ वरिह्यपथ् वरिह्य। अनुवर्षम् ॥ जनिपथ् जनि। अनुजनम् ॥ इत्यादि ॥

॥ द्वह्व्रौँठ्शब्दाभ्यां वर्षार्थे उस् ॥१५०॥

स्पष्टम् ॥ द्वहुस्। ऐषमः ॥ व्रौँठुस् [। आगामिवर्षे] ॥

॥ पथो रकारश्च ॥१५१॥

पथ्शब्दात् वर्षार्थे उम् प्रत्ययो भवति अन्त्यस्य रकारादेशश्च ॥ परुम् । परारि ॥

॥ पूर्वतरार्थे प्रार्यादेशः ॥१५२॥

पथ्शब्दात् पूर्वतरवर्षार्थे उम् प्रत्ययो भवति । पथ्शब्दस्य प्रा॑रि आदेशश्च ॥ प्रा॑युम् । पूर्वतरे वर्षे ॥

॥ पञ्चम्यन्ताद्दिगर्थे कि॒नि ॥१५३॥

पञ्चमीप्रत्ययान्तेभ्यस्तदादिशब्देभ्यो दिगर्थे अभिधेये कि॒नि प्रत्ययो भवति [सू० १३२] ॥ ततिकि॒नि । ततः ॥ यतिकि॒नि । यतः ॥ कतिकि॒नि । कुतः ॥ इतिकि॒नि । इतः ॥ हुतिकि॒नि । अमुतः ॥ इत्यादि ॥ ब्रूँठिकि॒नि । अग्रतः ॥ पॅतिकि॒नि । पृष्ठतः ॥ दछि॒निकि॒नि । दक्षिणतः ॥ खोव्रि॒किनि । वामतः ॥ तॅलिकि॒नि । अधरस्तात् ॥ प्यॅठिकि॒नि । ऊर्ध्वतः ॥ इत्यादि ॥

एवमितरपञ्चम्यन्तेभ्यो यथा [सू० १३७] । तत्र प्रत्ययाद्येकारस्याकारः अन्त्यस्य तु पूर्णता दृश्यते ॥ तोरकनि । ततः ॥ योरकनि । यतः ॥ कोरकनि । कुतः ॥ ओरकनि वा होरकनि । अमुतः । इतः ॥

प्राणिकृतादेशेभ्यश्च यथा ॥ तमिकनि । तवकनि । ततः ॥ यमिकनि । यवकनि । यतः ॥ कमिकनि । कवकनि । कुतः ॥ इमिकनि । इवकनि । इतः ॥ हुमिकनि । अमिकनि । अवकनि । अतः ॥ एभ्य एव शब्देभ्यो ऽनन्तरवाचकः पतशब्दश्च प्रयोज्यः ॥ तमिपत । ततो ऽनन्तरम् ॥ तवपत । ततो ऽनन्तरम् ॥ इत्यादि बुद्धिमता स्वयं ज्ञेयम् ॥

॥ कालार्थे कालवाचिभ्यः ॥१५४॥

अज़्कनि [। अद्य प्रायः] ॥ पगाह्कनि [। श्वः प्रायः] ॥ कालिश्यथ्कनि [। परश्वः प्रायः] ॥ ऊत्रकनि [। परह्यः प्रायः]॥ दहुम्कनि [। दशम्यां प्रायः]॥ हारकनि [। आषाढमासे प्रायः] ॥ इत्यादि ॥

॥ अन्येभ्य इ् केवलश्च ॥१५५॥

तदादिशब्दव्यतिरिक्तेभ्यः अन्येभ्यः शब्देभ्यः केवल इ प्रत्ययश्च भवति दिगर्थे गम्यमाने ॥ ब्रूंठि । अग्रतः ॥ पति । पृष्ठतः ॥ खोव्रि । वामतः ॥ दछिनि । दक्षिणतः ॥ तलि । अधस्तात् ॥ प्यंठि । ऊर्ध्वतः ॥ इत्यादि ॥

॥ सर्वेभ्यः पारि च ॥१५६॥

सर्वेभ्यः प्राणिकृतादेशतदादिभ्यः अन्येभ्योऽपि शब्देभ्यो दिगर्थे अभिधेये पारि प्रत्ययो भवति ॥ कमिपारि वा कपारि । कस्मात्पार्श्वतः ॥ तमिपारि वा तपारि [। तस्मात्पार्श्वतः] ॥ यमिपारि वा यपारि [। यस्मात्पार्श्वतः] ॥ इत्यादि ॥ हुमिपारि वा हुपारि [। अमुष्मात्पार्श्वतः] ॥ इमिपारि वा इपारि [। अस्मात्पार्श्वतः]॥ अमिपारि वा अपारि [। अमुष्मात्पार्श्वतः]॥ दछिनिपारि [। दक्षिणपार्श्वतः]॥ खोव्रिपारि । वामपार्श्वतः ॥ ब्रूंठिपारि [। अग्रपार्श्वतः]॥ पतिमिपारि [। पश्चात्पार्श्वतः] ॥ इत्यादि ज्ञेयम् ॥

॥ चोरो विश्वगर्थे च़ुव़ादेशौ च ॥१५७॥

चोरशब्दात्पारि प्रत्ययो भवति चोरश्च च़्व च़्वा आदेशौ भवतः ॥ च़्वपारि वा च़्वापारि । विश्वतः ॥ विश्वगर्थे किम् ॥ चोरिपारि । चतुष्पार्श्वतः ॥

॥ सप्तम्यन्तात्कुन् ॥१५८॥

सप्तमीप्रत्ययान्तेभ्यः शब्देभ्यो दिगर्थे गम्यमाने कुन् प्रत्ययो भवति ॥ तोर्कुन् । तस्यां दिशि ॥ योर्कुन् । यस्यां दिशि ॥ कोर्कुन् । कस्यां दिशि ॥ योर्कुन् । अस्यां दिशि ॥ होर्कुन् वा ओर्कुन् । अमुष्यां दिशि [सू० १३६] ॥ एवं । तंतुकुन् । तस्यां दिशि ॥ यंतुकुन् । यस्यां दिशि ॥ कंतुकुन् । [कस्यां दिशि ॥] इतुकुन् । [अस्यां दिशि ॥] हुतुकुन वा अंतुकुन् । [अमुष्यां दिशि] [सू० १३६] । इति ॥ तूर्यकुन् । [तस्यामेव दिशि ॥] इत्यादयश्चोह्याः ॥ उकार-रहितात्प्रत्ययादपि व्यवह्रियते ॥ तथ्कुन् । यथ्कुन् । कथ्कुन् । इथ्कुन् । हुथ्-कुन् । अथ्कुन् । इति ॥ यप्रत्ययविशिष्टाश्च यथा ॥ तूर्य्कुन् । यूर्य्कुन् । तथ्य्-कुन् । यथ्य्कुन् । इत्यादयः स्वयं विचार्याः ॥ एवं । गाम्कुन् । गरकुन् । कालि-कुन् । वारिकुन् । [व्रुठ्कुन ।] ब्रुठ्कुन् । ब्रूठ्कुन् । ब्वन्कुन् । इत्यादि ॥ पष्ठ्य-न्तलिङ्गादपि प्रयुज्यते ॥ मालिस् कुन् । पितुः पार्श्वे ॥ माज्य कुन् । मातुः पार्श्वे ॥ तमिस् कुन् । तस्य पार्श्वे ॥ यमिस् कुन् । [यस्य पार्श्वे ॥] इत्यादि ॥

॥ मयार्थे उवु ॥१५९॥

तन्मयः अस्तीत्यस्मिन्नर्थे उवु प्रत्ययो भवति ॥ स्वनुवु । स्वर्णमयः ॥ म्यच्‌वुवु । मृण्मयः ॥ काठुवु । काष्ठमयः ॥ इत्यादि ॥

॥ अधीनार्थे बुज्य् ॥१६०॥

तस्याधीनमित्यस्मिन्नर्थे बुज्य् प्रत्ययो भवति ॥ लूकबुज्य् । लोकाधीनम् ॥ खुडबुज्य् । गर्ताधीनम् ॥ कलयबुज्य् । भार्याधीनम् ॥ इत्यादि ॥

॥ अडल्यंकुशब्दो विकलार्थे ॥१६१॥

विकले वस्तुनि अभिधेये सति अडल्यंकु शब्दो निपात्यते ॥ अडल्यंकु ।

विकलः॥ अडल्यंचू कोम्। विकला क्रिया॥ अडल्यंचू कंरू। विकला शाला॥ इत्यादि॥

॥ अभ्रधूमवातमात्रायां रिंग् ॥१६२॥

एषां त्रयाणां विकलत्वे मात्रायामभिहितायां सत्यां रिंग् प्रत्ययः स्यात्॥ अंब्ररिंग्। अभ्रमात्रा॥ दूहरिंग्। धूममात्रा॥ वावरिंग्। वातमात्रा॥ इति॥

॥ प्राणप्रकाशयोर्ल्थ् ॥१६३॥

प्राणप्रकाशयोर्मात्रायामभिहितायां ल्थ् प्रत्ययो भवति। अत्र थकार आदेशकृतो ऽस्तीति ज्ञेयम्॥ प्राणल्थ्। प्राणमात्रा॥ शाहल्थ्। श्वासमात्रा॥ गाशल्थ्। प्रकाशमात्रा॥ चाँग्लिल्थ्। दीपमात्रा॥

॥ पटस्य तुर् ॥१६४॥

पटस्य वस्त्रादेर्मात्रायां तुर् प्रत्ययो भवति॥ कपर्तुर्। कार्पासखण्डः॥ पंट्तुर्। और्णखण्डः॥

॥ छल्तिलिमावन्यतश्च ॥१६५॥

वस्त्रादेरन्यस्यापि मात्रायामभिहितायां छल् प्रत्ययः तिलिम् प्रत्ययश्च स्यात्॥ कपर्तिलिम्। कार्पासखण्डः॥ त्स्वच्यतिलिम्। अपूपखण्डः॥ बुर्जेतिलिम्। भूर्जखण्डः॥ इत्यादि॥ एवं। कपर्छल्। त्स्वच्यछल्। बुर्जेछल्। पच्यछल्। पट्टीखण्डः॥ क्रुहमाज़छल्। यकृत्खण्डः॥ इत्यादि॥

॥ रेम्फ् अल्पकरुणयोः ॥१६६॥

अल्पस्य करुणायाश्चार्थे रेम्फ् भवति ॥ करुणायां यथा । शुरिरेम्फ् । पोतकः ॥ गुरिरेम्फ् । अश्वकः ॥ महनिविरेम्फ् । पुरुषकः ॥ अल्पार्थे यथा । चूँठिरेम्फ् । क्षुद्रशालीवतः ॥ इत्यादि ॥

॥ रेँछ् संबन्धस्य ॥१६७॥

संबन्धस्यालपत्वे अभिधेये रेँछ् प्रयुज्यते । संबन्धस्तु वस्त्रादिकस्य वा भवतु जीवस्य वा भवत्विति ॥ कपर्‌रेँछ् । कार्पासखण्डः ॥ मातामाल्रेँछ् छ्यह् । मातामहगृहसंबन्धमात्रास्ति ॥

॥ जंड्कांज़्तुलुश्च शाककाष्ठयोः ॥१६८॥

शाकानां काष्ठानां च सामान्येन मात्रायामभिहितायां सत्यां जंड् प्रत्ययः कांज़् प्रत्ययो वा तुलु प्रत्ययो वा भवति । चशब्दात् थोपु प्रत्ययश्च स्यात् ॥ हाकजंड् । किंचिच्छाकः ॥ काठजंड् । किंचित्काष्ठम् ॥ पोषजंड् । किंचित्पुष्पाणि ॥ हाककांज़् । काठकांज़् । पोपकांज़् ॥ हाकतुलु । काठतुलु । पोषतुलु । ज़िनितुलु । सिनितुलु । मुज्यतुलु ॥

॥ सस्यादीनां फंलु ॥१६९॥

सस्यानां मात्रायां सामान्येन वाच्यायां सत्यां फंलु प्रत्ययो भवति ॥ दाँफंलु [सू० ३।८] । किंचिद्धान्यम् ॥ त्वमुलफंलु । किंचित्तण्डुलः ॥ करफंलु । किंचित्कलायः ॥ म्वंगफंलु । किंचिन्मुद्गः । इत्यादि ॥ आदिशब्दादन्येभ्यो ऽपि ॥ चूंझफंलु । किंचिदङ्गारः ॥ वंठिफंलु । किंचित्करीपः ॥ म्यचयफंलु । किंचिन्मृत्तिका ॥ फंलुशब्दस्य बहुत्वनिर्देशतस्तेषां कणा एव निर्णीयन्ते । न तु तेषां

साकल्यम्। यथा॥ दाँर्फ्लि। धान्यकणाः॥ त्वमूलर्फ्लि। तण्डुलकणाः॥ इत्यादि॥

॥ सर्वेभ्यो ऽसस्येभ्यो म्वया हना वा लक्ष्यतः॥१७०॥

अभ्रादिभ्यः सस्यवर्जितेभ्यः सर्वेभ्यः सामान्येन मात्रायां वाच्यायां म्वया हना वा भवति। लक्ष्यतो व्यवहारानुसारतः। अनयोराशब्दः सामान्यप्रत्ययजो ज्ञेयः॥ अंबर्म्वया। अंबर्हना॥ वुहम्वया। वुहहना॥ वावम्वया। वावहना॥ एवं सर्वेषाम्॥ हाकम्वया। हाकहना। इति पक्वस्यैव ज्ञेयः॥ हाकतुल्वा। इति पक्वापक्वयोरपि॥ एवं। पोषम्वया। पोषहना॥ कापुस्य तु न॥ एवं। त्रुप्नम्वया। त्रुप्नहना॥ म्यञ्यम्वया। म्यञ्यहना॥ असस्येभ्यः किम्। दाँम्वया। इति न भवति। किंतु। वतर्फलवा। वतम्वया। वतहना। इत्यस्मिन्सर्वे साधवः। शेषा व्यवहारतो ज्ञेयाः॥

॥ जलस्थानार्थ एव बल्॥१७१॥

बल् प्रत्ययः जलसंबन्धिस्थानस्यार्थ एव प्रयुज्यते॥ व्यथबल्। वितस्तास्थानम्॥ गंगबल्। गङ्गास्थानम्॥ मा़रबल्। मारी [नदी] स्थानम्॥ प्वखरिबल्। वापीस्थानम्॥ क्रूरिबल्। कूपस्थानम्॥ आवरिज़बल्। चितास्थानम्॥ शिमुशानबल्। श्मशानस्थानम्॥

॥ अन्यत्रापि च बलिदानस्थाने॥१७२॥

यत्र जलदेवायान्यस्मै भूदेवाय भूतादिभ्यश्च बलिः प्रदीयते तत्रापि बल्शब्दः प्रयुज्यते॥ सबबल्। सभास्थानम्॥ वुरबल्। वरार्थं यत्र पाकः क्रियते॥ कोंद-

बल्। इष्टिकापाकस्थानम् ॥ राज़बल्। श्मशानस्थानम् ॥ ग्रटबल्। जलघरट्टस्थानम् ॥ इत्यादि ॥

॥ वार्शब्दस्य स्नानस्थाने वस्य यः ॥१७३॥

यत्रैत्र नरैः स्नानं क्रियते तत्रैव देवर्षिपितृभ्यो वारिदानं वितीर्यते इति कश्मीरसंप्रदायः। अतो नद्यादेर्यत्र कुत्रचित्स्थाने स्नानादि क्रियते तत्र वार्-शब्दात् बल् प्रत्ययो भवति वकारस्य च यत्वम् ॥ यारबल्। स्नानस्थानम् ॥

॥ पैँसयुगले टूँकु ॥१७४॥

टूँकुशब्दो निपात्यते ॥ टूँकु। पणयुगम् ॥

॥ तत्परतो हत ॥१७५॥

त्र्यादिपणानां संख्यायामभिहितायां हत् प्रत्ययः स्यात् ॥ त्रिहथ्। पणत्रयम् ॥ च़ोर्हथ्। पणचतुष्कम् ॥ पाँच़्हथ्। पणपञ्चकम् ॥ परंतु यथा पूर्वोक्तसूत्रेषु शतसंख्यायां नवभ्यः शत् इति व्यवह्रियते [सू० ११९ इत्यादि] तथैवात्रापि विज्ञेयम् ॥ नव्शथ्। पणनवकम्। इत्यादि ॥ किंतु वणिग्जनैः पणदशकस्यापि सहस्रवाची साम्शब्दः परिभाष्यते ॥

॥ शतावधि जनसंख्यायां ज़ंनुशब्देनैव संख्यासमासः ॥१७६॥

जनसंख्यायां वाच्यायां सत्यां ज़ंनुशब्दादेव पूर्वमुत्तरं वा संख्याशब्दाः संगन्तव्याः ॥ ज़ंनि पंचाह्मर [सू० २।३।४४]। पञ्चाशज्जनाः ॥ शेठ् ज़ंनि। षष्टिजनाः ॥ इत्यादि ॥

॥ लूक्शब्देन शतादिषु ॥१७७॥

जनानां शतसहस्रादिसंख्यायां वाच्यायां लूक्शब्देन संख्याशब्दाः पूर्वमुत्तरं वा संधेयाः॥ हथ् लूक। शतं जनाः॥ जुहथ् लूक। जनानां द्विशती॥ त्रिहथ् लूक[। जनानां त्रिशती]॥ इत्यादि॥ हथ् ज़नि। शतं जनाः॥ सास् ज़नि।[सहस्रं जनाः॥] इति च कदाचिल्लूक्शब्दवर्ज्यते तदल्पत्वाद्गौणमेव बोध्यम्॥

॥ त चार्थे ॥१७८॥

चशब्दस्यार्थे त भवति॥ सुह् त चूह्। स च त्वम्॥

॥ अपिशब्दार्थे ति ॥१७९॥

स्पष्टम्। बहुवचनेषु तशब्दस्थाने तिशब्द एव प्रयुज्यते॥ सुह् ति चूह् ति। सो ऽपि त्वमपि॥ महनिवि ति गुपन् ति आय्। नराश्च पशवश्चागताः॥ न तु महनिवि त गुपन् त आय्। इति भवति॥

॥ बियि पुनरपरार्थे ॥१८०॥

पुनः शब्दस्यार्थे बियशब्दः स्यात् अपरार्थे च॥ बिय कॅरिज़्। पुनः कुर्याः॥ बिय वति। अपरमार्गेण॥

॥ इवार्थे ज़न् ॥१८१॥

इवशब्दस्यार्थे ऽत्र ज़न्शब्दो भवति॥ तोत ज़न् छुह् परान्। शुक इवाधीते॥ मॉलिस् ज़न् छुह् रछान्। पितेव रक्ष्यते॥

॥ सादृश्यार्थे ह्युहु ॥१८२॥

स्पष्टम् ॥ मालिस् ह्युहु [वा हिहु]। पितृसंनिभः ॥ समासे तु। मोलु ह्युहु छुम्। सः पितृसंनिभस्तस्यास्ति ॥ स्वन् ह्युहु छुह् नाँपान्। स्वर्ण इव दीप्यते। इत्यादि ॥

॥ निर्धारणे च ॥१८३॥

स्पष्टम्। बुडु ह्युहु अनिज़्यन्। वृद्धमिव समानयेः ॥ नात्र को ऽपि वृद्धसदृशो नरो ऽवगम्यते। किंतु। य एव वृद्धो भवेत्तमेवानयेरित्यवधार्यम् ॥

॥ अन्यप्राधान्ये सहार्थे सूत्य् ॥१८४॥

इतरस्य प्राधान्ये सति तेनैव साकं सहार्थे अभिधेये सूत्य् प्रत्ययो भवति। वा सूतिन् शब्दो भवति [सू० ४।१६०]। सहार्थतृतीयायां विकल्पकथनात् ॥ मालिस् सूत्य् आव्। पित्रा सहागतः॥ अत्र पितैव प्रधानः पुत्रस्तु तत्साहित्येनैवागमनकारी ॥

॥ स्वप्राधान्ये सान् ॥१८५॥

आत्मनः क्रियाप्राधान्ये सतीतरस्य सहार्थे अभिधेये सान् प्रत्ययः ॥ मालिस् सान् आव्। सतात आयातः ॥ अत्र पुत्र एव प्रधान्येनागमकृत् तातस्तु गौणतया तत्साहित्येनोद्दिष्ट इत्यादि स्वयमूह्यम् ॥

॥ द्व्यादिभ्यः पञ्चभ्यो युगपदर्थे शवय् ॥१८६॥

द्विवाचकात् ज़ुह्शब्दादारभ्य पञ्चभ्यः संख्याशब्देभ्यो युगपदर्थे शवय् प्रत्ययो भवति। पाँच्शब्दाच्छकारलोपः ॥ द्वशवय्। द्वावेव ॥ त्र्यशवय्। त्रय एव ॥ च्वशवय्। चत्वार एव ॥ पाँच्वय्। पञ्चैव ॥ पशवय्। षडेव ॥

॥ नवय् वाऽँाचूभ्यः ॥१८७॥

एभ्यो ऽँाचूभ्यः पँाचूशब्दवर्जितेभ्यो युगपदर्थे विकल्पेन नवय् वा प्रत्ययो भवति ॥ द्वनवय् । द्वावेव ॥ त्र्यनवय् । त्रय एव ॥ च्चनवय् । चत्वार एव ॥ पनवय् । पञ्चेव ॥ अपँाचूभ्यः किम् । पँाच्नवय् । पञ्चैव ॥

॥ सप्तादिभ्यो वय् ॥१८८॥

सप्तादिसंख्यायाः साकल्येनार्थे गम्यमाने वय् प्रत्ययो भवति ॥ सतवय् । सप्तैव ॥ ऐठवय् । अष्टावेव ॥ नवत्रय् । नवैव ॥ इत्यादि ॥ अत्रेदं ध्येयम् । वय्प्रत्ययान्तेभ्यो द्वितीयायां षष्ठ्यां च नी प्रत्ययो यलोपश्च स्यात् । कर्तृतृतीयायां तु इ प्रत्ययः । वय्शब्दात्पूर्वं च विकल्पेन वकारागम इति च ॥

॥ आद्यखण्डवीप्सापूर्वाः प्रथमे वा ॥१८९॥

प्रथमे द्वशवय् इत्याद्या आद्यखण्डस्य द्वश् त्र्यश् इत्यादिकस्य वीप्सापूर्वा युगपदर्थे वा कथ्यन्ते ॥ द्वंशि द्वशवय् । द्वावेव ॥ त्र्यंशि त्र्यशवय् । त्रय एव ॥ च्वंशि च्वशवय् । चत्वार एव ॥ पूँञ्चि पँाच्नवय् । इत्यादि ॥

॥ चोरश्च्वादेशो दशभ्यश्च ॥१९०॥

चोरूशब्दस्यात्रापि दशसंख्यापरतश्च च्व आदेशो भवति ॥ च्वशवय् । चत्वार एव ॥ च्वदाह् । चतुर्दश ॥ च्ववुह् । चतुर्विंशतिः ॥ इत्यादि ॥

॥ कुनु एककार्थे ॥१९१॥

केवलस्यार्थे कुनुशब्दो निपात्यते । कुनु । एककः ॥

॥ हं{रु}जोरौ युगलार्थे ॥१९२ ॥

तत्र हंरुशब्दः प्रायशो प्राणिव्यतिरिक्तवस्तुन्येव प्रयुज्यते ॥ यथा । ड्यज्य-हंरु । ताटङ्कयुगलम् ॥ दूरहंरु । कर्णिकायुगम् ॥ वालिहंरु । कुण्डलयुगम् ॥ पुलहंरु । तृणपादुकायुगम् ॥ खावहंरु । काष्ठपादुकायुगम् ॥ इत्यादि ॥ ग्राम्य-जनैस्तु । दाँदहूरि । वृषयुगम् ॥ इति शब्दो ऽपि भाष्यते । जोरशब्दस्तु प्रायः प्राणिविषये प्रयुज्यते क्वचिदप्राणिविषये च । यथा हूरिशब्दस्तथा जूरिशब्द-श्चावधार्यः ॥ म्वक्तजूरि । मुक्तायुगम् ॥ दाँदजूरि । वृषयुगम् ॥ कोतरजूरि । कपोतयुगम् ॥ गुरिजूरि । अश्वयुगम् ॥ अख्जोर । एकं युगम् ॥ ज़ुह्जोर । युगद्वयम् ॥ त्र्यह्जोर । युगत्रयम् ॥ इत्यादि ॥ अखहंरु । एकं युगम् ॥ ज़ुह्-हंरि । युगद्वयम् ॥ त्र्यहहंरि । युगत्रयम् ॥ इत्यादि सर्वं बुद्धिमता स्वयमूह्यम् ॥ त्र्यादिदशावधिसंख्यानामेकत्वेन त्रिच च्राक् पंज़ु षक संतु ऐठि नंमु दहु शब्दाः क्रमेण निपातनादेव विचारणीयाः ॥ त्रिच । त्रयम् ॥ च्राख । चतुष्कम् ॥ पंज़ु । पञ्चकम् ॥ षक । षट्कम् ॥ संतु । सप्तकम् ॥ ऐठि । अष्टकम् ॥ नंमु । नवकम् ॥ दहु । दशकम् ॥ इत्यादि ॥

॥ किंचिदर्थे पहान् ॥१९३॥

विशेष्यस्य वस्तुनः किंचिद्विशेषणार्थे वाच्ये पहान् शब्दः अग्रे प्रयोज्यः ॥ बडु पहान् । किंचिन्महान ॥ व्यठु पहान् । किंचित्स्थूलः ॥ वुषुण् पहान् । किंचिदुष्णः । इत्यादि ॥ दिग्देशकालवाचिभ्यश्च शब्देभ्यो ऽग्रे प्रयोज्यः ॥ दूर् पहान् । किंचिद्दूरम् ॥ न्यूर् पहान् । किंचित्समीपम् ॥ ब्रोंठ् पहान् । किंचि-त्पूर्वम् ॥ पथ् पहान् । किंचित्पश्चात् ॥ च्रीरि पहान् । किंचिच्चिरेण ॥ कांशुरु पहान् । किंचित्कश्मीरदेशजः ॥ बंगालुकु पहान् । किंचिद्बंगालदेशजः ॥ उहुर्युदु पहान् । पहुर्युदु पहान् । इत्यादि विज्ञेयम् ॥

इति श्रीशारदाक्षेत्रभाषाव्याकरणे कश्मीरशब्दामृते
तद्धितप्रक्रिया समाप्ता ॥४॥

अथ अव्ययप्रक्रिया ॥५॥

॥ क्रियासंबन्धिनो ऽव्यया नित्यम् ॥१॥

ये अव्ययशब्दास्ते नित्यं क्रियासंबन्धिनो भवन्ति ॥ यद्वै करव् । यदि कुर्याः ॥

॥ धातुभ्य आनव्यये ॥२॥

क्रियासंबन्धिनि अव्ययधात्वर्थे अभिधेये सति तस्माद्धातोः आन् प्रत्ययो भवति स चाव्ययः ॥ व्यठान् आव् । स्थूलमागतः ॥ स्थूलं यथा स्यात्तथा आगत इत्यर्थः ॥

॥ वीप्सया वा ॥३॥

स्पष्टम् ॥ व्यठान् व्यठान् गौव् । स्थूलं स्थूलं गतः ॥

॥ स्वरान्ताद्वान् ॥४॥

स्वरान्ताद्धातोरव्यये वान् प्रत्यय इष्यते ॥ ख्यवान् ख्यवान् । खादन् खादन् ॥

॥ लिङ्गाभीक्ष्ण्येन च ॥५॥

यस्यैव विशेषणरूपस्य लिङ्गस्य क्रियासंबन्धः स्यात्तस्य शब्दस्य आभीक्ष्ण्येन द्विरुक्तेन क्रियासंबन्धी अव्ययः स्यात् चशब्दात्केवलेनापि ॥ चंतुर् चंतुर्। शीघ्रं शीघ्रम् ॥ लंतु लंतु । मन्दं मन्दम् ॥ पक्षे । लवति लवति ॥ ग्वंबु ग्वंबु छुह् पकान् । गुरु गुरु चलति ॥ केवलेनापि यथा ॥ चंतुर् खयवान् छुह् । चतुरमत्ति ॥ लंतु करान् छुह् । लघु करोति ॥ ग्वंबु पकान् छुह् । गुरु गच्छति ॥

इति श्रीशारदाक्षेत्रभाषाव्याकरणे कश्मीरशब्दामृते
अव्ययप्रक्रिया समाप्ता ॥

अथ स्त्रीप्रत्ययप्रकरणम् ॥६॥

॥ स्त्रियाम् ॥१॥

अत्राधिकारे ये वक्ष्यमाणाः प्रत्ययास्ते स्त्रियामेवेत्यधिक्रियते ॥

॥ मनुष्यजातेः सर्वत्र बाय् ॥२॥

जातिर्द्विविधा एका साम्प्रदायिका अन्या शिल्पवशात्स्वर्णकाराद्या जातिर्लोके प्रोच्यते। न चात्र पशुपक्ष्यादीनां जातिर्गृह्यते मनुष्यशब्दस्य सूत्रे नियमात्। तयोर्द्वयोरेव जात्योः स्त्रीशब्दे अभिधेये सति बाय् प्रत्ययो भवति ॥ दरबाय्। कौलबाय्। इत्यादि ॥ बटबाय्। आर्य स्त्री ॥ स्वन्र्बाय्। स्वर्णकारस्त्री ॥ खारबाय्। लोहकारस्त्री। इत्यादि ॥ मनुष्यजातेः किम् ॥ कोतर्बाय्। कोतर्नाम्नी जातिस्तत्संबन्धिनी स्त्री। न तु कपोतस्त्री तत्र। कोतरू इति भवति ॥

॥ अनादरार्थे कलय् ॥३॥

मनुष्यजातिवाचकाच्छब्दादनादरेण स्त्रीशब्दे अभिधेये कलय् प्रत्ययो भवति ॥ बटकलय्। ब्राह्मणस्त्री ॥ छानकलय्। तक्षकस्त्री ॥ अत्र यद्यपि कलय्-शब्दो भार्यार्थवाची वर्तते परंतु समासेनानादरार्थो ऽवगम्यते ॥

॥ सर्वेषामुकारान्तानामूकारादेशः ॥४॥

सर्वेषां विशेष्यशब्दानां विशेषणशब्दानां चोकारान्तानां स्त्रीलिङ्गविषये ऊ-मात्रादेशो भवति ॥ पंटु । पंटू । पट्टिका ॥ स्वंटु । स्वंटू । स्थूला॥ गंरु । गंरू । कठिना ॥ गुरु । गुरू । अश्वा ॥ द्रंबु । द्रंबू । रजकी ॥ वोवुरु । वोवरू [सू० ८] । तन्तुवाया ॥ गगुरु । गग्रू [सू० ८] । मूषका ॥ पक्षे मनुष्यजातेः । द्रंबिवाय् । वोव्रिवाय् ॥

॥ वा छ्वंटुशब्दात् ॥५॥

स्पष्टम् ॥ छ्वंटु । छ्वंटू । ह्रस्वा ॥ पक्षे । छ्वटिञ् । इति मनुष्यजातेरेव ॥

॥ खरश्च ॥६॥

खरशब्दात्स्त्रीलिङ्गविषये विकल्पेन ऊमात्रागमो भवति ॥ खरू । खरी ॥ पक्षे । खरिञ् ॥

॥ लान्तानां जः ॥७॥

उकारविशिष्टानां लकारान्तानां लकारस्य जकारादेशो भवति ॥ वोलु । वोजू । [ऊर्मिका] कुण्डलिका ॥ डुलो ऽन्त्यात् लि आगम इष्यते ॥ डुलु । डुलिजि । कुण्डलिका ॥

॥ त्र्यक्षरादीनामुलोप उलोश्च ॥८॥

त्र्यक्षरादिकानां शब्दानां उलु प्रत्ययसंबन्धिन उपधाया उकारस्य लोपो भवति ॥ गाटुलु । गाट्जू । दक्षा ॥ फुटुलु । फुट्जू । पोटलिका ॥ चकुलु । चक्जू । चक्रिका ॥ पतुलु । पत्जू । उडुपिका ॥ ग्वगुलु । ग्वग्जू [। रक्तालुः] ॥ छ्वतुलु । छ्वत्जू । व्यभिचारिणी ॥ वातुलु । वात्जू । चण्डाली ॥ टठुल ।

टद्ज़ू । काष्ठपात्रिका ॥ त्र्यक्षरादिकानां किम् ॥ गुरू । अश्वा ॥ गुरु । गुरू । [गोपालिका ॥] खरु । [खलतिः ॥] खरू [। रोग विशेषः] ॥ उलोः किम् । चूोलु । चूांजू ॥ मोलु । मांजू ॥ गूलु । गूजू ॥

॥ कवर्गान्तानां चवर्गः ॥९॥

उकारविशिष्टानां केवलानां च कवर्गान्तानां पुंलिङ्गानां स्त्रीलिङ्गविषये चवर्गादेशो भवति ॥ वतुकु । वत्चू । वर्तिका ॥ ह्रंखु । ह्रंछू । शुष्का ॥ ड्यूँगु । डीँजू ॥ सूत्रादिगुटिका ॥

॥ न खूंखुच्वकोः ॥१०॥

स्पष्टम् ॥ खूँखु । खूँखू [। अवटीटा] ॥ च्वंकु । च्वंकू । अम्ला ॥

॥ तवर्गान्तानामप्रसिद्धः ॥११॥

स्पष्टम् ॥ मंतु । मंचू । उन्मत्ता ॥ कंथु । कंछू । भारिका ॥ व्वरुदु । व्वर्जू । पुनर्भूः ॥ वन् । वंञ् । वन्या ॥ गान् । गांञ् । वेश्या ॥ छान् । छांञ् ॥ तक्षकी ॥ हून् । हूञ् । शुनी ॥ एवं सर्वत्र ॥

॥ कंगो ऽल्पार्थे राकारश्च ॥१२॥

कंग् बृहदङ्गारधानिका । तस्मादल्पार्थे र् प्रत्ययो भवति आकारश्च भवति ॥ काँग्र् । हसन्तिका ॥

॥ चासः कृत्रिमे सस्य च खः ॥१३॥

चास् सहजकासस्तस्मात्कृत्रिमे ऽर्थे र् प्रत्ययः सकारस्य च खकारो भवति ॥ चाख्र् । कृत्रिमकासः ॥

॥ त्रकस्तुलायाम् ॥१४॥

तुलाया अर्थे त्रकशब्दात् ट् प्रत्ययो भवति ॥ त्रख्। द्रोणः ॥ त्रकूर्। तुला ॥

॥ म्वंडुशब्दस्यान्त्यस्वरलोपः ॥१५॥

म्वंडु बृहत्काष्ठम्। तस्मादल्पस्यार्थे र् प्रत्ययो भवति। अन्त्यस्वरस्य च लोपो भवति ॥ म्वंडु। म्वंडूर्। अल्पकाष्ठम् ॥

॥ फ्वंतुशब्दस्य च ॥१६॥

र्प्रत्ययान्त्यस्वरलोपौ भवतः ॥ फ्वंतु। फ्वतूर्। कटोलिका ॥

॥ लटोश्च ॥१७॥

लंटु पुच्छस्तस्मादल्पस्यार्थे र्प्रत्ययान्त्यस्वरलोपौ भवतः ॥ लंटु। लटूर्। पुच्छिका ॥ तत्सादृश्ये ऽपि व्यवह्रियते। कूटि लटूर्। क्षुद्रकाष्ठम् ॥

॥ मकुशब्दाच्चप्रत्ययः ॥१८॥

मख् परशुस्तस्मादल्पार्थे च़ प्रत्ययो भवति ॥ मकूच़्। परश्वधिका ॥

अल्पार्थे कुत्सितार्थे च स्त्रीलिङ्गोद्देशके ऽपि च।
सादृश्ये स्वविशेषे ऽर्थे स्त्रीलिङ्गप्रत्ययाः खलु ॥

अल्पार्थे यथा। कतुरु। कपालः ॥ कतूरू। कपालिका ॥ कुत्सितार्थे यथा। च़ाखूर्। कुत्सितकासः ॥ वस्तुनः सजीवस्य निर्जीवस्य वा स्त्रीलिङ्गेनोद्देशे कर्तव्ये सति स्त्रीप्रत्ययो भवति ॥ म्वंगुरु। छागपोतः ॥ म्वंगूरू। छागपोता ॥ वंछु। वत्सः ॥ वछूर्। वत्सा ॥ न चात्र वत्सस्य स्त्री वत्सा इत्यवगम्यते किंतु वंछु-

शब्दस्य पुंलिङ्गस्य स्त्रीलिङ्गेन निर्देशः ॥ सादृश्ये यथा ॥ कंथु । कंछू ॥ ततुरु । पीडा ॥ तनरू । कोपपीडा ॥ स्वविशेषे ऽर्थे यथा ॥ नंरु । वस्त्रभुजः ॥ नंरू । भुजः ॥ अत्र नंरूशब्दस्य स्वयं स्त्रीलिङ्गत्वाभावात्पदवाच्यार्थग्रहः किंतु वस्त्रभुजस्याधारार्थे ऽत्र स्त्रीलिङ्गोद्देशः । यद्वा परस्परं विनिमयोपशमाद्यत्राद्यः शब्दः पुंलिङ्गो भवति तत्र तत्संबन्धिनो ऽन्यशब्दस्य स्त्रीलिङ्गेनोद्देशः क्रियते । यत्र तु स्त्रीलिङ्गस्तत्र पुंलिङ्गोद्देशः ॥ नंरु । नंरू ॥ खंरु । खंरू । खलतिः ॥

॥ हस्तुशब्दान्नित्यमिञ् ॥१९॥

उकारान्तत्वात् ऊमात्रादेशनिवृत्त्यर्थं नित्यमिञ् प्रत्ययो भवति ॥ हस्तिञ् । हस्तिनी ॥

॥ काबुनागवुंट्भ्यश्च ॥२०॥

एभ्यः शब्देभ्यो नित्यमिञ् भवति ॥ काविञ् । काकी ॥ नागिञ् । नागा ॥ वुंटिञ् । उष्ट्रा ॥

॥ अन्यतो ऽपि पशुजातेः ॥२१॥

स्पष्टम् ॥ खरिञ् । खरी ॥

॥ ठ्यंठुगुठ्भ्यां निन्दार्थे ॥२२॥

स्पष्टम् ॥ ठ्यठिञ् । स्थूला ॥ गुठिञ् । स्थूला ॥ निन्दायां किम् । दंठू । स्थूला ॥

॥ बुटशब्दात्स्त्रियाम् ॥२३॥

स्त्रीलिङ्गविषये इञ् भवति न निन्दार्थे ॥ ब्वटिञ् । [बुटिञ् ।] ब्वटजातिः स्त्री ॥ पक्षे । ब्वटबाय् ॥

॥ बुगियूशब्दाद्यलोपश्च ॥२४॥

बुगिय् स्वामी तस्मादिञ् प्रत्ययो भवति । यकारस्य च लोपो भवति ॥ बुगिञ् । स्वामिनी ॥

॥ ज़लात्पादनिदाघे ॥२५॥

जलशब्दात्पादस्वेदार्थे इञ् भवति ॥ ज़लिञ् । पादस्वेदः ॥

॥ गराद्गृहसंस्कारे ॥२६॥

गृहसंस्कारे ऽभिधेये गरशब्दात्स्त्रियामिञ् भवति ॥ गरिञ् । गृहसंस्कारिणी ॥ अन्यत्र । गर्वाज्यञ् । गृहिणी ॥

॥ द्बुशब्दादायुधे ॥२७॥

स्पष्टम् ॥ द्बविञ् । मृगरूपो रजकायुधः ॥ अन्यत्र । द्बबू वा द्बविबाय् । रजकस्त्री ॥

॥ मनुष्यजातेरञ् ॥२८॥

मनुष्यजातिवाचकाच्छब्दादञ् प्रत्ययो भवति ॥ बटञ् । ब्राह्मणी ॥ मुसल्मानञ् । म्लेच्छानी ॥ हाकग्राकञ् । शाकविक्रेत्री ॥ वाङ्यञ् । वणिक्स्त्री ॥

॥ वोलुप्रत्ययान्तान्नित्यम् ॥२९॥

स्पष्टम् ॥ गर्वोल्यम् । गेहिनी ॥ न तु गर्वोलुशब्दस्य उकारान्तत्वात् ऊमात्रादेशः स्यान्नित्यग्रहणात् ॥ प्रत्ययान्तात्किम् । वोलु । वाजू ॥

॥ प्रत्ययादेर्यो रान्तेभ्यः ॥३०॥

रकारान्तेभ्यः शब्देभ्यः प्रत्ययादिवर्णस्य यकारो भवति ॥ साल्र्यम् । अतिथिस्त्री ॥ ग्वहर्यम् । गृहागता ॥ रंग्र्यम् । रजकस्त्री ॥ स्वन्र्यम् । स्वर्णकारस्त्री ॥ दाँदूर्यम् । शाकविक्रेत्री ॥ काँदूर्यम् । आपूपिकी ॥ स्वरूयम् । पुत्रश्वश्रूः ॥ महार्यम् । महाराजस्त्री । वधूः ॥ राज्यर्यम् । देवी । राजस्त्री ॥

॥ पण्डितगुजरयोरा ॥३१॥

आभ्यां शब्दाभ्यां प्रत्ययादिवर्णस्य अप्रसिद्ध आकारो भवति ॥ पंडिताम् । पण्डितस्त्री ॥ गुजराम् । जाबालस्त्री ॥

इति श्रीशारदाक्षेत्रभाषाव्याकरणे कश्मीरशब्दामृते
स्त्रीप्रत्ययप्रक्रिया समाप्ता ॥६॥

अथाख्यातप्रक्रियायाम् ॥७॥

धातु-पाठः ॥१॥

धातवो ऽन्योन्यसांकर्यात्कथ्यन्ते दोषसंज्ञया ।
ते दोषज्ञेन शोध्यन्ते सांकर्याच्च विकीर्णनात् ॥ १ ॥
तथा गिरं प्रणम्यादौ शारदाक्षेत्रधातवः ।
संकीर्णाश्च विकीर्णाश्च ग्रथ्यन्ते यत्नतो मया ॥ २ ॥

तत्र येषां धातूनामतीतकाले केवलं कर्मप्रयोगाः केवलं भावप्रयोगा एव संपद्यन्ते तेषां संकेतो यथा (अक) (अभा)। शेषा धातवो ऽतीतकाले ऽपि कर्तृप्रयोगिनो भवन्ति ॥

THE

KAÇMĪRAÇABDĀMṚTA

A

KĀÇMĪRĪ GRAMMAR

WRITTEN IN THE SANSKRIT LANGUAGE

BY

ĪÇVARA-KAULA.

EDITED

WITH NOTES AND ADDITIONS

BY

G. A. GRIERSON, C.I.E., PH.D., I.C.S.

CALCUTTA:
PUBLISHED BY THE ASIATIC SOCIETY, 57, PARK STREET.
1898.

PRINTED BY SĀHIB PRASĀD SINGH AT THE KHAḌGA VILĀSA PRESS, BANKIPUR (PATNA).

PREFACE.

This edition of the Kaçmīraçabdāmṛta of Īçvara-kaula has been prepared from a single MS. the possession of which I owe to the courtesy of Bābū Nīlāmbara Mukarji. The MS. was presented to that gentleman by the author himself, and has been carefully revised by him in his own handwriting. It may therefore be taken as the author's final statement of his views on Kaçmīrī Grammar. Considering the authoritative nature of the MS. I have not felt justified in making any alterations when preparing it for the Press. All that I have done has been to correct obvious slips of the pen. In most cases, when the author, in the course of his revision, altered a rule, he made the necessary corrections in other portions of the work to which the rule incidentally applied. Here and there he has omitted to do so, and I have exercised my discretion in making them myself or not. When it has been merely a question of spelling, I have usually done so, so as to secure uniformity in this most important particular. In more serious points, even when the author is clearly wrong, e.g., when he marks the first व u in गुरु gur^u, a horse, as modified when it is certainly not modified (thus गुरु gur^u), I have left the text unaltered, and have contented myself with adding a footnote. Any additions made by me, which are principally cross-references and a few rules added to make the work more accurate and more complete, are enclosed in round or in square brackets. The reader can thus at once see what is the Author's and what is the Editor's.

I am indebted to the kindness of Mr. Rishibar Mukherji, Chief Justice of Kaçmīr, for the following information regarding Īçvara-kaula, the author of this work. He was born on 2nd Çrāvaṇa, kṛṣṇa-pakṣa, 1890 V.S., corresponding to Thursday, July 4th, 1833 A.D., and died on 2nd Bhādrapada, kṛṣṇa-pakṣa, 1950 V.S., corresponding to Tuesday, August 29th, 1893 A.D., of heart disease, at the age of sixty or, according to Hindū reckoning, fifty-nine years. He came of a family which was learned in Sanskrit, and his father was Paṇḍit Gaṇēça-kaula, who died when his son was only three years old. Īçvara-kaula first studied under Pandit Ṭīkārāma Rāzdān, who was at the time one of the most renowned paṇḍits of Kaçmīr, and subsequently under Pandit Dēva-kṛṣṇa Jyautiṣī, of Benares, who had come to Jammū in the service of the late Mahārāja Raṇa-vīra Siṁha of Kaçmīr. He was also a good Persian scholar, and had a fair knowledge of Arabic. In the year 1861 A.D., he was employed by the Mahārāja in translating Persian and Arabic books into Sanskrit and Bhāṣā, and ten years later, in 1871 A.D., he was appointed Head Teacher of the Sanskrit School which was then opened by the Mahārāja in Çrīnagar on the suggestion of

2

Bābū Nīlāmbara Mukarji, the Prime Minister of the State. According to the Preface to his Grammar it was composed in 1932 V.S., corresponding to 1875 A.D., but his son, Paṇḍit Ānanda-kaula informs me that it was composed in 1931 V.S., and revised and added to in 1936 V.S. (1879 A.D.). In the year 1881 A.D., Mahārāja Raṇa-vīra Siṁha started a Translation Department in which books of various languages were translated into Sanskrit and Bhāṣā, and Īçvara-kaula was appointed its Director. The Mahārāja died in the year 1884, and fifteen days after his death the department was abolished, and Īçvara-kaula was appointed Jyautiṣī to the present Mahārāja Pratāpa Siṁha, which appointment he held till his death in the year 1893 A.D. Besides the Grammar which is now edited, he was author of several other works, including a Kōṣa, or Dictionary, of the Kāçmīrī language. None of these have been seen by me.

The present book is a Grammar of the Kāçmīrī language written in Sanskrit, on the model of an ordinary *vyākaraṇa*. It is an excellent work, and might have been composed by Hēma-candra himself. Kāçmīrī is a language which is very little known, but which is of great importance for the purposes of comparative philology. Existing Grammars of it have been made by foreigners, and are imperfect. They all suffer from at least one grave fault, *viz.*, that they are based on the representation of the language which is displayed to them by the Persian alphabet, a system of characters which is quite unable to express the many broken vowel sounds in the language. Īçvara-kaula has adopted the Dēva-nāgarī character, ingeniously modified to suit his purpose. With his system, there is no doubt whatever as to what is the exact sound of each word in the language. The phase of the language which is illustrated by him is that spoken by Hindūs of the City of Çrīnagar. It differs slightly from the dialect used by Musalmāns and from that used in the rest of the valley. Former Grammars have been based on the Musalmān language, which is that used by 90 per cent. of the population of the Happy Valley. The Hindū dialect has, however, its value. It is the language of the educated ruling class, and its contamination with Persian has been prevented by a wholesome tradition, which had no hold on the Muhammadan inhabitants. It is hence much the purest form of the tongue.

Īçvara-kaula is not always consistent in his spelling. At least in two cases, he represents the same sound by various modes of spelling. It is important to note these in order to understand his Grammar. In the first place, he treats ञ *ñ* and ञ़ *ñᵃ* as convertible terms. He nowhere says this, and unless the reader is forewarned he will find himself puzzled more than once. Thus on p. 14 he writes त्सामञ़ *tsāmañᵃ*, but on p. 24 क्रपरामञ़ *kṛpārāmañ*, and again on p. 103, he writes words like वञ़ *wañ*, although he has, only a page or two back, said that these feminines must end in *ū-mātrā*, and we should hence expect वञ़ *wañᵃ*. In the second place, he is not consistent in his spelling of words which etymologically end in *i* followed by a consonant followed by *u-mātrā*. Take, for instance, the word फिरू *kit*ᵘ. This is no doubt the correct etymological spelling, but the word is pronounced क्युत् *kyut*, and he occasionally writes similar words in this way, as in the case of मन्ज़्यम् *manzyum*, on p. 64. He generally, however, spells it क्युत् *kyut*ᵘ, which is no doubt the best way of dealing with the problem ; for to omit the *u-mātrā* would be to play havoc with his rules of declension. Sometimes Īçvara-kaula uses one system of spelling, and sometimes another, and, in this case, I have not felt myself at liberty to choose only one method, as it would entail too free a treatment of the text.

It is unnecessary to give here an account of the rules of the Kāçmīrī language as developed by the author in this Grammar. This has already been done by me in the pages of the *Journal* of the Asiatic Society of Bengal for the years 1896–1898, and the series of articles will shortly be republished in book form. Suffice it to say that the author commences his Grammar with a chapter on the rules of Sandhi or Combination of Vowels only. Then follows a chapter on Declension, divided into three sections, the first describing the declension of Nouns, Substantive and Adjective, the second the luxuriant varieties of the Vocative Case, and the third the declension of Pronouns. We next have a short chapter on Concordance and Composition of Nouns, and a long one on Secondary Suffixes, or the Formation of Nouns and Adjectives from other nouns and adjectives. The portion dealing with the Noun concludes with a chapter on Indeclinables and another on the Formation of Feminines. The latter half of the work, dealing with the Verb contains a *Dhātupāṭha*, a chapter on Conjugation, and a chapter on Primary Suffixes, or the formation of Substantives, Adjectives, and various Verbal Forms from Roots. To the Grammar Proper, I have added an Index of Verbal Roots arranged according to their final letters, an Index of Sūtras, an Index of all Kāçmīrī words and sentences quoted, and a list of *gaṇas*. I trust that these will make the work more useful to the student.

An exposition of the peculiarities of Kāçmīrī pronunciation will be found in my article on the Kāçmīrī vowel system which has appeared in the *Journal* of the Bengal Asiatic Society for 1896, pp. 280 & ff. This will be found to give all the necessary information, and to explain the system of spelling adopted by Īçvara-kaula.

I have read the Grammar through with Paṇḍit Mukunda Rāma Çāstrī, a Kāçmīrī born and bred in Çrīnagar, who came down to Patna for the purpose. The Paṇḍit has also read the proof sheets with me and has elucidated many doubtful points. I am glad to have an opportunity of acknowledging the assistance which I have received from so learned and intelligent a co-worker.

The printing, which was a more complicated business than ordinary, has been carried out at Patna, under my personal supervision, and my thanks are due to the printers, Bābū Rām Dīn Singh and Bābū Sāhib Prasād Singh for the care with which the work has been accomplished.

BANKIPUR :
1st *May*, 1898.

कश्मीरशब्दामृते सूचीपत्रम् ।

॥ धातुपाठः ॥

	धातुः ।	अर्थः ।
	॥ अकाराद्याः ॥	
	अच्	प्रवेशे
	अछ्	दौर्बल्ये
	अड	नैर्बल्ये ऽभियोगे च
	अंद्र्	आर्द्रीभवने
अ क	अंद्राव	आर्द्रीकरणे
अ क	अन, आन इति केचित्	आनयने
अ क	अंन्ज़्र्	समापने
अ क	अंन्ज़्राव	च
	अन्द्	अवसाने
अ क	अबस, अबसाव च,	वेष्टने
अ क	अंब्र्	मेघाविर्भावे
अ क	अंब्राव	च
अ क	अर्ज्	अर्जने

	धातुः ।	अर्थः ।
अ क	अर्पाव	पातने
	अल	अध्रुवीभावे
अ क	अलर	चेष्टादाने कम्पने च
अ क	अलराव	च
अ क	अस	हसने
अ क	अहल	मानने

॥ आकाराद्याः ॥

अ क	आछ़न	परिचयने
अ क	आंज़्र	तत्परतायाम्
अ क	आँट्र	कोपाद्विचारणे
अ क	आंड्र	मिश्रणे पिण्डीकरणे च
अ क	आंड्राव	च
अ क	आपर	हस्तेन परमुखार्पणे
अ क	आपराव	च
	आमन	वैवर्ण्ये
अ क	आयव	सम्यग्ऋजूकरणे
अ क	आरद	आराधने
अ क	आरव	परुषीकरणे

	धातुः ।	अर्थः ।
अ क	आलव	ऊर्ध्वभ्रामणे नौपरिवर्तने च
अ क	आवर	व्यापने आवरणे च
अ क	आवराव	च
	आवस	विशरणे
	आस	सत्तायाम्

॥ इकाराद्याः ॥

अ क	इछ्	इच्छायाम्

॥ ईकाराद्याः ॥

	ईर	ऊर्ध्वभ्रमणे

॥ ककाराद्याः ॥

अ क	कड	निष्कासने
अ क	कत	यन्त्रवेष्टने
अ क	कतर	कृन्तने
अ क	कन्ज्	पक्षिभर्जने
अ भा	कंन्ज़्र	निर्द्रव्यीभवने

	धातुः ।	अर्थः ।
अ भा	कन्ज़राव	च
अ क	कपट	कृन्तने
अ क	कपटाव	च
अ क	कमव	अर्जने
अ क	कमनाव	च
अ क	कर	करणे
	कल	मूकीभावे
अ भा	कश	कण्डूयने
अ क	कस	तैलादिपचने
	कहर	पारुष्ये
	काचुर	पिङ्गलीभवने
अ क	काँछ	काङ्क्षायाम्
अ क	काँट	अप्रत्यक्षहरणे
	काठ	कर्कशीभावे
	कान	काणीभवने पराभवे च
	काम्प	कम्पने
अ क	काय	आलस्ये
	कायर	निःसारीभावे
अ क	कार	कथने

	धातुः ।	अर्थः ।
	कावृ्र	श्यामीभवने
अ क	कास	मुण्डनापनयनयोः
	क्यन्न	क्लेदने
	कुठ	वृत्तिसंकोचे
	कुप	कोपे
	[क्ब	कुब्जीभवने]
	कुमल	कोमलीभवने
अ क	कुह	निष्कर्षे
अ क	कूर	निष्कर्षमूलशिथिली-करणयोः
	कू्र	क्रूरत्वे
	कृ्ट, क्रट	कार्श्ये
अ क	कृप	कर्तने
	कृ्हन	कृष्णीभवने
अ क	कौँकव	गुणप्रशंसायाम्
	कोल	लौहित्ये
	क्च्	आर्द्रीभवने
अ क	क्चव	आर्द्रीकरणे
अ क	कृन	विक्रीणने

	धातुः ।	अर्थः ।
अ क	क्राव	करणे
	क्रेठ	कार्कश्ये
अ भा	क्रेश	गृध्नुतायाम्

॥ खकाराद्याः ॥

अ क	खट	गोपने
अ क	खंण्ड्र	विभाजने
अ क	खंण्ड्राव	च
अ क	खन	अवदारणे
अ भा	खप	व्यभिचारे
अ भा	खम	उच्छ्वासनिःश्वासे
	खर	अप्रीतौ
	खल	विस्तारे
अ क	[खर्‌च	व्ययीकरणे]
	खस	आरोहे
अ क	खह	चित्रीकरणे
अ क	खार	आरोहणे
अ क	खि	खादने
अ भा	खिरुक	दम्भगतौ

	धातुः ।	अर्थः ।
	खूखर	निःसारतायाम्
अ क	खूखलाव	वस्तुनो जलावगाहने
अ क	खुत	अधः खनने
अ क	खूंन्ज़	तनूरुहकर्षणे
	खोच़	भये
	खोर	भये
	खोल	उद्घाटने
अ क	ख्स	तनूरुहकर्षणे

॥ गकाराद्याः ॥

	गछ़	गतौ युक्तीभवने च
अ क	गण्ड	ग्रन्थे
	[गन	घनीभवने]
अ क	गंन्ज़्र	संख्याने
अ क	गंन्ज़्राव	च
अ क	गर	घट्टने
	गर्म	घर्मीभवने
	गल	नाशे
	गाँगल	परैश्वाञ्चल्ये

	धातुः ।	अर्थः ।
	ग्रँगल	च
अ क	गार	प्रसादे [अन्वेषणे च]
अ क	गाल	नाशने
अ क	गिन्द	क्रीडायां
	ग्यमट	कृशीभवने
अ क	गिलव	अपहरणे भ्रामणे च
अ क	ग्यव	गीतौ
	गीर	भ्रमणे
अ भा	गुज़राव	उपेक्षायाम्
अ भा	गुन्द	उपालम्भे
अ क	गुप	गोपने
	ग्वब	गौरवे
	गुमन	धूसरे [धूसरतायाम्]
	गुरट	गौरे [गौरतायाम्]
अ क	गुलव	मुखलाडने
	ग्वह	दीप्तौ
अ क	गेर	आवरणे
	गेल	वियोगे [उपहासे च]
अ क	गोर	विलापे

	धातुः ।	अर्थः ।
	गोवर	निद्राहतत्वे
	ग्रक	चाञ्चल्यपाकातिशय-योः
अ भा	ग्रज्	गर्जने
अ क, भा	ग्राश्र्	ग्रहणे दृष्टिबन्धे च
अ क, भा	ग्राश्राव	च
	ग्रच्	पात्रस्थजलादिचेष्टा-याम्
अ क	ग्ह्	घर्षणे

चकाराद्याः ।

अ क	चताव	स्तुतौ
	चमक	दीप्तौ
अ क	चार	बलाद्बन्धने
अ क	चाव	पायने
अ क	चि	पाने
अ क	चीर	निष्पीडने
अ क	चुकाव	मूल्यनिश्चयीकरणे
अ भा	चुम	दीनतायाम्

	धातुः ।	अर्थः ।
	चौँखर	संकोचने

छकाराद्याः ।

अ क	छक	कीर्णने
अ क	छंक्र्‌	अवकीर्णने
अ क	छंक्राव	च
अ क	छंच्राव	श्वेतीकरणे
	छत	श्वैत्ये
	छन	पाते
अ क	छप	वृष्टिकालयोः क्षेपे
अ भा	छर	पुरीषोत्सर्गे
अ क	छल	क्षालने
अ क	छान	उत्पवने शातने च
अ क	छाँट	क्रोधाद्गुह्याविष्करणे
अ क	छाव	उपभोगे क्षेपणे च
अ भा	छिक	सेचने प्रमेहने च
अ क	छिम्द्र्‌	मोहने
	छिव	मदे
अ क	छिव्राव	मादने

	धातुः।	अर्थः।
	छ्वकल	संघट्टाभावे
अ क	छ्वकव	जलावगाहने
अ क	छ्वज़्र	ऊनीकरणे
अ क	छ्वज़्राव	च
	छ्वन्न	अपचये
अ क	छ्वप्र्	व्ययीकरणे
अ क	छ्वप्राव	च
अ क	छ्वम्ब	कणमर्दने
अ क	छेर	अधिक्षेपे
अ क	छोर	त्यागे

॥ जकाराद्याः ॥

अ भा	जख	सेवायाम्
अ क	जर	उद्दङ्कने
अ भा	जूर	उपसेवायाम्

॥ अप्रसिद्धच़काराद्याः ॥

अ क	च़ट	छेदने
	च़म	अल्पीभवने संगते च

	धातुः ।	अर्थः ।
	च़मठ	पर्युषितत्वे
	च़र	उपचये
	घ़र	अन्तःकोपे [स्त्री भा]
अ क	च़र्च़	चारक्रियायाम्
	च़ल	चलने
अ भा	च़स	अतिहासे
अ क	चा़न	प्रवेशने
अ क	चा़प	अदने
अ क	चा़र	चयने
अ क	चा़ल	सहने
अ भा	च़्यखल	सोत्प्राशे
अ भा	च़्यङ्ग	हर्षे
अ भा	च़्यतू्र	उपेक्षयेव प्रेक्षणे
अ क	च़्यल्ल	बलात्प्रवेशने [बलात्प्रवेशेनान्यस्य पीडने]
अ क	ची़ज़ूर	संज्ञापने
अ क	ची़ज़ूराव	च
	चु़क	क्रोधे ऽम्लीभवने च

	धातुः ।	अर्थः ।
अ क[भा]	चूंकूर	कोपने
अ क[भा]	चूंकूराव	च
अ क	चूम्नाव	चतुर्गुणीकरणे
	चूच्	वृत्तिसंकोचे
अ क	चूम्ब	वेधने
अ क	चूंमूराव	अल्पीकरणे संगतीकरणे च
अ क[भा]	चुव	कलहे
अ भा	चूँट	अधःशब्दे [अपानशब्दे]
अ क	चूर	योन्याघाते
अ क	चेट	कुट्टने
अ क[भा]	चेन	चेतने
अ क	चूह	चूषे

॥ अप्रसिद्धछ्कारााद्याः ॥

अ क	छट	उत्क्षेपणे
	छर	रिक्तीभवने
अ [क]	छल	छलने

	धातुः ।	अर्थः ।
अ क	छ़ाड	अन्वेषणे
अ क	छ़ाँड	च
अ क	छ़ण्ड	च
	छ़ाँछ़न	लघ्वीभवने
	छ़चट	अशुद्धीभवने
अ क	छ़चट्र	अशुद्धीकरणे
अ क	छ़चट्राव	च
	छ़चन्न	छेदे
	छ़त्रव	शमे
अ क	छ़चव्र	शामने
अ क	छ़चव्राव	च
	छ़्वच़	निःसारीभवने
	छ़्वट	ह्रस्वीभवने
अ क	छ़्वट्र	ह्रस्वीकरणे
अ क	छ़्वट्राव	च
अ क	छ़ुन	पातने

॥ अप्रसिद्धज़काराद्याः ॥

अ क	ज़ज़र	तक्षणे

	धातुः ।	अर्थः ।
अ क	ज़प	जपने
अ क	ज़र	सहने
	ज़ल	जलवत्स्वादावगमे
अ भा	ज़ाग	प्रतिजागरे
अ क	ज़ान	अवबोधने
अ क	ज़ाल	दाहे
	ज़ि	जनने
	ज़िङ्गर	विकलीभवने
अ क	ज़ीठ्र	दीर्घीकरणे
अ क	ज़ीठ्राव	च
	ज़्वङ्गर	वैकल्ये
	ज़्वज़र	जर्जरत्वे
	ज़ुव	जीवने
अ क	ज़ुव्र	सजीवीकरणे
अ क	ज़ुव्राव	च
अ भा	ज़्वस	कासे
	ज़ेठ	आयतीभवने
अ क	ज़ेन	जये
	ज़ोत	दीप्तौ

	धातुः ।	अर्थः ।
अ क	ज़ोवर	उत्पादने
अ क	ज़ोव्राव	च
अ क	ज़ूरव	सहने
अ क	ज़ूल	तक्षणे

॥ टकाराद्याः ॥

अ क	टक	शब्दवद्दन्तैश्छेदने
अ भा	टप	परोक्षपरिभाषणे
	टल	परिवर्ते
अ भा	टाँग	घोरवाशिते
अ भा	टाल	उपेक्षागमने
	ट्यठ	तिक्तीभवने
अ क	ट्यप	संघट्टे
	ट्यम्ब	लोपे
अ क	टुक	आखुवच्छेदने
अ क	ट्वकव	कूटाघाते
	ट्वट	वृत्तिसंकोचे
अ क	टुव	संकोचने
	टोठ	प्रसादे

	धातुः ।	अर्थः ।
[अ भा]	ट्क	धावने
अ क	ट्स	अन्तर्नयने
अ क	ट्सन	च

॥ ठकाराद्याः ॥

	ठग	छलने
अ क	ठगाव	शाठ्ये
	ठहर	संस्थाने
अ क	ठाक	उत्खनने [निरोधने]
अ क	ठास	उत्खनने
	ठीक	स्थितौ
अ क	ठुक	उत्खनने

॥ डकाराद्याः ॥

अ क	डक	शब्दवत्पाने
अ क	डखव	दण्डवदाधारीकरणे
अ क	डंख्र्	आधारीकरणे
अ क	डंख्राव	च
	डर	भये

	धातुः ।	अर्थः ।
	डल	उल्लङ्घने
अ क [भा]	डाँट	विद्वेषे
अ क	डाल	परिवर्तने
	ड्यल	शैथिल्ये
	ड्वक	देहानार्जवे
	डुब	मज्जने
अ क	डुलनाव	गोलवद्भ्रामणे
अ क	डुलव	च
अ क	डुव	संमार्जने
	ड्वस	देहानार्जवे
अ क	डेष	प्रेक्षणे
	डोल	अपरिचयने
	ड्वल, इत्यपरे	

॥ तकाराद्याः ॥

	तग	तज्ज्ञतायाम्
	तङ्ग	संकोचे
अ क	तंचूर	तापने
अ क	तंचूराव	च

	धातुः ।	अर्थः ।
अ भा, क	तछ	तक्षणे
अ क	तंज़्र	विरलीकरणे
अ क	तंज़्राव	च
	तत	तप्तीभवने
	तन	विरलीभवने
अ क	तप	औष्ण्योपादाने
	तम्बल	चाञ्चल्ये
	तर	तरणे
अ क	तळ	स्नेहपाके
अ क	तव	भर्जने
अ क	ताड	कोपाद्विचारणे
अ क	तार	तारणे
अ क	ताल	उत्थापने
अ क	ताव	तापने
	त्यम्ब	दृक्चाञ्चल्ये
अ क	तीज़्र	निशाने
अ क	तीज़्राव	च
	तीलन	स्निग्धपूतीभावे
	तुन्द	तीक्ष्णीभवने

	धातुः ।	अर्थः ।
अ क	त्वम्ब	तूलवद्विवरणे
अ क	तुल	उत्थापने
	तूर	शीतीभवने
	तूरण	च
	तेज़	तीक्ष्णीभवने
	तेल	विस्फोटादिदंशे
अ क	तोल	तुलने
अ क	तोवर	क्रूरदृष्टौ
अ क	तोवराव	च
	तोष	तोषे
	त्रकर	कर्कशीभवने
अ क	त्रकराव	कर्कशीकरणे
अ क	त्रग्नाव	त्रिगुणीकरणे
	त्रच़	भये
अ क	त्रंच़्राव	त्रासने
अ क	त्रप	आच्छादने
	त्रस	भये
अ क	त्रंस्राव	त्रासने
अ क	त्राव	त्यागे

	धातुः ।	अर्थः ।
अ क	त्रुक	कणशश्छेदने भक्षणे च
अ क	त्रूपूर	आच्छादने
अ क	त्रूम्ब	सूचीघाते
अ क	त्रूम्बव	च
	त्रूश	कठिनीभवने
अ क	त्रूश्राव	कठिनीकरणे
	त्रोर	विस्फोटादिकार्कश्ये

॥ थकाराद्याः ॥

	थक	श्रमे
अ क	थंज़ूर	उश्चैः करणे
अ क	थंज़ूराव	च
	थद	उन्नतीभवने
	थम	अवष्टम्भे
	थर	कम्पने
अ क	थल	शाखाच्छेदने
अ क	थव	स्थापने
[अ क]	थाव, इति केचित्	

	धातुः ।	अर्थः ।
	थँथर	[सभयं] त्वरायाम्
	थार	[सभयं] त्वरायाम्
अ क [भा]	थ्यक	श्लाघायाम्
अ भा	थिप	ताडने
अ भा	थ्वक	निष्ठीवने
अ क	थुर	घटने

॥ दकाराद्याः ॥

अ क	दग	घातने
	दज़	भस्मीभवने
अ क	दद्राव	क्षीणीकरणे
अ क	दप	आज्ञायां कथने च
अ क	दबव	भूनिक्षेपे
अ भा	दम	वाताग्निशब्दयोः
	दर	स्थैर्याविस्मृतिवर्षनिरोधेषु
अ क	दर्र	स्थिरीकरणे
अ क	दल	विदारणे
अ भा	दव	शीघ्रगतौ

	धातुः ।	अर्थः ।
अ क	दस	घातने
अ क	दाँ़ङ्र	ध्याने
अ क	दाँ़ङ्राव	च
अ क	दार	धारणोद्धारयोः
अ क	दाव	दापने
अ क	दि	दाने
अ क	दूगव	अवखण्डने
अ क	दूगूनाव	द्विगुणीकरणे
	दूदर	जीर्णीभवने
अ क	दूदराव	जीर्णीकरणे
अ क	दूबूर	भूनिक्षेपे
अ क	दूबूराव	च
अ क	दूय	दोहने
	दूष	च्यवने
अ क	दून्छूर	पृथक्पृथक्करणे
अ क	दून्छूराव	च
	दूर	दूरीभवने
अ क	दोन	पिचुवद्विवरणे
	दोर	गतिचातुर्ये

	धातुः ।	अर्थः ।
अ क	द्न	वस्त्रादिरजोपहरणे
अ क	द्नव	च
अ भा	द्य	वैमनस्ये
अ भा	द्व़क	क्रीडायाम्
	द्व़ग	मूल्यातिशये
अ क	द्व़ग्राव	दुर्मूल्यीकरणे
	द्वैंठ	कार्कश्ये
अ क	द्ष्राव	दोषदाने

॥ नकाराद्याः ॥

अ भा	नच्	नर्तने
अ क	नंज़्र	नग्नीकरणे
अ क	नंज़्राव	च
	नट	कम्पे
अ क	नंट्राव	कम्पने
	नन	नग्नीभवने
अ भा	नप	उत्कोचदाने [उत्कोचग्रहणे]
	नम	नम्रीभवने

	धातुः ।	अर्थः ।
	नव	अतिशयीभवने नूतनतायां च
	नश	अदर्शने
अ क	नहाव	क्रियाघाते
	नाँठ	निष्फलीभवने
	नाँप	दीप्तौ
अ क	नाव	शोधने
अ क	नाशूर	नाशने
अ क	नाशूराव	च
अ क	नि	हरणे
	निक	अल्पीभवने
अ क	निकूर	खण्डशः करणे
अ क	निकूराव	च
अ क	न्यङ्गल	निगरणे
अ क	न्यत	पशुरोमकृन्तने
अ क	न्यवाज़	निवेदने
	नील	हस्तीभवने
अ क	न्वंमूर	नम्रीकरणे
अ क	न्वंमूराव	च

	धातुः ।	अर्थः ।
अ क	न्वंबूर	अतिशयीकरणे
अ क	न्वंबूराव	च
अ क	नेछव्	ख्यातीकरणे
	नेर्	निर्गमने
अ क	नोमूर	संक्षेपीकरणे
अ क	नोमूराव	च
अ क	न्याव	हारणे

॥ पकाराद्याः ॥

	पक	गतौ
	पच्	ऋणविश्वासे
अ क [भा]	पछताव	पश्चात्तापे
अ क	पछान	उपलक्षणे
	पज्	युक्तीभवने सत्याविर्भावे च
अ क	पंजूर	आवेष्ट्य सीवने
अ क	पंजूराव	च
अ क	पज़्र	सत्याविष्करणे
अ क	पज़्राव	च

	धातुः ।	अर्थः ।
	पट	प्राप्तौ
अ भा	पटाव	गतौ
	पठ	सिद्यायाम्
अ क	पठ्र	संस्कारे मीनादिशोधने च
अ क	पठ्राव	संस्करणे साधने च
अ भा	पद्	कुत्सिते शब्दे
	पप	परिणामे
अ क	पय	धात्वादिपाके
अ क	पर	पठने
अ क	पर्खाव	परीक्षायाम्
अ क	पर्ज़न	उपलक्षणे
अ क	पर्ज़नाव	च
अ क	पल	गुप्तदाने
	पलज़	उपसेवायाम्
	पलट	द्रवीभवने
अ भा	पश	विषादे
	पष्प	क्षरणे
	पाकन	विस्फोटादिपाके

	धातुः ।	अर्थः ।
अ क	पाकव	पचने
अ क	पाज़्	निःसारणे
	पाथ	सद्भावे
अ क	पार	केशवेणीकरणे पण-स्थापने च
अ क	पाल	रक्षणे
अ क	पाव	पातने
अ भा	पास्र्	धिक्करणे
अ क	पास्राव	च
	पि	पतने
अ भा	पिट	परिदेवने
अ क	पिट्राव	दीनीकरणे
अ क	प्यतर	पालने
	प्यद	वृत्तज्ञतायाम्
	पिल	प्राप्तौ
अ क	पिलन	प्रापणे
[अ क	पिलनाव	च]
अ भा	प्यव	पाकार्थमग्न्यारम्भे
	पिशल	पेशलीभवने

	धातुः ।	अर्थः ।
	पिस	पाकेन बहिर्निःसरणे
अ क	पिह	संचूर्णने
	पीट	खेदात्समीक्षणे
अ भा	पीठ्र	सशिक्षं प्रतिक्षेपणे
अ भा	पीठ्राव	च
अ क	पीनव	प्रसावने
	पीर	मेदुरतायाम्
अ क	पुच्न	पुष्पादिखण्डशः करणे
	पुन	शापसाफल्ये
अ भा	पुन्द	क्षुते
	पुल	नैर्बल्ये
अ क	पुश्र	अर्पणे
अ क	पुश्राव	च
अ क	पूज्	पूजायाम्
अ क	पूठ्र	स्थूलीकरणे
अ क	पूठ्राव	च
अ क	पूर	पूरणे
	पेड	निर्यासे

	धातुः ।	अर्थः ।
अ क	पैर्	अलंकरणे
	पोठ	स्थूलीभवने
	पोर	पर्याप्त्यनार्द्रतयोः
अ भा	पोरव	बाधने
	पोष	पर्याप्ततायाम्
	प्रेखूट	प्रकटने
अ क	प्रज़्न	उपलक्षणे
अ क	प्रज़्नाव	च
	[प्रज़ल	प्रज्वलने]
	प्रन	नैर्मल्ये
	प्रय	प्रीणने
	प्रस	प्रसवे
अ क	प्राट	खनने
	प्राण	पुराणीभवने
	प्रार	समीक्षणे
अ क	प्राव	प्राप्तौ
अ क	प्रिछ्	पृच्छायाम्
अ क	प्रिण	उपालम्भे
अ क	प्रिन्ज़्	प्रेरणे

	धातुः ।	अर्थः ।

॥ फकाराद्याः ॥

अ क	फक्क	सक्त्वादिभक्षणे [दारिद्र्याविष्कारे च]
	फट	काष्ठभेदाङ्कुरोद्भेदयोर्जलनिमज्जनादिषु च
	फब	प्रशस्तीभवने
	फर	स्तेये
अ क	फर्काव	अर्थोपसर्जने
	फल	वस्त्रजीर्णने साफल्यविभागयोश्च
	फस	बद्धीभवने
अ क	फंसर्	बद्धीकरणे
	फहर	पारुष्ये
अ भा	फाँग	शिशुमार्जाररोदने
अ क	फान	निःशेषीकरणे
	फाँफल	क्रियायोग्यीभवने
अ क	फालव	काष्ठभेदने
अ क	फांसर्	बद्धीकरणे

	धातुः ।	अर्थः ।
अ क	फास्राव	च
	फिच्	विस्मरणे
अ क	फ्यच्व	अप्रत्यक्षहरणे
अ क	फिर	पुस्तककथाभाण्डानां परिवर्तने
अ क	फिरव	भ्रामणे
अ क	फ्यश	ओष्ठादिलेहने
अ क	फुक	अङ्गारप्रदीपने
अ क	फुकार	कोपालापे
	फुट	भङ्गे
अ क	फुट्र	भञ्जने
	फुट्राव	च
	फूल्ल	विकसने
	फुश [फूश]	अन्तःकोपे [स्त्री भा]
	फुह	च
अ क	फूँक	आघ्राणे
	फेर	भ्रमणविस्त्रीभवनपश्चात्तापवैलोम्येषु
अ क	फेश	ओष्ठादिलेहने

	धातुः ।	अर्थः ।
	फोर	स्फुरणे
अ क	फ्यार	रसनिष्कासने
अ भा	फ़क	उच्छ्वासनिःश्वासयोः

॥ बकाराद्याः ॥

अ क [भा]	बक	भषणे
अ क	बगार	म्रक्षणे
	बच	अनाहततायाम्
अ क	बंच्राव	भयादिरक्षणे
अ क	बज़	सेवायां स्नेहने च
	बड	गतिवृद्ध्योः
अ क	बडाव	गतिशमनयोः
अ क	बंड्र	वर्धने
अ क	बंड्राव	च
अ क	बंद्राव	पूपाङ्गारपाके
	बंन	भवने
अ क	बंन्ज़्र	विभाजने
अ क	बंन्ज़्राव	च
अ क,[भा]	बर	पूरणे वियोगदैन्ये च

	धातुः ।	अर्थः ।
अ क	बंर्काव	पातने
	बल	आरोग्ये प्राणने च
अ क	बंल्र्	आरोग्यीकरणे
अ क	बंल्राव	च
	बस	निवासे
	बसन	पीतीभवने
	बहर	शूरतायाम्
	बाखन	बुद्धिभ्रंशे
अ क	बांग्र्	विभाजने
अ क	बांग्राव	च
अ क	बांज्र्	च
अ क	बांज्राव	च
	बाद [ब्राद]	प्रबलीभवने
	बाँब्रर	त्वरायाम्
अ क	बाव	अभिप्रायाविष्करणे देवार्पणे च
	बावज़	रोचने
अ क	बाष	उच्चारणे
	बास	भासने

	धातुः ।	अर्थः ।
	ब्रिगर	विकारे
अ क	ब्यंज़्र	विवरणे भिन्नीकरणे च
अ क	ब्यंज़्राव	च
	ब्यन्न	भिन्नीभवने
	ब्रिय	पर्युषितत्वे
	ब्यह	उपवेशने
अ क	बुछ	दंशक्रियायाम्
अ क	बुज़	भर्जने
	बुड (व)	निमज्जने
	बुड	स्थविरीभवने
	बुव (व)	उत्पत्तौ
अ क	बूग	भोगे
अ भा	बेछ	भिक्षायाम्
अ क	बोज़	निशामने
अ क	बोल	पक्षिशब्दे
अ क	ब्रक	दंष्ट्राघातकोपयोः
	ब्रज़	दीप्तौ
	ब्रम	भ्रान्तौ

	धातुः ।	अर्थः ।
अ क	ब्रंम़्र	बुद्धिहरणे
अ क	ब्रंम़्राव	च
अ क	ब्रश	दंष्ट्राघातकोपयोः
अ क	ब्रिछ़्	परिदेवने
	ब्रेठ	मूर्खीभवने

॥ मकाराद्याः ॥

अ क	मङ्ग	याचने
अ क	मंच़्राव	उन्मादने
अ क	मठार	समीकरणे सान्त्वने च
अ क	मण्ड	वस्त्रमर्दनालंकरणयोः
	मत	उन्मादे
अ क	मथ	मर्दने
अ क	मनव	कोपापनयने
अ क	मंन्ज़्र	विकलीकरणे
अ क	मन्ज़्राव	च
अ क	मन्द	मन्थने
	मन्दछ	मन्दाक्षे

	धातुः ।	अर्थः ।
	ममल	निश्चैतन्ये
[२]अ क	मर	मरणसंधापनयोः
	मर्च़्	अन्तःकोपे
अ क	मर्दाव	विस्फोटादिमर्दने
अ क	मल	मर्दने
	मष	विस्मृतौ
अ क	मंष्र	विस्मारणे
अ क	मंष्राव	च
अ क	महार	कणशः करणे
अ क	माज़्	तत्परतायां शोधने च
अ क	माँज	धातुनिर्मलीकरणे
अ क	मांज़्राव	स्वीकारकारणे
अ क	माँड	मिश्रीकरणे
अ क	मान	स्वीकरणे
अ क	मार	मारणे
अ क	मिलव	संयोजने
अ क	मिलनाव	च
	म्वकल	मुक्तौ
	म्वच़्	अवशेषे

	धातुः ।	अर्थः ।
अ क	मुच़र	उद्घाटने
अ क	मुच़राव	च
अ क	मुछ	व्रतादित्यागे
	म्वट	स्थूलीभवने
अ क	म्वट्र	स्थूलीकरणे
अ क	म्वट्राव	च
	म्वण्ड	कुण्ठीभवने
अ क	म्वण्ड्र	कुण्ठीकरणे
अ क	म्वण्ड्राव	च
	म्वद्र	मधुरीभवने
अ क	म्वद्राव	मधुरीकरणे
अ क	मुन	धान्यखण्डने
अ क	म्वलव	मूल्यनिश्चयीकरणे
अ क	मुष	मोषणे
अ क	मुस	असम्यग्भक्षणे
अ क	मुसर	उद्घाटने
अ क	मुसराव	च
अ क	मुह	मोहने
अ भा	मून्छ्र	समीक्षणे

	धातुः ।	अर्थः ।
अ भा	मूंन्छ्राव	च
अ क	मूँत्र	मन्त्रायत्ती [करणे] भवने
अ क	मूँत्राव	मन्त्रायत्तीकरणे
अ क	मूर	त्वचो निष्कर्षे भक्षणे च
	मेठ	मधुरीभवने
अ क	मेन	मापने
	मेळ	संगमे
	मोर	शमे
अ क	मोरव	पीडासहने

॥ यकाराद्याः ॥

अ क	यंतूर	शक्तौ
अ क	यंतूराव	च
	याप	व्याप्तौ
अ क	यार	संख्याने
	यि	आगमने
अ क	येर	तन्तुसंताने

	धातुः ।	अर्थः ।

॥ रकाराद्याः ॥

अ क	रंङ्ग	रञ्जने
अ क	रछ	रक्षायाम्
अ क	रंछ्र	सम्यक्संस्करणे
अ क	रंछ्राव	च
अ क	रट	ग्रहणे
अ क	रन	पाके
	रन्ज़्	प्रीतौ रागे च
अ क	रन्ज़्नाव	प्रीणने
अ क	रन्ज़्व	च
	रम्ब	शोभायाम्
	रस	सरसीभवने
	राव	नष्टीभवने
अ क	रावर	नष्टीकरणे
अ क	रावराव	च
अ भा	रिन्ज़्व	छद्मगतौ
अ भा	रिव	अलंकरणतत्परतायाम्

	धातुः ।	अर्थः ।
अ क	रुव	रोपणे
	रोच्	रोचने
	रोज्	स्थितौ
	रोट	अवष्टम्भे
	रोष	रुष्टौ
अ क	ऋकव	भूसंगानयने
	ऋड	रूढीभवने
	ऋत	साध्वीभवने
	ऋण	जीर्णीभवने
अ भा	ऋस	गमने

॥ लकाराद्याः ॥

अ क	लख	अन्तर्नयने
	लग	सङ्गे पीडायां सामञ्ज-स्ये च
अ भा	लङ्ग	पङ्गीभवने
	लज्	योग्यतायाम्
अ भा	लटाव	गमने
अ भा	लड	युद्धे

	धातुः ।	अर्थः ।
अ क	लडाव	संप्रहारणे
अ क	लतव	लताघाते
अ क	लतार	अधिक्षेपे
अ क	लद्	वस्तुप्रेषणे गृहादिनिर्माणोर्ध्वान्तरीकरणयोः सूत्रादिकर्मणि च
अ क	लब	प्राप्तौ
अ क	लम	आकर्षणे
	लय	अर्घणे
अ क	ललव	अङ्कपालने
	लस	सम्यग्जीवने
	लहन	नाडीशिथिलीभवने
अ क	लाग	अनुकरणधारणकृषिसंपर्चनेषु
अ क	लाय	आघाते प्रक्षेपे च
[१]अ क	लार	स्पर्शानुगमनस्निग्धीकरणेषु
अ क	लिख	लेखने

	धातुः ।	अर्थः ।
	ल्यच्	निर्बलीभवने
	ल्यड	पराजयीभवने
अ क	लिथव	मर्दने
	ल्यंद्र्	पीतीभवने
अ क	ल्यंद्राव	पीतीकरणे
अ क	लिव	लेपने
अ क	ल्यव	लेहनें
	लिस	प्रसन्नतायाम्
	ल्वत	लाघवे
अ भा	ल्वल	उपक्रीडायाम्
अ क	लूक्राव	क्षुद्रीकरणे
अ क	लूट	लुण्ठने
	लूब	लोभने
अ क	लूर	विनष्टीकरणे निपातने च
अ क	लेख	लेखने
	लोक	क्षुद्रीभवने
अ क	लोन	लवने
	ल्वन, इति केचित्	

	धातुः ।	अर्थः ।
	ल़ोर	वैकल्ये
	ल़ोस	श्रमे
	ल़्य	सम्यक्पर्याप्तौ
	ल़्ह	च
	ल़्हन	पाकविकारे

॥ वकाराद्याः ॥

अ क	वखन	व्याख्याने
अ भा	वज़	वाद्यस्वने
अ क	वज़व	सार्द्रीकरणे
अ क	वट	वेष्टने
अ क	वंड्र	निक्षेपे
अ क	वंड्राव	च
अ क	वथर	आस्तरणे
अ क	वथराव	च
अ भा	वद	रोदने
अ क	वन	भाषणे
अ क	वनव	स्त्रीणामेकस्वनगाने
अ क	वन्द	उपहारे

	धातुः ।	अर्थः ।
	वय	पथ्यीभवने
अ क	वर	वरणे
अ क	वल	आच्छादने
अ क	वव	वापने
अ क	षव	वर्षणे
	वस	अवरोहणे
अ क	वहार	विस्तारणे मक्षिकाद्यपवारणे च
अ क	वहाराव	च
अ भा	वाँच़	वञ्चने
अ क	वाट	संधापने
	वात	प्रापणे
अ क	वाम	मक्षिकाद्यपवारणे
अ भा	वाय	ध्माने नौकाचालने च
अ क	वार	मक्षिकाद्यपवारणे
अ क	वाल	अवतारणे दृष्टिपाते च
	विगल	विगलने
अ क[भा]	विच़ार	विचारे

	धातुः ।	अर्थः ।
	व्यच़्	संभवे
अ क	व्यछ़्न	विवरणे
अ क	व्यज़्र	ज्ञातीकरणे
अ क	व्यज़्राव	च
अ क	व्यंज़्र	पृथक्पृथक्करणे
अ क	व्यंज़्राव	च
	व्यठ	स्थूलीभवने
अ क	व्यंठ्र	स्थूलीकरणे
अ क	व्यंठ्राव	च
	व्यंद्र	शैथिल्ये
अ क	व्यंद्राव	शिथिलीकरणे
अ क	व्यन्द	आचरणे
	व्यप	संभवे
अ क	व्यप्र	संभावने
अ क	व्यप्राव	च
	व्यल़र	अस्वास्थ्ये
अ क	व्यव	विकीर्णने
अ क	व्यंव्र	च
अ क	व्यंव्राव	च

	धातुः ।	अर्थः ।
	ठ्यसर	विशीर्णने
	विस	प्रसन्नीभवने
	ठ्वक	दोषादिचेष्टायाम्
	वुकृर	वक्रीभवने
अ क	वुकृराव	वक्रीकरणे
अ क	वखर	ऊर्ध्वाधरीकरणे
अ क	ठ्वखराव	च
	[ठ्वगन	उत्तानीभवने]
अ क	वुग्राव	ऋणप्रतिग्रहणे
अ क [भा]	वुङ्ग	श्वरवे
	वुच़	दग्धीभवने
अ क	वुछ	प्रेक्षणे
	वुज़	जागरणे जलादिव्य-क्तीभवने च
	ठ्वज़ल	रक्तीभवने
	ठ्वट	प्लवगतौ
अ क	वुठ	वेष्टने
	वुड	उड्डयने
अ क	वुडाव	नाशने चालने च

	धातुः ।	अर्थः ।
	व्वतळ	ऊर्ध्वीभवने
	व्वथ	उत्थाने
अ क	व्वथर	अवमार्जने
अ क	व्वथराव	च
	वुद्	जागरणे
	वुद्र	वियोगखेदे
	वुन	दैवानार्जवे
	व्वन्नत	उन्नतीभावे
	वुप	अन्तर्दाहे
	व्वपज़	उत्पत्तौ
	वुफ	विहायसा गतौ
अ क	व्वफर	शैथिल्ये
	व्वब्र	समाप्तौ
	व्वब्रस	बहुलीभवने
	व्वम	सीमानधिगमे
	वुय	पर्याप्तौ
अ क	वुर	उम्भपटप्रच्छादन-निपातनेषु
अ क	व्वलङ्ग	उलङ्घने

	धातुः ।	अर्थः ।
अ क	व्वलल	अलंकरणे
	व्वलस	उल्लसने
	व्वशल	लौहित्ये
	वुष्ण	उष्णीभवने
	व्वस	बाहुल्ये
अ क	वुसर	उद्घाटने
अ क	वुसराव	च
	वुह	अनिर्वाणे
अ भा	वृहय	शापे
अ क	वोन	तन्तुवायकर्मणि
अ भा	वोर	भषणे विस्मृत्यालापे च
	वोल	चञ्चलीभवने
अ क	वोवृर	धातूनां तक्षणे
अ क	वोवृराव	च

॥ शकाराद्याः ॥

अ क	शग्राव	षड्गुणीकरणे
	शम	उपशमे

	धातुः ।	अर्थः ।
अ क[भा]	शष	सहने
	शहल	शीतीभवने
अ भा	शाश	उच्छ्वासनिःश्वासे
	[शिग्न	परेर्ष्यादाने]
	शिठ	शीनीभवने
	श्रिठ	च
	श्वङ्ग	शयने
	श्वद्ध	शोधने
	शूब	शोभायाम्
अ क	शूब्र	शोभने
अ क	शूब्राव	च
अ क[भा]	शौंक	शङ्कायाम्
अ क	शेर	संस्करणे
	श्रप	जीर्णने
अ भा	श्रूक	क्रन्दने
अ क	श्रुत	शब्दवत्पाने
	श्रोच्	शुद्धौ

	धातुः ।	अर्थः ।
	॥ सकाराद्याः ॥	
	सखर	प्रस्थाने
अ क	सगव	वृक्षादिसिञ्चने
अ क	सगनाव	च
अ क	संज़्र्	अगाधीकरणे
अ क	संज़्राव	च
अ भा	सताव	बाधने
	सन	अगाधीभवने
अ क	संन्ज़्र्	सज्जीकरणे
अ क	सन्द्र्	संधुक्षणे
अ क	सन्द्राव	च
अ क	सन्दार	प्राणस्वास्थ्ये
	सपज़्	सिद्धौ
	सपद्	च
	सपन	च
	सम	साम्ये
	समख	समक्षीभवने
अ क	संबाल	संस्करणे

	धातुः ।	अर्थः ।
अ क	सर	स्मरणे
अ क[भा]	सह	सहने
	साँगर	विशरणे
अ क	साद	संराद्धौ
अ क	सार	स्वारैकत्रीभवनक्रमानयनेषु
अ क	साव	शायने
अ क	स्यंज़्र	ऋज्वीकरणे
अ क	स्यंज़्राव	च
अ क	स्यंज़्राव	अदृढीकरणे
	स्यद	सिद्ध्यृज्वीभवनयोः
	स्यन्द्र	अरुणीभवने
	स्यम	अकर्कशीभवने
अ क	सिव	सेवने प्राकारविशेषे च
	सीर	भ्रमणे
अ क	सुक	व्यभिचारे [अन्तरावेशने]
अ क	स्वखव	मृडने
अ क	स्वखनाव	च

	धातुः ।	अर्थः ।
	स्वग्र	मूल्याल्पतायाम्
अ क	स्वग्राव	सुमूल्यीकरणे
अ क	स्वच्राव	शामने
	स्वत	शमने
अ क	स्वम्बूर	समीकरणोक्कन्नीकरणयोः
अ क	स्वर	स्मरणे
अ क	सुरव	भाजनभस्मशुद्धौ
अ क	स्वर्क्ष	हस्तादिशुद्धौ
अ क	सुलब	अङ्कप्रालबे
अ क	सुव	सूचीकर्मणि
	स्वसर	काष्ठादिजीर्णने
अ क	सोक	प्राणिप्रेषणे
	सोर	अवसाने
अ क[भा]	सूड	क्षमायाम्
अ क	सूत	संघट्टने
	स्रव	क्षरणे
	स्वग	मूल्याल्पतायाम्
अ क	स्वग्राव	सुमूल्यीकरणे

	धातुः ।	अर्थः ।
अ भा	सूस	अपानवायौ

॥ हकाराद्याः ॥

	हकर	कार्कश्ये
अ भा	हग	पुरीषोत्सर्गे
	हट	क्षीणीभवने
अ क	हट्र	क्षीणीकरणे
अ क	हट्राव	च
	हन्द्र	शीतीभवने
अ क	हन्द्राव	शीतीकरणे
	हप	कार्श्ये
	हम	शमने
	हर	क्षरणपतनयोः
	हल	वक्रतायाम्
अ क	हहर	विवाहकर्मणि
	हाँकल	शीतसंकोचने
	हाँठ	नैष्फल्ये
अ क	हाँठराव	निष्फलीकरणे
	हान	शैत्ये

	धातुः ।	अर्थः ।
	ह्रामन	शीतलापाके [श्यामीभवने]
अ क [भा]	ह्रार	पराजयनिपातयोः
अ क	ह्राव	दर्शने
अ क	ह्रि	ग्रहणक्रीणनधारणेषु
अ क	ह्यक	शक्तौ
अ क	ह्यछ	शिक्षायाम्
अ भा	ह्यड	परिभाषणे
	ह्रिल	प्रबलीभवने
	ह्रख	शोषे
अ क	ह्रंखूर	शोषणे
अ क	ह्रंखूराव	च
	ह्रच	विस्त्रीभवने
अ क	ह्रंचूराव	विस्त्रीकरणे
अ क	ह्रंबूर	पराजयने
अ क	ह्रंबूराव	च
अ क	ह्रुम	होमे
अ क	ह्रंमूर	शामने
अ क	ह्रंमूराव	च

	धातुः ।	अर्थः ।
	ह्रोन	उत्कटीभवने
अ क	ह्रोर	प्रतिदाने
	ह्मन	शोथे
	ह्र‍र	उपचये
	ह्ल	प्रसवारम्भे
अ क	ह्रसव	श्वादिसूचनायाम्
अ क	ह्रसनाव	च

इति श्रीशारदाक्षेत्रभाषाव्याकरणे कश्मीर-
शब्दामृते धातुपाठप्रक्रिया
समाप्ता ॥ ७१ ॥

अथ परिशिष्ट-नाम-धातवो लिख्यन्ते ॥२॥

धातुः ।	अर्थः ।
अग्य-लगुन्	अग्नाविव रिप्वादिषु संमुखीभवनम् ।
अगादि-गछुन्	निष्कारणं क्रोधाविष्कारः ।
खंखूट्-दिञ्	जन्तुनो भूमौ भ्रामणम् ।
छित-करुन्	तिरस्करणम् ।
ज़ीरू-दिञ्	क्रोधाविष्काराय प्रेरणम् ।
डाल-मारंञ्	उपेक्षाकरणम् ।
ड्यम्बड्यम्ब्-करुन्	अन्तःसुषिरस्य शब्दानुकरणम् ।
तोथ्-करंञ्	अहंकारपूर्वकं भर्त्सनम् ।
दाम्-द्युन्	स्तन्यवत्पानम् ।
दारिथ्-द्युन्	प्रपातनम् ।
निन-युन्	अनवधानता ।
न्यूरु-युन्	समीपागमनम् ।
पाय्-करुन्	उपायकरणम् ।
फूह्-करुन्	कोपपूर्वकं चोदनम् ।

धातुः ।	अर्थः ।
फश्-द्युन्	विनष्टीकरणम् ।
वर्-गछुन्	अनादरेण रोषणम् ।
मान्मान्-करज़्	स्पर्धाकरणम् ।
रथि-खारुन्	सफलीकरणम् ।
वंनु-द्युन्	स्मृतिपूर्वकमन्वेषणम् ।
वस्य-प्यंनु	हृदयंगमभिवनम् ।
वोडाल-करुन्	उपेक्षाकरणम् ।
सर-करुन्	निर्णयीकरणम् ।
स्वर्-करुन्	ईषच्चेष्टाकरणम् ।
हक-युन्	शीघ्रागमनम् ।

[अन्ये ऽपि यथायोगं बोध्याः ।]

इति श्रीशारदाक्षेत्रभाषाव्याकरणे कश्मीरशब्दामृते धातुप्रक्रियायाः परिशिष्टे नामधातवः समाप्ताः ॥ ७ । २ ॥

ॐ श्रीविघ्नहर्त्रे नमः ॥

अथाख्यातप्रक्रियायाम् ॥ ८ ॥

वर्तमानपादः ॥ १ ॥

अथशब्दो मङ्गलार्थः ।

॥ कालत्रयतद्विशेषक्रियाकर्मकर्त्रवबोधकृदाख्यातः ॥ १ ॥

कालत्रयस्य भूतभविष्यद्वर्तमानरूपस्य तद्विशेषाणां विध्यादीनां क्रियाकर्मणोः कर्मकर्तरि तथा विभक्तिस्वरूपेष्वप्रयुक्ततच्छब्दादिकर्तृषु क्रियाकर्त्रोश्चावबोधकृत्सम्यग्बोधकारक आख्यातो विज्ञेयः ॥

॥ आरब्धानारब्धसमापितक्रियाकाला वर्तमानभविष्यद्भूतसंज्ञाः ॥ २ ॥

आरब्धक्रियाकालो वर्तमानसंज्ञः । अनारब्धक्रियाकालो भविष्यत्संज्ञः । समापितक्रियाकालो ऽतीतसंज्ञो भवति ॥

॥ अश्रोतृश्रोतृवक्तृभेदात्प्रथममध्यमोत्तमाः ॥३॥

तेषु कालत्रयेषु तद्विशेषेषु च प्रत्येकस्मिन् अश्रोता प्रथमपुरुषः। श्रोता मध्यमपुरुषः। वक्ता उत्तमपुरुषो बोध्यः। अश्रोतेति लक्षणात्संनिधाने ऽपि पुरुषे अयं करोतीति श्रोतारं वदेत्त्वमपि कुर्विति किमुतासंनिधाने इति निर्णेयम् ॥

॥ एकानेकाभ्यां द्वे द्वे वचने ॥ ४ ॥

तेषु त्रिषु पुरुषेषु प्रत्येकस्मिन्नेकवचनबहुवचनभेदाद्द्वे द्वे वचने भवतः ॥ सुह् छुह् परान्। सः पठति ॥ तिम् छिह् परान्। तौ पठतः वा ते पठन्ति ॥

॥ युगपदुक्तौ वाचकासन्नो मुख्यः ॥ ५ ॥

द्वयोस्त्रयाणां वा पुरुषाणां युगपत्क्रियाया उक्तौ सत्यां वाचकासन्नः पुरुष एव मुख्यो विज्ञेयः। तद्यथा। तच्छब्दयुष्मच्छब्दयोर्युगपद्वचने वाच्ये वाचकासन्नो युष्मच्छब्द एव मुख्यः संमुखत्वात्। एवं युष्मच्छब्दास्मच्छब्दयोर्युगपद्वचने वाच्ये वाचकस्यात्मैवासन्नतरः। अतस्तत्रास्मच्छब्दस्य मुख्यत्वम्। एवं तच्छब्दास्मच्छब्दयोस्त्रयाणामप्यवधार्यः ॥ सुह् त च़्ह् परिव्। स च त्वं पठतम् ॥ च़्ह् त ब्ह् पर्‌व्। त्वं चाहं पठाव ॥ सुह् त ब्ह् परव्। स चाहं पठाव ॥ सुह् त च़्ह् त ब्ह् परव्। स च त्वं चाहं पठाम ॥

॥ धातोः परे प्रत्ययाः ॥ ६ ॥

कालत्रयसंबन्धिविभक्तिप्रत्यया धातोः परे भवन्तीति परिभाष्यते ॥ परान् छुह्। पठति ॥ परुन्। अपठत् ॥ परि। पठिष्यति ॥

॥ तदात्वारब्धे वर्तमाना ॥ ७ ॥

तत्काले आरब्धे कर्मणि धातोर्वर्तमाना विभक्तिर्भवति ॥ पकान् छुह्। गच्छति ॥ परान् छुह्। पठति ॥

॥ नैर्यन्तरारब्धे च ॥ ८ ॥

यस्याः क्रियायाः कदाचिदपि उच्छित्तिर्न स्यात्तत्कर्म निरन्तरारब्धम् तस्मिन्नपि वर्तमाना विभक्तिर्भवति ॥ ईश्वर् जगतस् रछान् छुह्। ईश्वरो जगद्रक्षति ॥ पान पानस् रछान् छुह्। आत्म [न]ा त्मानं पालयति ॥

॥ नियमारब्धे च ॥ ९ ॥

प्रतिकुम्भं गङ्गायाः स्नानं करिष्यामीत्यादिनियमेन या या क्रिया आरब्धा स्यात्तस्यां वाच्यायां सत्यां तत्र वर्तमाना विभक्तिर्भवति ॥ व्याकरण् परान् छुह् लत्कुट्ट । व्याकरणमधीते बालः ॥ गंगाय गछान् छुह् प्रथ् कुंबस् । गङ्गां गच्छति प्रतिकुम्भम् ॥

॥ अनेककार्यवित्कर्तृसत्तायां तत्तत्क्रिया धातुभ्यश्च ॥ १० ॥

एकाधिककार्यज्ञस्य कर्तुः सत्तायां देहपाताभावे सति तत्संबन्धिषु कर्मस्वभिधेयेषु सत्सु धातुभ्यो वर्तमाना विभक्तिर्भवति। एककार्यज्ञस्य तु नियमारम्भतो वर्तमानाप्राप्तिरासीदिति ॥ क्याह् छुह् मुर्च् करान्। किं मूर्तीः कुर्वन्नस्ति ॥ क्याह् छुह् जान् लेखान्। किं साधु लिखन्नस्ति ॥ क्याह् छुह् रतु ग्यवान्। किं साधु गायन्नस्ति ॥ कथनसमकालमेव यदि प्रोक्तक्रियाविदो देहपातः स्यात् तदातीतावाप्तिर्भवेन्न तु वर्तमानाप्राप्तिरित्यादिविशेषा बुद्धिमद्भिः स्वयमूह्याः। किं च वर्तमानस्य केवलं न संप्रतिकालीनक्रियावो

वर्तमानसंज्ञास्ति किंतु वर्तमानकर्तृसत्त्वे एव प्रायशो वर्तमानसंज्ञास्तीति ॥

॥ वर्तमानायां छुह् छिह् छुख् छिव छुस् छिह् पुंसि ॥ ११ ॥

॥ छ्यह् छ्यह् छ्यख् छ्यव छ्यस् छ्यह् स्त्रियाम् ॥ १२ ॥

पुंकर्तरि यथा ॥ करान् छुह् । सः करोति ॥ करान् छिह् । ते कुर्वन्ति ॥ करान् छुख् । त्वं करोषि ॥ करान् छिव । यूयं कुरुथ ॥ करान् छुस् । अहं करोमि ॥ करान् छिह् । वयं कुर्मः ॥ स्त्रीलिङ्गे यथा । करान् छ्यह् । सा करोति ॥ करान् छ्यह् । ताः कुर्वन्ति ॥ करान् छ्यख् । त्वं करोषि स्त्री० ॥ करान् छ्यव । यूयं कुरुथ स्त्री० ॥ करान् छ्यस् । अहं करोमि स्त्री० ॥ करान् छ्यह् । वयं कुर्मः स्त्री० ॥ कर करणे । छुह् आदयः प्रत्ययाः । धातोरानागम (सू० १९) इति आन् । व्यञ्जनं परेण संधेयम् (सू० १।३) ॥

॥ क्रिया ऽभावे नपराः ॥ १३ ॥

क्रियाया अभावे अभिधेये सति ते प्रत्यया नपरा नकारः परो येभ्यस्तथा स्युः ॥ करान् छुन । न करोति ॥ करान् छिन । न कुर्वन्ति ॥ करान् छ्यन । सा न करोति ॥ करान् छ्यख्न । त्वं न करोषि ॥ कर करणे । छुह् प्रत्ययस्तस्मान्न प्रत्ययः । धातोरानागमः(सू०१९)। प्रत्ययेषु हलोपः सर्वत्र(सू०४।१३१) इति हकारलोपः । एवं सर्वेषाम् ॥

॥ कामप्रवेदने आपराः ॥ १४ ॥

क्रियायाः कामप्रवेदने सति विभक्तिप्रत्यया आपरा आकारः परो येभ्यस्तथा स्युः । क्रियाभावस्य कामप्रवेदने सति न प्रत्यय आपरो भवति ॥ करान्

छ्वा। स किं नु करोति॥ करान् छ्या। सा किं नु करोति॥ कर करणे। छुह् छ्यह् प्रत्ययौ आपरौ। प्रत्ययेषु हलोपः सर्वत्र (सू० ४।१।३१) इति ह लोपः। धातोरानागमः (सू० १९)। छु इत्यस्य चकारो वः (सू० १।११) इत्यनेन वत्वे कृते। अपरत्र स्वरः सवर्णे दीर्घपरलोपौ (सू० १।५)। व्यञ्जनं परेण संधेयम् (सू० १।३)। एवं करान् छुना। किं न करोति॥ करान् छ्यना। सा किं न करोति॥ अत एव निर्देशाद्यथा नकारान्तस्या ऽऽप्रत्ययः स्यात्तथा तिप्रत्ययान्तस्यापि बोध्यः (सू० ४।१७९)। करान् छुत्या। अपि किं करोति॥ कर्यौन्त्या। अपि किं चकार॥ करित्या। अपि किं करिष्यति॥

॥ मध्यमैकत्वादित्रये ऽपरा वा॥ १५॥

कामप्रवेदने सति मध्यमैकत्वानेकत्वयोरुत्तमैकत्वे च अपरा अकारः परो येभ्यस्तथा वा विकल्पेन स्युः। न क्रियाभावकामप्रवेदने नकारस्य स्वयमकारान्तत्वात्। किं चादरवत्सु संबोधनप्रत्ययेषु चायमेव मुख्यः। प्रथमस्तु। आ प्रत्ययः कनिष्ठनीचयो (सू० २। २। ७) रिति लिङ्गप्रकरणोक्तसूत्रेण तयोरेवावगन्तव्यः॥ करान् छुव। वा। करान् छुवा। किं त्वं करोषि॥ करान् छिव। वा। करान् छिवा। किं यूयं कुरुथ॥ करान् छुस। वा। करान् छुसा। किमहं करोमि॥ साधनं पूर्ववत्॥

॥ अपरा अय्परा वा स्त्रियां मध्यमे॥ १६॥

स्त्रियाः सकाशात्कामप्रवेदने कर्तव्ये मध्यमपुरुषे प्रत्यया अकारपरा अय्परा वा भवन्ति। अत्रापि अय् प्रत्ययः। कनिष्ठनीचयो (सू० २।२।७) रित्य[र्थे] लिङ्गप्रकरणोक्तसूत्रानुसारतो बोध्यः॥ करान् छ्यख। वा। करान् छ्यखय्। किं त्वं करोषि स्त्री०॥ करान् छ्यव। वा। करान् छ्यवय्। किं यूयं कुरुथ स्त्रियः॥ करान् छ्यख्ना। वा। करान् छ्यख्नय्। किं त्वं न करोषि॥ करान् छ्यवना। वा। करान् छ्यवनय्। किं यूयं न कुरुथ॥

॥ उत्तमैकत्वे पुंस्त्रियोः क्रमात् ॥ १७ ॥

पुरुषाय स्त्रिया कामप्रवेदने वाच्ये सति अकारपरो भवति । स्त्रिये स्त्रिया वाच्ये सति अय्परो भवति ॥ करान् छ्यस । किमहं करोमि ॥ करान् छ्यसय् । किमहं करोमि ॥

॥ बहुत्वे आ अय्पराः ॥ १८ ॥

पुरुषाय वाच्ये आपराः स्त्रिये वाच्ये अय् परा भवन्ति । प्रथमपुरुषप्रत्यययोरुत्तमानेकत्वछ्यह् प्रत्ययेन सादृश्यात्तयोरपीत्थं विज्ञेयम् ॥ करान् छ्या स्वह् । सा किं नु करोति ॥ करान् छ्या तिम । ताः किं नु कुर्वन्ति ॥ करान् छ्या असि । वयं किं नु कुर्मः ॥ करान् छ्यय् । किं नु वयं कुर्मः ॥ एवमन्ययोरपि ॥

॥ धातोरानागमः ॥ १९ ॥

वर्तमानाया विषये धातोः पर आन् आगमो भवति ॥ करान् छुह् । करोति । साधितमेव ॥

॥ इकारान्ताद्वपूर्वः ॥ २० ॥

इकारान्ताद्धातोरान् आगमो वकारपूर्वो भवति अर्थात् वान् आगमः स्यात् ॥ निवान् छुह् । हरति ॥ दिवान् छुह् । ददाति ॥ यिवान् छुह् । आयाति ॥ नि हरणे । दि दाने । यि आगमने । वर्तमानायां पुंसि छुह् प्रत्ययः । अनेन वान् आगमः ॥ ख्यवान् छुह् । खादति ॥ च्यवान् छुह् । पिबति ॥ खि खादने । चि पाने । छुह् प्रत्ययः । अनेन वान् आगमः । सर्वत्राकारागमोऽनिदियिवर्जितात् (सू० ८ । २ । ११) इति सूत्रेण धातुस्वरादकारागमः ।

इकारो ऽसवर्णे यो ऽपरलोप (सू० १।१०) इति सूत्रेण इकारस्य यत्वम् । व्यञ्जनं परेण संधेयम् (१ ।३) ॥

॥ आसो लोपो धातोश्च ॥ २१ ॥

आस सत्तायामित्यस्माद्धातोरान् प्रत्ययस्य लोपो भवति । आस धातोश्च लोपः स्यात् ॥ छुह् । अस्ति ॥ छिह् । सन्ति । इत्यादि ॥ आस सत्तायां । वर्तमानायां छुह् प्रत्ययः । धातोरानागमः (सू०१९) । अनेन लोपः आस धातोश्च ॥

॥ वाक्येष्व ऽयं प्रयोगो मुख्यः ॥ २२ ॥

सर्वेषां वाक्यानां काश्मिर्ये अयम् अस्त्यर्थकः छुह् प्रयोगो मुख्यो ऽन्वयार्थः ॥ बत छुह् सुह् ख्यवान् । भक्तमस्ति सः खादन् ॥ बत सुह् ख्यवान् छुह् । भक्तं स खादति । इति गौणः ॥

॥ वाक्यारम्भपदात्परो मुख्यः ॥ २३ ॥

वाक्यारम्भस्य यदारम्भपदं स्यात्तस्मान्मुख्यः प्रयोगः प्रयोज्यः ॥ तत्र पत छुह् आसनस् प्यद् बिहिथ् पूजा करान् । ततः अस्ति आसनोपरि निविश्य पूजां कुर्वन् ॥

॥ वाक्यान्ते गौणः ॥ २४ ॥

गौणो वर्तमानायाः क्रियास्वरूपं वाक्यान्ते प्रयोज्यम् ॥ तत्र पत आसनस् प्यद् बिहिथ् पूजा करान् छुह् । तत आसनोपरि निविश्य पूजां करोति ॥ यद्यपि प्रथमोत्तरे वाक्ये एकार्थके स्तः परं तु वाग्व्याख्याने प्रथममेव ज्यायः । किं चात्र वाक्ये स्पष्टं प्रतीयते ॥ ईश्वर् छुह् आसान् काशिय अन्दर् । ईश्वरः अस्ति भवन् काश्याम् ॥ एवमतीतादिषु च निश्चीयत इति ॥

॥ क्रियायाः किमादिशब्दस्वरूपेभ्यो वा सन-प्रत्ययः शङ्कायाम् ॥ २५ ॥

कामप्रवेदनस्य शङ्कायामभीप्सितायां क्रियायाः परः किमादिशब्दस्वरूपेभ्यो वा परः सन प्रत्ययो भवति । यत्र वाक्ये सार्वनामिकं ककारादि शब्दस्वरूपं स्यात्तत्रावश्यं तस्मात्पर एव भवति । यत्र तु न भवेत्तत्र क्रियायाः पर एव भवति । ख्यवान् छ्वासन । किं नु खादति ॥ क्यासन ख्यवान् छ्वा । किं नु खादति ॥ वट कैत्यासन आसान् छिह् । किं नु ब्राह्मणाः कतिचन भवन्ति ॥ कर्‌सना वांगि यिवान् छुह् । कस्मिन्दिनरात्रिभागे आयाति ॥ अत एव ज्ञापकाद्यथा सन प्रत्ययो भवति तथा संप्रश्ने ऽपि किमादिस्वरूपेभ्यः संबोधनमुख्यप्रत्ययाश्च भवन्तीति ॥ कैत्यासां लूख् आसि । कियन्तो लोका आसन् ॥

॥ तेभ्यस्ताञ्ताञतौ स्वाज्ञातायाम् ॥ २६ ॥

तेभ्यः सार्वनामिकककारादिस्वरूपेभ्यः परस्ताञ् प्रत्ययस्ताञत् प्रत्ययो वा भवति आत्मनो ऽज्ञातायामाशङ्कायां विवक्षितायां सत्याम् ॥ क्याह् ताञ् वंनुन् । वा क्याह् ताञत् वंनुन् । किंचिदुक्तम् ॥ एवं । कर् ताञ् आव् । कस्मिंश्चित्काले आगतः ॥ कूतु ताञ् दितुन् । कियन्मितं दत्तम् । इत्यादि ॥ अत्र प्रत्ययञकारस्य विकल्पेन मकारो भवति । तत्र क्याह् ताम् वंनुन् [। किंचिदुक्तम्] ॥ इत्यादि स्यात् ॥

॥ ड्यठातिशये पूर्वं च ॥ २७ ॥

तेभ्यः सार्वनामिकककारादिस्वरूपेभ्यः पूर्वं ड्यठशब्दः प्रयोज्यः तत्तत्स्वरूपस्यातिशयार्थे गम्यमाने ॥ ड्यठ कर् आव् । वा ड्यठ कन आव् । चिरादागतः ॥ ड्यठ क्याह् [। अतिशयः] ॥ ड्यठ कूति [। अनल्पाः] ॥ ड्यठ कनि [। चिरेण] ॥ इत्यादि ॥

॥ आपरो वा ॥ २८ ॥

स सन प्रत्यय आकारः परो यस्मात्तथा वा भवति ॥ क्यासना ख्यवान् छुह् । किं वस्तु नु खादति ॥ कद्सना यियि । कदा नु आगच्छेत् ॥ कृतिसना आसहान् । कतिचन स्युः ॥ कतिसना ओसु । कुत्र नु आसीत् ॥

॥ माशब्द आदावन्ते वा ॥ २९ ॥

आशङ्कायां सत्यां क्रियायाः पूर्वं पश्चाद्वा माशब्दः प्रयोज्यः ॥ करान् मा छुह् [। करोति मा स्वित्] ॥ मा छुह् करान् [। मा स्वित्करोति] ॥ मा करान् छुह् [। मा करोति स्वित्] ॥ कर्योन्मा [। मा कार्षीत्स्वित्] ॥ सुह् मा करि [। करिष्यति मा स्वित्] ॥ ब्रह् मा कर [। अहं मा स्वित् करिष्यामि] ॥

॥ वाद्यः पाद्यो वाऽऽनुप्रासिकशब्दः ॥ ३० ॥

यस्य कस्यचिच्छब्दस्यानुकरणशब्दे कर्तव्ये तस्यैव शब्दस्याद्याक्षरं वकारेण पकारेण वा विपर्यस्य आनुप्रासिकशब्द उच्चारणीयः ॥ करान् वरान् छुह् । करोतीत्यादि ॥ घार् व्यार् अनिन् । धनादिकमानयतु ॥ बत वत ख्ययिन् । भक्तादि भक्षयतु ॥ अन्वार् वन्वार् [। क्रमप्राप्तिः] ॥ अन्वार् पन्वार् ॥

॥ तयोरेकतराद्ये तदितरः ॥ ३१ ॥

तयोर्वकारपकारयोर्मध्यात् एकतरे शब्दस्य आद्याक्षरे सति तस्मादितरः प्रयोज्यः वकाराद्ये पकारः पकाराद्ये वकार इति ॥ पद् वद् । पठेत्यादि ॥ पैंस वैंस दितिन् । पणाद्यदात् ॥ वाँगन् पाँगन् अन । वृन्ताकाद्यानय ॥

वाज पाज छिह् । सूदादयः सन्ति ॥ व्युचु शब्दस्य पोचु शब्द आनुप्रासिको बोध्यः । व्युचु पोचु । संग्रह इत्यादि ॥

॥ अन्येनापि क्वचित् ॥ ३२ ॥

स आनुप्रासिकशब्दो ऽन्येन वर्णेन विपर्यस्य क्वचिद्व्यवह्रियते सार्थकशब्देन वा ॥ निकु सुकु । संभारादि ॥ म्यंडु व्यंडु । ग्रासादि ॥ हंलु कंलु । वक्रादि ॥ हंलु वंलु । परिकरादि ॥ हान्जू गान्जू । नाविकादि ॥ फंलु फर्यंतु । भूषणादि ॥ ओन्तु वोन्तु । उत्तानादि ॥

॥ तच्छब्दस्यैकत्वेन क्रियासंबन्धे ऽस् ॥ ३३ ॥

कर्ता यां क्रियां तस्यार्थं विदधाति तस्याः क्रियायाः परः अस् प्रत्ययः सर्वत्र स्यात् ॥ करान् छुस् । तस्यार्थं करोति ॥ करान् छिस् । तस्यार्थं कुर्वन्ति ॥ करान् छुसस् । तस्यार्थं करोमि ॥ करान् छिस् । तस्यार्थं कुर्मः ॥ कर करणे । वर्तमानायां प्रथमैकबहुत्वे पुंसि छुह् छिह् प्रत्ययौ धातोरानागम (सू० १९) इति आन् । अनेनान्ते अस् प्रत्ययः । प्रत्ययेषु हलोपः सर्वत्र (सू०४।१३१) इति हकारलोपः । अस् प्रत्ययस्य स्वरादल्लोपः (सू०३९) इत्यकारलोपः । एवमन्यत् ॥

॥ कर्मण्यन् ॥ ३४ ॥

तच्छब्दस्यैकत्वे कर्मणि सति क्रियायाः परः अन् प्रत्ययो भवति सर्वत्र ॥ करान् छुहन् । तं करोषि ॥ ख्यवान् छुहन् । तं खादसि ॥

॥ बहुत्वेनाख् ॥ ३५ ॥

तेषामर्थे यां क्रियां निर्वर्तयेत्तच्छब्दस्य बहुत्वे वा कर्मणि सति क्रियायाः

परः अख् प्रत्ययः स्यात् सर्वासु विभक्तिषु ॥ करान् छुख् । तेषामर्थे करोति ॥ करान् छिख् । तेषामर्थे कुर्वन्ति ॥ करान् छुसख् । तेषामर्थे करोमि ॥ करान् छिख् । तेषां [अर्थे] कुर्मः । साधनं पूर्ववत् ॥

॥ त्वच्छब्दे कर्मणि भूते च ॥ ३६ ॥

अतीतकालिकक्रियायास्त्वच्छब्दे कर्मणि सति क्रियायाः परः अख् प्रत्ययः स्यात् ॥ कर्योनख् । तेन चक्रपे ॥ कंहुमख् । मया चक्रपे ॥

॥ भविष्यद्वर्तमानोत्तमेप्यथ् ॥ ३७ ॥

त्वच्छब्दे कर्मणि सति भविष्यन्त्या वर्तमानाया उत्तमपुरुषे ऽपि क्रियायाः परः अथ् प्रत्ययः स्यात् ॥ करथ् । त्वां करिष्यामि ॥ करोथ् । त्वां करिष्यामः ॥ करान् छुसथ् । त्वां करोमि ॥ करान् छिथ् । त्वां कुर्मः ॥

॥ प्रत्यये प्रत्ययखकारस्य हः ॥ ३८ ॥

तत्संबन्धादिप्रत्ययेषु परेषु प्रत्ययसंबन्धिनः खकारस्य हकारो भवति ॥ करान् छुहस् । तस्यार्थे करोषि ॥ करान् छुहख् । तेषामर्थे करोषि ॥ कर करणे । वर्तमानायां मध्यमैकत्वे छुख् । आन् आगमः (१९ सूत्रेण) तच्छब्द (सू० ३३-३५) इत्यादिना अस् अख् प्रत्ययौ । अनेन खकारस्य हकारः । व्यञ्जनं परेण संधेयम् (सू०१।३) ॥

॥ स्वरादल्लोपः ॥ ३९ ॥

प्रत्ययस्वरात्परस्य अकारस्य लोपो भवति ॥ करान् छुस् । तस्मै करोति ॥ करान् छिस् । तस्मै कुर्वन्ति ॥ करान् छिवस् । तस्मै कुरुथ ॥ करान् छिवख् ।

तेभ्यः कुरुथ ॥ प्रथमयोर्ईकारस्य लोपे कृते अनेन अकारलोपः । शेषं स्पष्टम् ॥

॥ त्वच्छब्देनाय् ॥ ४० ॥

युष्मच्छब्दैकवचननियतेन त्वच्छब्देन सह क्रियासंवन्धे सति क्रियायाः परः अय् प्रत्ययो भवति सर्वासु विभक्तिषु ॥ करान् छुय् । तुभ्यं करोति ॥ करान् छिय् । तुभ्यं कुर्वन्ति ॥ करान् छुसय् । तुभ्यं करोमि ॥ करान् छिय् । तुभ्यं कुर्मः ॥ साधनं पूर्ववत् ॥

॥ युष्मदाऽवः ॥ ४१ ॥

युष्मच्छब्देन क्रियासंवन्धे सति क्रियायाः परः सर्वत्र अव प्रत्ययो भवति ॥ करान् छुव । वः करोति ॥ करान् छिव । वः कुर्वन्ति ॥ करान् छुसव । वः करोमि ॥ करान् छिव । वः कुर्मः ॥ क्वचित्संबोधनवत्प्रोक्तौ प्रत्ययौ भवत इति ॥

॥ मच्छब्देनाऽम् ॥ ४२ ॥

अस्मच्छब्दैकत्वनियतप्रयोगेण मच्छब्देन सह संबन्धे सति क्रियापरः अम् प्रत्ययः स्यात् ॥ करान् छुम् । मां [वा] मे करोति ॥ करान् छिम् । मां [वा] मे कुर्वन्ति ॥ करान् छुहम् । मे करोपि ॥ करान् छिवम् । मां [वा] मे कुरुथ । साधनमुक्तवत् ॥

॥ कर्मण्यस् भूते ॥ ४३ ॥

मच्छब्दे कर्मणि सति अतीतकाले क्रियायाः परः अस् प्रत्ययः स्यात् ॥ कर्योनस् । तेनाहं चक्रे ॥ कर्योथस् । त्वयाहं चक्रे ॥

॥ बहुत्वे ऽस्मत्प्रयोगसंबन्ध एव च ॥ ४४ ॥

अस्मच्छब्देन क्रियासंबन्धे सति क्रियायाः परः पूर्वं वा अस्मच्छब्दानेकत्वप्रयोग एव प्रयोज्यः ॥ करान् छुह् अस्य। नः करोति ॥ करान् छिह् अस्य। नः कुर्वन्ति ॥ अस्य करान् छुख्। नः करोषि ॥ अस्य करान् छिव। नः कुरुथ ॥ एवं स्त्रीलिङ्गनियतप्रत्ययेषु च त्वच्छब्दादिसंबन्धप्रत्यया अवगन्तव्याः। तेभ्यश्च कामप्रवेदनतदभावादिप्रत्ययाश्च स्वयमेवावधार्याः। विस्तृतिभयान्नोदाहृताः ॥

॥ चरफ्रुशफुहमर्चवुचफिचां नित्यं संबन्धप्रत्ययाः ॥ ४५ ॥

चर अन्तःकोपे। फ्रुश फुह अमर्षे। मर्च अन्तःकोपे। वुच दग्धीभवने। फिच्र विस्मरणे। एषां प्रोक्तसंबन्धप्रत्यया नित्यं भवन्ति ॥ चरान् छ्यस्। [। अन्तःकोपो ऽस्य भवति] ॥ फ्रुशान् छ्यस्। फुहान् छ्यस् [। असहनमस्यास्ति] ॥ मर्चान् छ्यस् [। अन्तः कोपो ऽस्य भवति] ॥ वुचान् छ्यस् [। अन्तर्दाहो भवत्यस्य] ॥ फिचान् छ्यस् [। विस्मृतिर्भवत्यस्य] ॥ साधनं सुगमम्। एषां धातुपाठे नित्यस्त्रीलिङ्गकथनात्स्त्रीलिङ्गप्रत्यय एव ॥

॥ षष्ठी कर्तरि सर्वत्र ॥ ४६ ॥

एषां धातूनां सर्वासु विभक्तिषु षष्ठी कर्तरि भवति ॥ तमिस् चरान् छ्यह् ॥ एषां सर्वेषां यत्र कर्तरि प्रयुज्यमाने सति तत्र संबन्धिप्रत्ययानामनित्यता बोध्येति ॥

॥ गछो ऽपि योग्यार्थेत्र ॥ ४७ ॥

गछ गतौ सामञ्जस्ये। इत्यस्य योग्यार्थविषये अत्र षष्ठी कर्तरि भवति ॥

[४७। योग्यार्थ इत्यत्र अभीष्टार्थे ऽपि चरितार्थता।]

तमिस् गछान् छुह् जि परहा [। तस्याभीष्टमहं योग्यो ऽस्मि पठेयमिति] ॥

॥ प्रथमैकानेकत्वे च ॥ ४८ ॥

तस्यैव धातोरत्र वर्तमानाविभक्तौ नित्यं प्रथमपुरुषस्य एकत्वबहुवचनप्रत्ययावेव भवतः न तु मध्यमपुरुषादयः । किं तु ते संबन्धिप्रत्ययैर्विविच्यन्ते ॥ गछान् छुस् । गछान् छुख् । गछान् छुय् । गछान् छुव । गछान् छुम् । गछान् छुह् ॥

॥ सर्वत्रानः सकर्मकेभ्यः कर्मकर्तरि ॥ ४९ ॥

सर्वत्र सर्वेषु कालेषु सकर्मकेभ्यो धातुभ्यः परः कर्मकर्तरि अन प्रत्ययो भवति ॥

॥ पूर्वे परे वा यिधातुरूपतः ॥ ५० ॥

स अनप्रत्यययुक्तो धातुः पूर्वे वा परे यि आगमने इत्यस्य धातोः स्वस्वकालीनप्रयोगान्तर्वर्ति यद्रूपं स्यात्तस्मात्प्रयोज्यः ततः कर्मकर्तृप्रयोगा भवन्ति ॥ रनन यिवान् छुह् बत । भक्तं पच्यते ॥ बत छुह् रनन यिवान् । भक्तं पच्यते ॥ पानय् छुह् यिवान् करन । स्वयं क्रियते । अर्थात् कृतं भवति ॥ रन पाके पूर्वसूत्रेण (४९) अन प्रत्ययः । यि धातो ः यिवान् छुह् इति रूपात्पूर्वं रनन इति प्रयुक्तः । अपरत्र वर्तमानापरस्वरूपे यिवान् इत्यस्मात्पूर्वं प्रयुक्तः । तृतीये तु परः ॥

॥ वा ऽकर्मकेभ्यः ॥ ५१ ॥

अकर्मकेभ्यो धातुभ्यः प्रोक्ता क्रिया वा विकल्पेन भवति । किंच विभक्तिप्रयोगा अपि स्वयं कर्मकर्तृप्रयोगा भवन्ति ॥ ज़ोतान् छुह् । वा । ज़ोतन यिवान् छुह् । दीप्यते ॥ दज़ान् छुह् । वा । दज़न यिवान् छुह् । दह्यते ॥ ज़ोत दीप्तौ । दज़ भस्मीभवने । शेषं पूर्ववत् ॥

॥ बोज़ः कर्मकर्ता चाक्षुषज्ञान एव नित्यम् ॥५२॥

बोज़ निशामने इति धातोः कर्मकर्तृस्वरूपं नित्यं चाक्षुषज्ञान एव भवति न तु श्रवणज्ञाने ॥ बोज़न यिवान् छुह्। स्वयं दृष्टं भवति ॥ बोज़न आव्। दृष्टिमागतः॥ बोज़न यियि। दृष्टिमागमिष्यति॥ श्रवणज्ञाने तु। बोज़ान् छुह्। शृणोति। न तु दृश्यते॥ बोज़नस् अन्दर् यिवान छुह्। श्रवणमागच्छतीति कर्मकर्तृस्वरूपं सेत्स्यति॥

॥ गरः काठिन्ये च ॥ ५३ ॥

गर घट्टने इत्यस्य कर्मकर्तृस्वरूपं काठिन्ये भवति चशब्दात्स्वार्थे च॥ गरन यिवान् छुह्। कठिनीभवति। घटितं च भवति॥

॥ डेषो ऽनो लोपो द्रैंठादेशश्च ॥ ५४ ॥

डेष प्रेक्षणे इत्यस्मात् अन प्रत्ययस्य लोपो भवति डेषश्च द्रैंठ् आदेशो भवति॥ द्रैंठ् यिवान् छुह्। दृष्टिमायाति॥ डेषन यिवान् छुह्। इति न साधुशब्दः॥

॥ नेश्चाञ्चल्ये ऽपि ॥ ५५ ॥

नि हरणे इत्यस्य कर्मकर्ता चाञ्चल्ये भवति अपिशब्दात्स्वार्थे ऽपि॥ निन यिवान् छुह्। चञ्चलो भवति। वा। हृतो भवति॥ अत्र स्वरादल्लोप (सू० ३९) इत्यकारलोपः॥

॥ हेर्बन्धने ऽपि ॥ ५६ ॥

हि ग्रहणादिषु इत्यस्य कर्मकर्ता व्यवहारबन्धे भवति अपिशब्दात्स्वार्थे ऽपि॥ ह्यन यिवान् छुह्। बद्धो भवति। क्रीतश्च भवति॥ धातोरकारागमे (८।२।११ सूत्रेण) कृते। अकारादकारलोपः (सू० ३९)॥

॥ भावशब्देभ्यो हेर्भूतप्रयोगा वर्तमानबोधकाः ॥ ५७ ॥

भावशब्देभ्यः पूर्वे परे वा हि ग्रहणे इत्यस्य धातोर्भूतप्रयोगा वर्तमानकालस्य बोधका भवन्ति ॥ करुन् ह्यतुन् । कर्तुं प्रवृत्तः ॥ ह्यतुख् परुन् । पठितुं प्रवृत्ताः ॥ संप्रतिकाले करोति पठन्ति चेत्यर्थतो ऽवगम्यते ॥

॥ ज़ानो भविष्यन्त्याश्च ॥ ५८ ॥

ज्ञान अवबोधने इत्यस्य धातोर्भविष्यन्तीप्रयोगा भावशब्देभ्यः पूर्वे वा परे प्रयुक्ता वर्तमानकालबोधका भवन्ति । चशब्दात्केवलाः प्रयोगाश्चेति ॥ करुन् ज़ानि । करणं जानाति ॥ परुन् ज़ानि । पठनं जानाति ॥ लेखुन् ज़ानन् । लेखनं जानन्ति ॥ ज़ेनुन् ज़ानन् । अर्जनं जानन्ति ॥ चशब्दादन्यतो ऽपि च । स्यठाह् ज़ानि । बहु जानाति ॥ विद्या ज़ानि । विद्यां जानाति ॥ इत्थमेवातीतप्रयोगा भविष्यदर्थे क्वचिद्व्यवह्रियन्ते । यथा । तमिस् ल्यूखुथ् सोनु नमस्कार् । तस्मै नो नमस्कारो लेख्यः ॥ अत्र ल्यूखुथ् इति भूतकालप्रयोगो भविष्यदर्थे ॥

॥ पाथो नित्यम् ॥ ५९ ॥

पाथ सद्भावे इत्यस्य भविष्यन्तीप्रयोगा नित्यं वर्तमानार्थे भवन्ति तस्य वर्तमानप्रयोगदर्शनाभावात् ॥ पाथि । सन्नस्ति ॥ पाथन् । सन्तः सन्ति ॥ पाथख् सन्नसि ॥ पाथिव् । सन्तः स्थ ॥ पाथ । सन्नस्मि ॥ पाथव् । सन्तः स्मः ॥ किं चास्य धातोरतीतप्रयोगादर्शनाच्चापूर्णभूतप्रयोगा अतीते भवन्ति ॥ पाथिहे [। आसीत्]॥ पाथहान् [। आसन्]॥ पाथहाख [। आसीः]॥ पाथिहीव् [। आस्त] ॥ इत्यादि । तथा पाथिहेहय् । इत्यादयश्च साधवो भवन्ति । तथा चास्य धातोः कृदन्तस्वरूपाणि च न सेत्स्यन्तीति बोध्यम् ॥

इति शारदाक्षेत्रभाषाव्याकरणे कश्मीरशब्दामृते आख्यातप्रक्रियायां
वर्तमानपादः प्रथमः ॥८।१॥

भविष्यत्पादः ॥ २ ॥

॥ अनारब्धा क्रिया भविष्यत्कालः ॥ १ ॥

वर्तमानासन्नोत्तरकालादुत्तरः सर्वः कालः भविष्यत्कालसंज्ञो भवति। तत्कालस्य सर्वाः क्रिया अनारब्धा एव भवन्ति ॥

॥ विध्याशीर्भविष्यन्त्यपूर्णभूतार्थभेदाच्चतुर्विधः ॥ २ ॥

स भविष्यत्कालो विधिः, आशीः, भविष्यन्ती, अपूर्णभूतार्था नाम क्रियातिपत्तिः, इति भेदतश्चतुष्प्रकारो भवति। क्रियातिपत्तेरत्रापूर्णभूतार्थकथनादतीतकाले ऽपि भवति ॥

॥ आसन्नदूराभ्यां विधिर्द्विविधः ॥ ३ ॥

वर्तमानकालान्निकटकाल आसन्नविधिः दूरकालो दूरविधिरिति द्विविधो भवति। तत्र वक्तुरुत्तमपुरुषस्य स्वस्मिन्विधिनिषेधाभावाच्चत्वार एव प्रथमपुरुषैकत्वानेकत्वमध्यमैकत्वानेकत्वमत्यया: प्रयुज्यन्ते ॥

॥ मुख्यगौणाभ्यां निकटविधिर्द्विधा ॥ ४ ॥

अवश्यं करणीयाज्ञा मुख्यनिकटविधिः तदितरो गौणनिकटविधिरिति द्विप्रकारो भवति ॥

॥ निकटविधौ इन् इन् हि इव् प्रत्ययाः ॥ ५ ॥

स्पष्टम् ॥ करिन् । करोतु ॥ करिन् तिम् । कुर्वन्तु ॥ कर् । कुरु ॥ करिव् । कुरुत ॥ हि प्रत्ययस्य इकार उच्चारणार्थः । व्यञ्जनान्ताद्धलोप (सू० ६) इति इकारस्य लोपः ॥

॥ व्यञ्जनान्ताद्धलोपः ॥ ६ ॥

व्यञ्जनान्ताद्धातोर्हिप्रत्ययइकारस्य लोपो भवति ॥ कर् । कुरु ॥ कर करणे मध्यमैकत्वे हि इकार उच्चारणार्थः अनेन हकारलोपः । व्यञ्जनान्तात्किम् । दिह् । देहि ॥ निह् । हर ॥ दि दाने । नि हरणे । हि प्रत्ययः । इकार उच्चारणार्थः ॥

॥ ओदेदुपधाया ऊदीतौ ॥ ७ ॥

धातोरुपधाभूतस्य ओकारस्य एकारस्य च क्रमेण ऊकारईकारौ भवतः ॥ रूज़िन् । तिष्ठतु ॥ तूलिन् । तोलयतु ॥ पूठिन् । पुष्यताम् ॥ रोज़ स्थितौ । तोल तुलने । पोठ स्थूलीभवने । अनेन उपधाया ओकारस्य ऊकारः । नीरिन् । निर्गच्छतु ॥ शीँकिव् । शङ्कन्ताम् ॥ पीडिन् । निष्पीड्यताम् ॥ नेर निर्गमने । शेँक शङ्कायाम् । पेड निर्यासे । अनेन उपधाया एकारस्य ईकारः ॥

॥ न हौ ॥ ८ ॥

हि प्रत्यये परे उपधाया ओदेतोरूकारेकारौ न भवतः ॥ रोज् । तिष्ठ ॥ तोल् । तोलय ॥ नेट् । निर्गच्छ ॥ शँक् । शङ्कस्व ॥ साधनं सुगमम् ॥

॥ चुरादीनामिन्प्रत्ययसंबन्धप्रत्ययैर्विधिः ॥ ९ ॥

चुर अन्तःकोपे इत्यादीनां धातूनां प्रथमपुरुषस्य इन् प्रत्ययेन तत्छब्दादिसंबन्धे विधीयमाने सति सर्वप्रत्ययानां बोधो भवति स एवात्र विधिः ॥ चुरिनस् । चुरिनख् । चुरिनय् । चुरिनव ॥ एवं शेषाणामपि ज्ञेयम् ॥

॥ स्वरान्ताद्यागम इकारे ॥ १० ॥

स्वरान्ताद्धातोरिकारे परे यकारागमो भवति ॥ दियिव् । दत्त ॥ नियिव् । हरत ॥ दि दाने । नि हरणे । मध्यमानेकत्वे इव् प्रत्ययः अनेन यकारागमः ॥

॥ सर्वत्राकारागमो निदियिवर्जितात् ॥ ११ ॥

स्वरान्ताद्धातोः सर्वत्र सर्वासु विभक्तिषु अकारागमो भवति । नि हरणे । दि दाने । यि आगमने । एतान्वर्जयित्वा ॥ क्षह् । क्रीणीहि ॥ ख्यह् । खाद ॥ च्यह् । पिव ॥ हि क्रीणनग्रहणधारणेषु । खि खादने । चि पाने । मध्यमैकत्वे हि प्रत्ययः अनेनाकारागमः । इकारो ऽसवर्णे यो ऽपरलोप (सू० १।१०) इति यत्वम् । व्यञ्जनं परेण संधेयम् (सू० १।३) । निदियिवर्जितात्किम् । निह् । हर ॥ दिह् । देहि ॥ यिह् । एहि ॥ साधितचरा एव ॥

॥ येर्व्वुलादेशो वा ॥ १२ ॥

यि आगमने इत्यस्य विधौ विषये व्वुल आदेशो वा भवति ॥ व्वुलिन् । आयातु ॥ व्वुल । एहि ॥ व्वुलिव् । एत ॥ साधनं पूर्ववत् ॥

॥ व्वव इनि यो वा ॥ १३ ॥

व्वव उत्पत्तौ इत्यस्य इन्प्रत्यये परे वकारस्य यकारो वा भवति ॥ व्वयिन् । भवतु ॥ पक्षे । व्वविन् ॥ एवमाशीर्यन्प्रत्यये ऽपि ज्ञेयः ॥

॥ गौणे प्रत्ययस्वरात्तः ॥ १४ ॥

गौणविधिरपि द्विविध एक उपेक्ष्याज्ञापनं द्वितीय आक्षेपतः कथनम् । तयोर्द्वयोरेव विध्योः प्रत्ययस्वरात्परस्तकारागमो भवति ॥ क॑रितन् । करोतु नाम ॥ क॑रितन् । कुर्वन्तु नाम ॥ क॑रितव् । कुरुत नाम ॥ कर करणे निकट विधौ इन इन् हि इव् प्रत्ययाः (सू० ५) । अनेन इकारात्परस्तकारः धातुस्वरस्य चाप्रसिद्धता विज्ञेया ॥ खा॑रितन् । आरोहयतु नाम ॥ वा॑लितन् । अवरोहयतु नाम । साधनं सुगमम् ॥

॥ हौ धातोरेव ॥ १५ ॥

हि प्रत्यये परे धातोरेव तकारागमो भवति ॥ कर्त । कुरु नाम ॥ दित । देहि नाम ॥ कर करणे । दिदाने । हि प्रत्ययः व्यञ्जनान्ताद्धलोपः (सू० ५) । प्रत्ययलक्षणाद् [पा० १।१।६२।] अनेन कर् दि इत्याभ्यां परस्तकारागमः ॥ कर्तन् । तं कुरु ॥ क॑रितोन् । तं कुरुत ॥

॥ व्यञ्जनान्तात्संबन्धप्रत्ययादेरुकारः ॥ १६ ॥

व्यञ्जनान्तं धातुस्वरूपं मध्यमैकत्व एव भवति तस्मात्तच्छब्दादिसंबन्धप्रत्यय-

संबन्धिन आदिस्वरस्य उकारो भवति ॥ करुस् । तस्मै कुरु ॥ करुस्व् । तेभ्यः कुरु ॥ करुम् । मे कुरु ॥ व्यञ्जनान्तात्किम् । दिस् । तस्मै देहि ॥ निस् । तस्माद्धर ॥ दि दाने । नि हरणे । हि मत्ययः । इकार उच्चारणार्थः । ततः दिह् स्वरूपात् अस् मत्ययः । मत्ययेषु हलोपः सर्वत्र (सू० ४।१३१) इति हलोपः । स्वरादल्लोप (सू० ८।१।३९) इति अकारलोपः । एवं । कर्तस् । तस्मै कुरु ॥ पर्तस् । तस्मै पठ ॥ अत्र तकारागमात्स्वरान्तत्वे सिद्धे मोक्तसूत्रावाप्तिर्न भवतिं ॥

॥ वकारात्सपूर्व ऊकारः ॥ १७ ॥

वकारात्परः संबन्धमत्ययादिस्वरः पूर्ववर्णेन सह ऊकारो भवति ॥ कर्यूस् । कुरुत तस्मै ॥ दिय्यूस् । तस्मै दत्त ॥ करिव् दियिव् इति स्वरूपाभ्यामस् मत्ययः अनेन वकारेण सह अकारस्य ऊकारः यत्वम् ॥

॥ तकारादोकारः ॥ १८ ॥

तकारात्परयोस्तयोर्वकारअकारयोरोकारो भवति ॥ कंरितोन् । तं कुरुत नाम ॥ कंरितोस् । तस्य कुरुत नाम ॥ कंरितोस्व् । तेषां कुरुत नाम ॥ कंरितोम् । मे कुरुत नाम ॥ साधनं पूर्ववत् ॥

॥ मो निषेधार्थो ऽत्रैव ॥ १९ ॥

निषेधार्थको मकारः अत्रैव विभक्तिविशेषे क्रियायाः पूर्वे वा परे मयोज्यो नान्यत्र ॥ शेषे विभक्तिसमुदाये माशब्द आशङ्कार्थो भवति विध्याशिषोरेव निषेधार्थको भवतीति ज्ञेयम् ॥ म करिन् । मा करातु ॥ म कर् । मा कुरु ॥ म करिव् । मा कुरुत । साधनं सुगमम् ॥ अत्रैव किम् । करान् छुन । न करोति ॥ करुन् न । नाकरोत् ॥ कंरिजि न । न कुर्यात् ॥ कंरिज्यन् न । तं न कुर्यात् ॥ करि न । न करिष्यति ॥

॥ संबुद्धिगौणप्रत्यया मात्परा अपि ॥२०॥

लिङ्गप्रकरणोक्तोत्तमादिसंबोधनप्रत्यया गौणविधिप्रत्ययाश्च मकारात्पराः प्रयोज्याः । अपिशब्दात् गौणप्रत्ययः पूर्ववदप्यत्रापि प्रयोज्यः । अत एव निर्देशान्मकारात्परा अपि प्रयोज्याः ॥ मा कर् । मा कुरु ॥ मवा कर् । मा कुरु ॥ मसा कर् । मा कुरु ॥ एवं स्त्रीसंबोधनप्रत्ययाश्च ॥ मत करितन् । मा करोतु नाम ॥ मत कर्त । मा कुरु नाम ॥ मत करितव् । मा कुरुत नाम ॥ मत वा कर्त । मा कुरु नाम ॥ मतसा कर्त । मा कुरु नाम ॥ मता कर्त । मा कुरु नाम । इत्यादयः ॥

॥ विधितदतिपत्तिभेदाद्दूरविधिर्द्विविधः ॥ २१ ॥

एक आगामिकाले कर्मप्रेरणम् अपरस्तस्य कर्मणः अनिष्पत्तिकथनमिति दूरविधिर्द्विधा भवति ॥

॥ दूरविधौ ज़िप्रत्ययः सर्वेषु ॥ २२ ॥

सर्वेषु वचनेषु ज़ि प्रत्यय एक एव ज्ञेयः स च तच्छब्दादिकर्तृप्रयोगेण भिद्यते ॥

॥ तदतिपत्तौ हेपरः ॥ २३ ॥

हेशब्दः परो यस्मादेवंविधो ज़ि प्रत्ययस्तदतिपत्तौ प्रत्ययो भवेत् । त्वरादीनां तु युष्मदि हेपर इतिं किंचाक्षेपादतीतकालो ऽपि भवतीतिं बोध्यम् ॥

॥ व्यञ्जनान्तादिचागमो ज़ौ ॥ २४ ॥

व्यञ्जनान्ताद्धातोर्ज़ि प्रत्यये परे इच् आगमो भवति चकार उच्चारणार्थः ॥ करिज़ि । कुर्यात् ॥ कर करणे दूरविधौ ज़ि प्रत्ययः (सू० २२) । अनेन इच्

चकारलोपः अयमेव प्रयोगः सर्वेषु वचनेषु विज्ञेयः॥ सुह् कंरिजि। सः कुर्यात्॥ तिम् कंरिजि। ते कुर्युः॥ चूह् कंरिजि। त्वं कुर्याः॥ त्वंहि कंरिजि। यूयं कुर्यात॥ व्यञ्जनान्तादिकम्। दिजि। दद्यात्॥ खयजि। खादेत्॥ तदतिपत्तिप्रयोगाश्च यथा। कंरिजिहे॥ कुर्वीत नाम॥

॥ नासमोर्लोपो जेः ॥ २५ ॥

अस् अम् इत्येतयोः प्रत्यययोः स्वरादल्लोप (सू० ८।१।१९) इति प्राप्तो लोपो जिप्रत्ययात् न भवति॥ कंरिज्यम्। मे कुर्याः॥ कंरिज्यस्। तस्य कुर्याः॥ असमोः किम्। कंरिजिय्। ते कुर्यात्॥ जेः किम्। कंरिजिंहेस्। तस्य कुर्वीत नाम॥ अत्र अस् प्रत्ययस्य स्वरादल्लोप (सू० ८।१।१९) इत्यकारलोपः॥

॥ आशिषि यन् यन् यख् द्दव् प्रत्ययाः ॥२६॥

स्पष्टम्। तत्रास्या विभक्तेर्लोके ऽत्यल्पप्रसिद्धतया तत्स्वरूपसाधनसूत्राणि नाभिहितानि। परंतु पूर्णभूते ये ये आदेशा वक्ष्यन्ते ते ऽत्रापि धीमद्भिरवधार्याः। येषां च धातूनां क्रिया लोके प्रचारितास्ति ते उदाहृतिद्वारा व्यक्तीक्रियन्ते॥ कर्यन्। क्रियात्॥ लश्यन्। जीव्यात्॥ रङ्यन्। पच्यात्॥ जेङ्यन्। जीयात्॥ आश्यन्। भूयात्॥ अत्रैव सकारान्तस्य शकारो दृश्यते॥ नान्तानां तु पूर्णभूतप्रक्रियया (८।३।७३। सूत्रेण) नकारस्य ञकारः॥ लश्यनय्। ते जीव्यात्॥ पोष्यनय्। ते पर्याप्यात्॥ लस सम्यग्जीवने। पोष पर्याप्ततायाम् शेषं पूर्ववत्॥ एवं। द्वय्यन्। भूयात्॥ म द्वय्यन्। मा भूयात्॥

॥ छावो यखि यो वा ॥ २७ ॥

छाव उपभोगे। इत्यस्य यख् प्रत्यये परे वकारस्य यकारो भवति वा विकल्पेन॥ छाय्यख्। निर्विश्याः॥ पक्षे। छाव्यख्। निर्विश्याः॥

॥ भविष्यन्ती इ अन् अख् इव् अ अव् प्रत्ययाः ॥ २८ ॥

सुगमम् ॥ करि । करिष्यति ॥ करन् । करिष्यन्ति ॥ करख् । करिष्यसि ॥ करिव् । करिष्यथ ॥ कर । करिष्यामि ॥ करव् । करिष्यामः ॥

॥ स्वरान्तानामुत्तमे मागमः ॥ २९ ॥

स्वरान्तानां धातूनामुत्तमपुरुषे मकारागमो भवति ॥ दिम । दास्यामि ॥ दिमव् । दास्यामः ॥ दि दाने उत्तमपुरुषैकत्वानेकत्वयोः अ अव् प्रत्ययौ अनेन मागमः ॥ उत्तमे किम् । दियि । दास्यति ॥ दिन् । दास्यन्ति ॥ दिख् । दास्यसि ॥ दियिव् । दास्यथ ॥ दि दाने । इ अन् अख् इव् प्रत्ययाः । स्वरान्ताद्यागम इकारे (सू० १०) इत्यनेन इकारागमः । अपरत्र स्वरादल्लोपः (सू० ८।१।३९) इत्यकारलोपः ॥ तच्छब्दादिसंबन्धप्रयोगाश्च यथा ॥ कर्यस् । तस्य करिष्यति [। अस्यां विभक्तौ प्रथमपुरुषकर्तृसंबन्धार्थे स्वरादल्लोप- (सू० ८।१।३९) कार्यमनित्यं ज्ञेयम्] ॥ करनस् । करिष्यन्ति तस्य ॥ करहन् । करिष्यसि तम् ॥ करहस् । करिष्यसि तस्य ॥ कर्यूस् । करिष्यथ तस्य ॥ करस् । करिष्यामि तस्य ॥ करन् । करिष्यामि तम् ॥ करोस् । करिष्याम- स्तस्य ॥ करोन् । करिष्यामस्तम् । पूर्वं साधितानि ॥ ज्वरादीनां तु विधिवद- त्रापि विधिर्ज्ञेयः ॥

॥ अपराः प्रत्ययाः संप्रश्ने ॥ ३० ॥

ते भविष्यन्तीप्रत्यया अपरा अकारः परो येभ्यस्तथा संप्रश्ने प्रत्ययाः स्युः ॥

॥ प्रथमोत्तमैकत्वे दीर्घः ॥ ३१ ॥

तस्य अकारस्य प्रथमैकवचने उत्तमैकवचने च दीर्घो भवति ॥ ते प्रत्ययाश्च यथा । या अन अख इव आ अव भवन्ति । उदाहरणानि । कर्या । किं कुर्यात् ॥ करन । किं कुर्युः ॥ करख । किं कुर्याः ॥ करिव । किं कुर्यात ॥ करा । किं कुर्याम् ॥ करव । किं कुर्याम ॥ साधितचराण्येव ॥

॥ क्रियातिपत्तिः इहे अहान् अहाख् इहीव् अहा अहाव् प्रत्ययाः ॥ ३२ ॥

स्पष्टम् ॥ करिहे । अकरिष्यत् ॥ करहान् । अकरिष्यन् ॥ करहाख् । अकरिष्यः ॥ करिहीव् । अकरिष्यत ॥ करहा । अकरिष्यम् ॥ करहाव् । अकरिष्याम ॥ स्वरान्तधातूनां यथा ॥ च्ययिहे । अपास्यत् ॥ च्यहान् । अपास्यन् ॥ च्यहाख् । अपास्यः ॥ च्ययिहीव् । अपास्यत ॥ च्यमहा । अपास्यम् ॥ च्यमहाव् । अपास्याम ॥ चि पाने स्वरान्ताद्यागम इकारे (सू० १०) इति यकारागमः । सर्वत्राकारागमो निदायिवर्जितात् (सू० ११) इति धातोरकारागमः । स्वरादल्लोप (सू० ८।१।३९) इत्यकारस्य लोपः । स्वरान्तानामुत्तमे मागम (सू० २९) इति मकारागमः । सर्वत्र यत्वम् ॥

॥ कौतुके सर्वे प्रत्यया हय्पराः ॥ ३३ ॥

कौतुकेन क्रियातिपत्तावभिहितायां सत्यां सर्वे प्रोक्तप्रत्ययास्तच्छब्दादिसंबन्धप्रत्ययाश्च हय्परा हय्शब्दः परो येभ्यस्तथा प्रयोज्याः ॥ करिहे हय् ।

[३२ । अहान् अहाख् अहा अहाव् इत्येषु प्रत्ययेषु हा इत्याश्रित आकारो ऽप्रसिद्ध इवोच्चार्यते ।]

चेदकरिष्यत् ॥ करहान् हय् । चेदकरिष्यन् ॥ करिहेस् हय् । चेत्त्वमकरिष्यः ॥ करहानस् हय् । चेद्यूयमकरिष्यत ॥

॥ आक्षेपे ऽपि नय्पराः ॥ ३४ ॥

आक्षेपेण क्रियातिपत्तावभिहितायां सत्यां ते प्रत्यया नय्परा भवन्ति । अपिशब्दाद्धेतुमद्भावे ऽपि ॥ करिहे नय् । चेन्नाकरिष्यत् । वा । खलु नाकरिष्यत् ॥ करहान् नय् । चेन्नाकरिष्यन् ॥

॥ कर्तुः परौ वा ॥ ३५ ॥

स हय् प्रत्ययः नय् प्रत्ययश्च कर्तुः परौ वा भवतः ॥ सुहय् करिहे । स चेदकरिष्यत् ॥ तिम् हय् करहान् । ते चेदकरिष्यन् ॥ सुनय् करिहे । स चेन्न कुर्यात् ॥ तिम् नय् करहान् । ते चेन्न कुर्युः ॥ सुय् करिहे । इति निश्चयप्रत्ययेन स्वरूपं विवेच्यम् ॥ अत्र प्रत्ययेषु हलोपः सर्वत्र (सू० ४।१३१) इति सुह् शब्द-हकारस्य लोपः । शेषं साधनं पूर्ववत् । चरादीनां तु प्रोक्तवद्बोध्यम् ॥

इति शारदाक्षेत्रभाषाव्याकरणे कश्मीरशब्दामृते आख्यात-प्रक्रियायां भविष्यत्पादो द्वितीयः ॥८।२॥

॥ अथाख्यातप्रक्रियायाम् ॥ ८ ॥

॥ भूतपादः ॥ ३ ॥

॥ समापितक्रियाकालो भूतकालः ॥ १ ॥

स्पष्टम् ॥

॥ भूतसामान्यपूर्णापूर्णभेदाच्चतुर्विधः ॥ २ ॥

सो ऽतीतकालः भूतसामान्यभूतपूर्णभूतअपूर्णभूतभेदैश्चतुष्प्रकारो विज्ञेयः ॥

॥ भावकर्मिणां भूते उन् उख् उथ् उव उम् उ प्रत्ययाः ॥ ३ ॥

भावधातूनां येषां धातुपाठे अतीतप्रयोगा भावे पठिताः । भावप्रयोगस्तु यत्र तृतीया कर्तृस्थाने स्यात् । कर्मिणां धातूनां च येषां धातुपाठे अतीतकालप्रयोगाः कर्मणि अभिहिताः । कर्मप्रयोगस्तु यत्र तृतीया कर्तृस्थाने प्रथमा कर्मस्थाने स्यात् । तेषामुभयेषां धातूनां भूते उन् आदिप्रत्यया बोध्याः । अत्र शब्दशास्त्रे भावकर्मिणां धातूनामतीतकाले कर्तृप्रयोगाभावः । अकर्मकाणां तु कर्मप्रत्ययाभावः । कर्तृप्रयोगस्तु यत्र प्रथमा कर्तृस्थाने स्यादिति ॥ भावे यथा ।

अंसुन्। अहस्यत ॥ नंचुन्। अनृत्यत ॥ व्रंसुन्। व्यहस्यत ॥ अस हसने। नच्च नर्तने। व्रस अतिहासे। अनेन उन् ॥ कर्मणि यथा। कंरुन्। तेन तया वा कृतम् ॥ कंरुख्। तैस्ताभिर्वा कृतम् ॥ कंरुथ्। त्वया कृतम् ॥ कंरुव। युष्माभिः कृतम् ॥ कंरुम्। मया कृतम् ॥ कंरु। अस्माभिः कृतम् ॥ कर करणे अनेन उन् आदिप्रत्ययाः ॥

॥ कर्मणि पुंबहुत्वे इदाद्यस्वरस्य ॥ ४ ॥

कर्मिणां धातूनां पुंलिङ्गस्य बहुवचने कर्मणि सति सर्वेषां प्रत्ययानामादिस्वरस्य इकारो भवति ॥ लीखिन्। तेन अलिख्यन्त ॥ लीखिख्। तैर्लिखिताः पुं० ॥ लीखिथ्। त्वया लिखिताः पुं० ॥ लीखिव। युष्माभिर्लिखिताः ॥ लीखिम्। मया लिखिताः पुं० ॥ लीखि। अस्माभिर्लिखिताः ॥ लेख लेखने भावकर्मिणां भूत (सू० ३) इति उन्.आदिप्रत्ययाः। अनेनादिस्वरस्य इकारः। पुंस्येकारस्य यूदीतौ (सू० २१) इत्यनेन सूत्रेण एकारस्य ईकारः ॥

॥ स्त्रियां यत् ॥ ५ ॥

सकर्मकाणां धातूनां स्त्रीलिङ्गस्य बहुत्वे कर्मणि सति प्रत्ययादिस्वरस्य यकारो भवति ॥ कर्यन्। तेन ताः कृताः ॥ कर्यख्। तैस्ताः कृताः ॥ लेछ्यन्। तेन ता लिखिताः ॥ रछ्यन्। तेन ता रक्षिताः ॥ कर करणे। लेख लेखने। रछ रक्षायाम्। उन् उख् प्रत्ययौ। अनेन उकारस्य यत्वम्। स्त्रियामीदेतौ सर्वत्र (सू० २३) इति उपधाया एकारः। कवर्गस्यैकत्वे ऽपि (सू० ७१) इत्यनेन लेखः खकारस्य छकारः ॥

॥ इकारान्तादेकत्वे ऽपि ॥ ६ ॥

इकारान्ताद्धातोरेकत्वे कर्मणि च प्रत्ययादिस्वरस्य यकारो भवति ॥

ख्ययन् ॥ तेन सा भुक्ता ॥ च्ययन्। तेन सा पीता ॥ नियन्। तेन सा नीता ॥ खि खादने। चि पाने। नि हरणे। उन् प्रत्ययः अनेनोकारस्य यत्वम्। सर्वत्राकारागमो निदियिवर्जितात् (सू० ८।२।११) इति सूत्रेण प्रथमयोः अकारागमः ॥

॥ हिद्योरत् ॥ ७ ॥

हि ग्रहणक्रीणनधारणेषु। दि दाने। इत्यनयोः स्त्रीबहुत्वे कर्मणि सति आदिस्वरस्य अकारो भवति। चानुकृष्टं नानुवर्तत इति एकत्वे कर्मणि न ज्ञेयः॥ हात्तन्। तेन ता धृताः ॥ दित्तन्। तेन ता दत्ताः ॥ उन् प्रत्ययः प्रथमस्य सर्वत्राकारागमो निदियिवर्जितात् (सू० ८।२।११) इत्यकारागमः। हिद्योस्तकारागम (सू० ३२) इति तकारागमः। अनेन प्रत्ययादिस्वरस्य अकारः। तवर्गस्याप्रसिद्ध (सू० ७२) इत्यप्रसिद्धत्तकारादेशः। हिद्योः किम्। ख्ययन्। सा भुक्ता ॥ च्ययन्। सा पीता। नियन्। सा नीता ॥ पूर्वं साधितान्येव ॥

॥ एकत्वे ऊमात्रादेशः ॥ ८ ॥

सकर्मकाणां धातूनां स्त्रीलिङ्गस्यैकत्वे कर्मणि सति प्रत्ययादिस्वरस्य ऊमात्रादेशो भवति ऊमात्रान्तत्वे सिद्धे पूर्वोक्तलिङ्गप्रकरणपरिभाषया * पूर्ववर्णस्वरस्याप्रसिद्धतावधार्या ॥ कॅरून्। सा कृता ॥ मारूथ्। त्वया सा हता ॥ खारूम्। मया सारोहिता ॥ कर करणे। मार मारणे। खार आरोहणे। उन् उथ् उम् प्रत्ययाः। अनेनादिस्वरस्य ऊमात्रादेशः ॥

॥ चुवमोरवयोर्नित्यम् ॥ ९ ॥

चुव कलहे। मोरव पीडासहने। इत्यनयोरेकत्वे कर्मणि नित्यं प्रत्ययादिस्वरस्य

[* ऊदन्तत्वे सिद्धे पूर्वस्वरस्याख्याततता ज्ञेयेति २।१।७ सूत्रे द्रष्टव्यम्।]

ऊमात्रादेशः स्यात् । तयोः पुंलिङ्गकर्माभावत्वाश्रित्यपदग्रहणम् ॥ चुवून् । तेन युद्धम् ॥ मोरंवून् । सोढा ॥ एकत्वे किम् । चुव्यन् । युद्धाः ॥ मोरव्यन् । सोढाः ॥ भावकर्मिणाम् (सू० ३) इति उन् । स्त्रियां यत् (सू० ५) इति उकारस्य यकारः ॥

॥ पुंकर्तृप्रत्ययोकारस्य स्त्रियां च ॥ १० ॥

पुंलिङ्गस्य यः कर्तृप्रत्ययसंबन्धी उकारस्तस्य स्त्रीलिङ्गविषये ऊमात्रादेशः स्यात् ॥ वोतु । प्राप्तः ॥ वाचू । प्राप्ता ॥

॥ इकारस्य यत् ॥ ११ ॥

पुंलिङ्गस्य यः कर्तृसंबन्धी इकारस्तस्य यकारो भवति स्त्रीलिङ्गविषये ॥ थकि । श्रान्तास्ते ॥ थच्य । श्रान्तास्ताः ॥

॥ अप्रसिद्धच्वर्गादकारः ॥ १२ ॥

अप्रसिद्धच्वर्गात्परस्य स्त्रीलिङ्गकर्तृसंबन्धिनो यकारस्य अकारो भवति ॥ वाच्र । प्राप्तास्ताः ॥ खछ् * । आरूढास्ताः ॥ दज । दग्धास्ताः ॥

॥ सकाराच्च ॥ १३ ॥

सकारात्परस्य प्रत्ययकारस्य अकारो भवति ॥ आस । आसन् ताः ॥ बस । निवसितास्ताः ॥ छोस । श्रान्तास्ताः ॥ पक्षे । छोछ् ॥

[* खछ् इति छकारस्थाने खच् इति चकारेणोच्चार्यते ।]

॥ सामान्यभूते ओन् ओख् ओथ् ओव ओम् ओव् प्रत्ययाः पुंसि ॥ १४ ॥

भावकर्मिणां धातूनां सामान्यभूते ओन् आदिप्रत्ययाः पुंलिङ्गैकत्वे कर्मणि बोध्याः ॥ कर्योन्। तेनाकारि ॥ कर्योख्। तैरकारि ॥ कर्योथ्। त्वयाकारि ॥ कर्योव। युष्माभिरकारि ॥ कर्योम्। मयाकारि ॥ कर्योव्। अस्माभिरकारि ॥ कर करणे सामान्यभूते आन् आदिप्रत्ययाः। यागमः सर्वेषु सामान्यपूर्णेषु च (सू० ४६) इति यकारागमः ॥

॥ बहुत्वे एकारः ॥ १५ ॥

पुंलिङ्गस्य बहुत्वे कर्मणि सति प्रत्ययादिस्वरस्य एकारो भवति ॥ कर्येन्। तेनाकृपत ॥ कर्येख्। तैरकृपत ॥ कर्येथ्। त्वयाकृपत ॥ कर्येव। युष्माभिरकृपत ॥ कर्येम्। मयाकृपत ॥ कर्येव्। अस्माभिरकृपत ॥ साधनं पूर्ववत्। अनेन प्रत्ययौकारस्य एकारः ॥

॥ स्त्रियामेयादेशः सर्वत्र ॥ १६ ॥

सर्वत्र सामान्यपूर्णभूते एकत्वबहुत्वयोः कर्मणि च प्रत्ययादिस्वरस्य एय आदेशो भवति स्त्रीलिङ्गे एव ॥ कर्येयन्। तेन साकारि ॥ कर्येयन्। तेन ता अकृपत ॥ कर्येयख्। तैः साकारि ॥ कर्येयख्। तैस्ता अकृपत ॥ कर करणे। ओन् ओख् प्रत्ययौ। अनेन ओकारस्य एयादेशः। यागमः सर्वेषु सामान्यपूर्णेषु च (सू० ४६) इति यागमः ॥

॥ अप्रसिद्धचवर्गादाय: ॥ १७ ॥

स्त्रीलिङ्गस्य सर्वत्र सामान्यपूर्णभूते एकत्वबहुत्वयोः कर्मणि च अप्रसिद्ध-

अवर्गात्परस्य प्रत्ययादिस्वरस्य आ॑य आदेशो भवति ॥ ब्रन्ना॑यन्। सा प्रत्यग्राहि तेन ॥ दिन्ना॑यन्। सा तेनादायि ॥ हियोस्तकारागमः (सू० ३२) हेरकारागमः (८।२।११ सूत्रेण) तवर्गस्याप्रसिद्ध (सू० ७२) इति न्नत्वम्। अनेन आ॑यादेशः। मन्ना॑यम्। अस्य नित्यं संबन्धप्रत्ययत्वात् तस्यैवादिस्वरस्य आ॑यादेशः ॥ तत्रालुप्तयकारेभ्यः कर्तृधातुभ्य (४९ सूत्रस्थेभ्यः) आ॑यादेशो विकल्पेन विज्ञातव्यः ॥ श्रोन्ना॑य। वा। श्रोन्नेय। शुद्धीबभूव सा ॥ तेजा॑य। वा। तेजेय। तीक्ष्णीबभूव सा ॥ बावजा॑य। वा। बावजेय [। रुरुचे सा]। इत्यादि ॥ खोन्ना॑य। बिभाय सा ॥ पन्ना॑य। प्रतीयाय ॥ रोन्ना॑य। रुरुचे सा ॥ वुछा॑य। उत्तस्थौ सा ॥ वछा॑य। अवरुरोह सा ॥ खछा॑य। आरुरोह सा ॥ दजा॑य। देहे सा ॥ रोजा॑य। तस्थौ सा ॥ बुजा॑यन्। बभ्रज्ज ताम् ॥ खोन्न भये। पन्न ऋणादिविश्वासे। रोन्न रोचने। वुथ उत्थाने। वस अवरोहणे। खस आरोहे। दज्ज भस्मीभवने। रोज स्थितौ। बुज भर्जने। ओवाबादयः सामान्यपूर्णयोः (सू० ७८) इत्युक्त्या स्त्रियाम् एय प्रत्ययः। तस्य एकारस्य अनेन आ॑यादेशः। खस वसोस्थः सर्वत्र (सू० ६६) इति सकारस्य थकारः। तवर्गस्याप्रसिद्ध (सू० ७२) इति थकारस्य छकारः। बुज भर्जने इत्यस्य उन् प्रत्ययः। शेषं पूर्ववत् ॥

॥ एयश्च पुंसि ॥ १८ ॥

अप्रसिद्धत्तवर्गात्परस्य एय् प्रत्ययस्य पुंलिङ्गविषये आ॑य आदेशो भवति। यकारो ऽस्वरः ॥ लछा॑य्। जिजीवुः ॥ खछा॑य्। आरुरुहुः ॥ लस सम्यग्जीवने। खस आरोहे। पुंकर्तरि (सू० ३९) इति एय् प्रत्ययः। लसश्च (सू० २९,११,६७,७२) इति। खसवसोस्थ (६६) इति सकारस्य थकारे कृते अनेन एय प्रत्ययस्य आ॑य् आदेशः। एयः किम्। लछाय्। जिजीवुः ॥ सामन्यपूर्णयोः आय् (सू० ४०)। शेषमुक्तवत् ॥

॥ इदुदूद्युतानां पूर्ववर्णस्वराप्रसिद्धता ॥ १९ ॥

इकारतन्मात्रायुतानामुकारतन्मात्रायुतानामूकारतन्मात्रायुतानां च वर्णानां तत्पूर्ववर्णसंबन्धिनः स्वरस्य अप्रसिद्धता अवधार्या सा चावर्णस्यैव ॥ वांति । प्राप्तः ॥ तारिन् । तारिताः ॥ पंकु । गतः ॥ वांचू । प्राप्ता ॥ मारून् । हता ॥ वात प्रापणे । अकर्मिणां भूते कर्तरि एय् (३९ सूत्रेण) । वातस्तात् (सू० ८६) इत्यनेन छिह् आदेशः छकारहकारयोर्लोपः । तार तारणे उन् प्रत्ययः । कर्मणि पुंब-हुत्वे इदाद्यस्वरस्य (सू० ४) इत्युकारस्य इकारः । पक गतौ । थकपकोरौवादीनां पुंवर्तमानादेशाच्छहोर्लोपश्च भूते (सू० ७७) इत्यनेन छुह् आदेशः छकारहका-रयोर्लोपः । वात प्रापणे ओव् प्रत्ययः । वातस्तात् (सू० ८६) इति छुह् आदेश-छहोर्लोपौ । पुंकर्तृप्रत्ययोकारस्य स्त्रियां च (सू० १०) इत्युकारस्य ऊमात्रादेशः । तवर्गस्याप्रसिद्ध (सू० ७२) इति चत्वम् । अनेन पूर्ववर्णस्वरस्याप्रसिद्धता । मार मारणे उन् प्रत्ययः । एकत्वे ऊमात्रादेशः (सू० ७) । अनेनोपधाया अप्रसिद्धता ॥

॥ उद्युतस्योपधाया आत ओत्वम् ॥ २० ॥

उकारयुतस्य वर्णस्य य उपधाभूत आकारस्तस्य ओत्वं भवति ॥ तोरुन् । तारितः ॥ वोतु । प्राप्तः ॥ तार तारणे उन् । व्यञ्जनं परेण संधेयम् (सू० १।३) रुकारस्य उपधाया आकारस्य ओकारः । वात प्रापणे । अकर्मिणामिति (३९ सूत्रेण) ओव् । वातस्तात् (सू० ८६) इति छुह् आदेशः छहोर्लोपश्च । तकारस्य उकारान्तत्वे सिद्धे अनेन उपधाकारस्य ओकारः॥ ओसु । आसीत्॥ आस सत्तायाम् उक्तवत् छुह् आदेशः । अनेन उपधाकारस्य ओकारः । उद्यु-तस्य किम् । तारिन् । तारितास्ते ॥ पूर्वं साधितम् ॥

॥ पुंस्येकारस्य यूदीतौ कर्मैकत्वानेकत्वे ॥ २१ ॥

पुंलिङ्गस्य एकत्वबहुत्वे कर्मणि सति उपधाभूतस्य एकारस्य क्रमेण यूदीतौ

भवतः भूतविषये। एकत्वे यूकारः बहुत्वे ईकारः॥ ल्यूखुन्। लिखितम्। लीखिन्। लिखिताः॥ पूर्वं साधितम्। च्यूटुन्। कुट्टितः॥ चीटिन्। कुट्टिताः॥ च्रेट कुट्टने उन्। कर्मणि पुंबहुत्वे (सू० ४) इत्यादिना उकारस्यैकारः। अनेन क्रमादुपधाया यूकार ईकारौ॥

॥ फेरब्यहमेलां च ॥ २२ ॥

एते धातवः कर्तर्येव नित्यं भवन्ति। एषां धातूनामुपधाया यूकार-ईकारौ भवतः। भूतविषये॥ फ्यूरु। परिवर्तितः॥ फीरि। परिवर्तिताः॥ ब्यूठु। आसितः॥ बीठि। आसिताः॥ म्यूलु। संगतः॥ मीलि। संगताः॥ फेर भ्रमणविक्लीभवन-पश्चात्तापवैलोम्येषु। ब्यह उपवेशने। मेल संगमे। पुंकर्तरि (सू० ३९) इति ओव् एय् प्रत्ययौ। खरतरफरफेरमरमोरां रात् (सू० ९१) इति। ब्यहो हात् (सू० ९७) इति। गलचलडलडोलफलफुलमेलां लात् (सू० ९३) इति सूत्रैः छुह् छिह् आदेशौ छहांर्लोपश्च। ब्यहः डेपब्यहरोपमपां ठ (सू० ६२) इति हस्य ठः। अनेन सर्वत्र क्रमात् यूदीतौ। प्रोक्तानां धातूनां किम्। मठ्यौव्। मधुरीबभूव॥ पेड्यौव्। मसृतीभूव॥ ब्रेठ्यौव्। मूर्खीबभूव॥ मेठ मधुरीभवने। पेड निर्यासे। ब्रेठ मूर्खीभवने। पुंकर्तरि (सू० ३९) इति औव्। यागमः सर्वेषु सामान्यपूर्णेषु च (सू० ४६) इति यकारागमः॥

॥ स्त्रियामीदेतौ सर्वत्र ॥ २३ ॥

सर्वत्र एकत्वबहुत्वे कर्मणि कर्तरि च स्त्रीलिङ्गविषये उपधायाः क्रमात् ईकार-एकारौ भवतः। एकत्वे ईकारः बहुत्वे एकारः भूतविषये॥ चीटून्। कुट्टिता॥ चेच्यन्। कुट्टिताः॥ च्रेट कुट्टने उन्। एकत्वे ऊमात्रादेशः (सू० ८)। अपरत्र। स्त्रियां यत् (सू० ९) इति उकारस्य यकारः। स्त्रियां भूतानेकत्वकर्मणि च (७० सूत्रेण) इति टकारस्य चकारः। अनेन क्रमादीदेतौ॥ फीरू। भ्रान्ता सा॥ फेर्य। भ्रान्ताः॥ बीठू। निविष्टा॥ बेछ्य। निविष्टाः॥

मीजू । मिलिता ॥ मेज्य । मिलिताः ॥ फेर भ्रमणे । व्यह उपवेशने । मेळ संगमे । पुंकर्तरि (सू० १९) इति ओव् एय् । पूर्ववत् छुह् छिह् आदेशः छहोर्लोपः । पुंकर्तृप्रत्ययोकारस्य स्त्रियां च (सू० १०) इति एकत्र ऊमात्रादेशः । अपरत्र इकारस्य यत् (सू० ११) इति यः । व्यहः डेपब्यहरोपमपां ठ (सू० ६२) इति हस्य ठः । सादेशकर्तृभूतानेकत्वे च (सू० ७०) इति ठकारस्य छकारः । लान्तस्य ज (७४) इति लकारस्य जकारः । अनेन सर्वत्र ऊपादीकार-एकारौ ॥

॥ ओकारस्योकारः सादेशपुंकर्तरि च ॥ २४ ॥

सर्वस्मिन्नेकत्वबहुत्वे पुंकर्मणि प्रत्ययादेशयुते सर्वस्मिन्पुंकर्तरि च उपधाभूतस्य ओकारस्य ऊकारो भवति भूतविषयं ॥ बूज़ुन् । श्रुतः ॥ बूज़िन् । श्रुताः ॥ बूलुन् । भाषितम् ॥ बूलिन् । भाषिताः ॥ बोज़ निशामने । बोळ पक्षिशब्दे च । उन बहुत्वे उकारस्य इत् (४ सूत्रेण) अनेनोपधाया ऊत्वम् ॥ कर्तरि यथा । रूठु । रुष्टः ॥ रूठ्‌ि । रुष्टाः ॥ रोष रुष्टौ । पुंकर्तरि (सू० १९) इति ओव् एय् । द्वपपोपमपरोषां षात् (सू० ९५) इति छुह् छिह् आदेशौ छहोर्लोपश्च । डेपब्यहरोपमषां ठ (सू० ६२) इति षस्य ठत्वम् । अनेन उपधाया ऊकारः । सादेशकर्तरि किम । पोठ्यौव् । पुष्टं तेन ॥ पोयौंव् । पर्याप्तम् ॥ पोठ स्थूलीभवने । पोर पर्याप्त्यनार्द्रत्वयोः पुंकर्तरि (सू० १९) इति औव् । यागमः (सू० ४६) ॥

॥ स्त्रियामूदोतौ ॥ २५ ॥

सर्वस्मिन्नेकत्वबहुत्वे कर्मणि प्रत्ययादेशयुते एकत्वबहुत्वे स्त्रीकर्तरि च उपधाभूतस्य ओकारस्य ऊकार-ओकारौ भवतः भूतविषये ॥ बूज़ून् । श्रुता तेन ॥ बोजन् । श्रुतास्तेन ॥ कर्तरि यथा । रूठू । रुष्टा सा ॥ रोछ्य । रुष्टास्ताः ॥ एवमन्येषां बोध्यम् ॥

॥ मरश्च पुंसि ॥ २६ ॥

मर मरणे इत्यस्य धातोः सर्वस्मिन्कर्तरि पुंलिङ्गविषये उपधाया ऊत्वं भवति भूतविषये ॥ मूदु । मृतः ॥ मूदि । मृताः ॥ मर मरणे। पुकर्तरि (सू० ३९) इति ओव् एय्। खरतर (सू० ९१) इत्यादिना छुह् छिह् आदेशछहोर्लोपौ। मरश्च मरणे (सू० ६५) इति रस्य दत्वम्। अनेन उपधाया ऊत्वम् ॥

॥ लसश्च ॥ २७ ॥

लस सम्यग्जीवने इत्यस्य पुंलिङ्गे उपधाया ऊकारो भवति। तत्रैकत्वे ख्यातो बहुत्वे अप्रसिद्ध इति ज्ञेयम् ॥ लूस्तु । जीवितः ॥ लूंस्ति । जीविताः ॥ लूस्तुख्। जीवितस्त्वम् ॥ लूंस्तिव । जीविता यूयम् ॥ लूस्तुस्। जीवितो ऽहम् ॥ लूंस्ति । जीविता वयम् ॥ लस सम्यग्जीवने । पुंकर्तरि (सू० ३९) इति ओव् एय् ओख् एव ओसं एय् प्रत्ययाः। आसखसफस (सू० ९६) इत्यादिना छुह् छिह् छुख् छिव छुस् छिह् क्रमादादेशाः छहोर्लोपश्च। लसश्च पुंभूते (सू० ३३) इति तकारागमः । अनेन उपधाया ऊत्वम् ॥

॥ स्त्रियामेकत्वानेकत्वे ऊदातावप्रसिद्धौ ॥ २८ ॥

लस सम्यग्जीवने इत्यस्य स्त्रीलिङ्गस्य एकवचनबहुवचनयोः क्रमात् उपधाया अप्रसिद्धौ ऊकार-आकारौ भवतः ॥ [अत्रापि पूर्ववद्बहुत्वे एवाप्रसिद्धतास्तीत्यवधेयम् ॥] लूछ्र । जीविता ॥ लांछ्र । जीविताः ॥ लूछ्रख्। जीविता त्वम् ॥ लांछ्रव । जीविता यूयम् ॥ लूछ्रस्। जीविताहम् ॥ लांछ्र । वयं जीविताः ॥ लसधातोः ओव् आदयः प्रत्ययाः (३९ सूत्रेण) तेषां छुह् आदय आदेशाः छहोर्लोपश्च (९६ सूत्रेण)। पुंकर्तृप्रत्ययोकारस्य स्त्रियां च (सू० १०) इति उकारस्य ऊमात्रादेशः। इकारस्य यत् (सू० ११) इति यः। लसश्च स्त्रियाम् (सू० ६७) इति सकारस्य थकारः। तवर्गस्याप्रसिद्ध (सू० ७२) इति थकारस्य

छकारः । अप्रसिद्धचवर्गादकार (सू० १२) इति सूत्रेण प्रत्ययकारस्याकारः । अनेन उपधायाः क्रमात् अप्रसिद्धौ ऊकार-आंकारौ ॥

॥ सामान्यपूर्णयोरन्तिमः सर्वत्र ॥ २९ ॥

सर्वत्र पुंलिङ्गे स्त्रीलिङ्गे च एकत्वे बहुत्वे च सामान्यभूतपूर्णभूतयोर्विषये अन्तिमः अप्रसिद्धाकारादेश एव उपधाया भवति ॥ पुंलिङ्गे यथा । कांछ्रोव् । अजीवीत् ॥ कांछ्राय् । अजीविषुः ॥ कांछ्राव् । जिजीव ॥ कांछ्राय् । जिजीवुः ॥ स्त्रीलिङ्गे यथा । कांछ्राय । जिजीव सा ॥ कांछ्राय । जिजीवुः ॥ साधनं पूर्ववत् ॥

॥ मरो वकारः ॥ ३० ॥

मर मरणे इत्यस्य सर्वत्र पुंलिङ्गे स्त्रीलिङ्गे च एकत्वबहुत्वयोश्च सामान्यभूतपूर्णभूतयोर्विषये उपधाया वकारो भवति ॥ म्वयोव् । अमृत ॥ म्वयाव् । मम्रे ॥ म्वयेय् । अमृषन्त ॥ म्वयाय् । मम्रिरे ॥ स्त्रीलिङ्गे यथा । म्वयेय । अमृत सा ॥ म्वयाय । सा मम्रे ॥ मर मरणे । पुंकर्तरि (सू० ३९) इति ओव् आव् एय् आय् । यागमः सवर्षु सामान्यपूर्णेषु च (सू० ४६) इति यकारागमः । अनेनोपधाया वत्वम् । मरश्चापुंभूते (सू० ५९) इति रकारलोपः ॥

॥ स्त्रियां भूते ऽपि ॥ ३१ ॥

मर मरणे इत्यस्य स्त्रीलिङ्गविषये भूते ऽपि उपधाया वकारो भवति ॥ म्वय । मृता ॥ मरधातोः ओव् । तस्य छ्यह् आदेशः छहोर्लोपश्च । अनेनोपधाया वत्वम् । मरश्चापुंभूते (सू० ५९) इति रकारलोपः । स्त्रियां किम् । मूदु । मृतः ॥ पूर्वं साधितम् ॥

॥ ह्दियोस्तकारागमः ॥ ३२ ॥

हि ग्रहणक्षीणनधारणेषु । दि दाने । इत्यनयोर्भूतादिषु सर्वत्र तकारागमो भवति ॥ ह्यतुन् । प्रतिगृहीतः ॥ दितुन् । दत्तः ॥ ह्यत्रोन् । प्रत्यग्रहीत् ॥ दित्रोन । अदात् ॥ ह्यत्रान् । प्रतिजग्राह ॥ दित्रान् । ददौ ॥ भूते उन् (३ सूत्रेण) । सामान्यभूते ओन् (१४ सूत्रेण) । भूत विशेषे आन् (१५ सूत्रेण) । अनेन तकारागमः । हेरकारागमः (८।२।११ सूत्रेण) । तवर्गस्याप्रसिद्ध (सू० ७२) इति तकारस्य त्रत्वम् ।

॥ ऌसश्च पुंभूते ॥ ३३ ॥

ऌस सम्यग्जीवने इत्यस्य पुंलिङ्गविषयं भूते तकारागमो भवति ॥ ऌस्तु । जीवितः ॥ ऌस्ति । जीविताः ॥ साधितचरम् । पुंलिङ्गे किम् । ऌछु । जीविता सा ॥ भूते किम् । ऌछाव् । जिजीव ॥ पूर्वं साधितानि ॥

॥ नेरूदीतौ प्रत्ययोकारेकारयोः ॥ ३४ ॥

नि हरणे । अस्माद्धातोः प्रत्ययसंबन्धिनोरुकार-इकारयोः क्रमात् ऊकार-ईकारौ भवतः ॥ न्यून् । हृतः ॥ नीन् । हृताः ॥ नि धातोः उन् । कर्मणि पुम् (सू० ४) इत्यादिना अपरत्रोकारस्य इकारः । अनेन ऊकार-ईकारौ क्रमात् । पूर्वत्र यत्वम् । अपरत्र स्वरः सवर्णे दीर्घपरलोपौ (सू० १५) ॥

॥ पूर्णभूते आन् आख् आथ् आव आम् आव् प्रत्ययाः पुमेकत्वे ॥ ३५ ॥

भावकर्मिणां धातूनां पूर्णभूते पुंलिङ्गस्य एकत्वे कर्मणि सति आन् आदयः प्रत्ययाः स्युः ॥ बोज़ान् । तेन शुश्रुवे ॥ बोज़ाख् । तैः शुश्रुवे ॥ बोज़ाथ् ।

शुश्रुवे त्वया ॥ बोजाव । युष्माभिः शुश्रुवे ॥ बोजाम् । मया शुश्रुवे ॥ बोजाव् । अस्माभिः शुश्रुवे ॥ बोज निशामने । पूर्णभूते आन् आदयः प्रत्ययाः । यागमः सर्वेषु सामान्यपूर्णेषु च (सू० ४६) इति यकारागमः । तस्य अप्रसिद्धत्र्ववर्गाल्लोप (सू० ४७) इति लोपः ॥

॥ धातोरे बहुत्वे ॥ ३६ ॥

पूर्णभूते बहुत्वे कर्मणि सति धातोः पर एकारः प्रयोज्यः ॥ करेयेन् । तेन चक्रिरे ॥ करेयेख् । तैश्चक्रिरे ॥ करेयेथ् । त्वया चक्रिरे ॥ करेयेव । युष्माभिश्चक्रिरे ॥ करेयेम् । मया चक्रिरे ॥ करेयेय् । अस्माभिश्चक्रिरे ॥ कर करणे । पूर्णभूते आन् आदयः । बहुत्वे एकार (सू० १९) इत्याकारस्य एकारः । यकारागमः (४६ सूत्रेण) । अनेन धातोः पर एकारः ॥

॥ अप्रसिद्धत्र्ववर्गादा ॥ ३७ ॥

अप्रसिद्धत्र्ववर्गान्ताद्धातोरप्रसिद्ध आ प्रयोज्यः ॥ बोजायेन । तेन शुश्रुविरे ॥ प्रच्रायेन् । प्रतिजगृहिरे ॥ साधितचरम् ॥

॥ सामान्यवत्स्त्रीकर्मणि ॥ ३८ ॥

पूर्णभूते स्त्रीलिङ्गस्य एकत्वादिके कर्मणि सति सामान्यभूतवत्स्वरूपाणि भवन्ति । एकत्ववहुत्वयोरेकरूपाणीत्यवधार्यम् ॥ उदाहरणानि सामान्यभूते विशदीकृतानि ॥

॥ पुंकर्तरि ओव् एय् ओख् एव ओस् एय् भूतें प्रत्ययाः ॥ ३९ ॥

अतीतकाले कर्तरि नियतानां धातूनां पुंलिङ्गे कर्तरि सति भूते ओव्

आदयः प्रत्ययाः स्युः । ओव् प्रत्ययस्य क्वचित् औव् इति च व्यवह्रियत इति ज्ञेयम् ॥ वुफ्योव् । वा । वुफ्यौव् । उड्डीनः ॥ वुफ्येय् । उड्डीनाः ॥ ईर्योख् । उद्भ्रान्तस्त्वम् ॥ ईर्येव । यूयमुद्भ्रान्ताः ॥ ग्वब्योस् । गुर्वीभूतो ऽहम् ॥ प्रार्येय् । समीक्षिता वयम् ॥ वुफ विहायसा गतौ । ईर ऊर्ध्वभ्रमणे । ग्वब गौरवे । प्रार समीक्षणे । अनेन ओव् आदिप्रत्ययाः । यागमः (४६ सूत्रेण) ॥

॥ सामान्यपूर्णयोः आव् आय् आख् आव आस् आय् प्रत्ययाः ॥ ४० ॥

अतीतकाले कर्तृनियतानां धातूनां पुंलिङ्गे कर्तरि सति सामान्यपूर्णभूतयोर्विषये आव् आदयः प्रत्यया अवधार्याः ॥ सामान्ये यथा । वुफ्याव् । उड्डिड्ये ॥ वुफ्येय् । उड्डिड्यिरे । इत्यादीनि स्वरूपाणि । साधनं पूर्ववत् ॥ पूर्णभूते यथा । म्वकलियाव् । मुमुचे सः ॥ म्वकलियेय् । मुमुचिरे ते ॥ म्वकलियाख् । मुमुचिषे ॥ म्वकलियाव । मुमुचिध्वे ॥ म्वकलियास् । मुमुचे ऽहम् ॥ म्वकलियाय् । मुमुचिमहे ॥ म्वकल मुक्तौ । सामान्यपूर्णयोः आव् आदयः प्रत्ययाः । यागमः सर्वेषु सामान्यपूर्णेषु च (सू० ४६) इति यागमः । व्यञ्जनान्तानां पूर्णे यात्पूर्वं इजनादेशप्रत्ययानाम् (सू० ५०) इति इच् आगमः । चकारः स्वरार्थः ॥

॥ संबन्धिप्रत्ययेषु वयोर्लोपः ॥ ४१ ॥

सर्वत्र पुंलिङ्गकर्तृभूतसामान्यपूर्णभूतयोर्विषये संबन्धिप्रत्ययेषु परेषु प्रत्ययसंबन्धिनोर्वकारयकारयोर्लोपो भवति । स च सस्वरस्य न विज्ञेयः किंतु व्यञ्जनयोर्वयोरेव ॥ कुमल्योस् । कोमल्यभूत्तस्य ॥ कुमल्येस् । कोमल्यभूवंस्तस्य ॥ कुमल कोमलीभवने । पुंकर्तरि (सू० ३९) इति ओव्-एय् प्रत्ययौ । तच्छब्द (सू० ८ । १ । ३१) इत्यादिना अस् प्रत्ययः । यागमः । अनेन वयोर्लोपः ॥ आस् । तमागतः ॥ आस् । तमागताः ॥ आहम् । तमागतस्त्वम् ॥ आसस् । तमागतो ऽहम् ॥ आस् । तमागता वयम् ॥ व्यञ्जनान्तयोः किम् । कुमल्येवस् । कोमल्यभूत तस्य ॥ आवस् । तमागता यूयम् ॥

॥ तयोः पूर्वाकार ओदप्रसिद्धत्वे ॥ ४२ ॥

तयोर्वकारयकारयोः पूर्वो य आकारः स क्रमेण ओकारमप्रसिद्धतां चाप्नोति वकारात्पूर्व ओकारं यकारात्पूर्वः अप्रसिद्धतामिति [॥ अयं विधिस्त्वच्छन्द-संबन्धविहिताय् प्रत्ययसद्भाव एव बोध्यः] ॥ ओय् । आगतस्ते ॥ आय् ॥ आग-तास्ते ॥ द्रोय् निर्गतस्ते ॥ द्राय् । निर्गतास्ते ॥ च्चोय् । प्रविष्टस्ते ॥ च्चाय् । प्रविष्टास्ते ॥

॥ ओदतौ वस्त्वाप्रसिद्धत्वे ॥ ४३ ॥

तयोर्वकारयकारयोः पूर्वौ ओकार–अकारौ क्रमेण वकारमप्रसिद्धतां च प्राप्नुतः ॥ ग्वय् । गतस्ते ॥ गय् । गतास्ते ॥ प्य्वय् । पतितस्ते ॥ प्य्य् । पतितास्ते ॥

॥ स्त्रियाम् एय एय एयख् एव एयस् एय प्रत्ययाः ॥ ४४ ॥

स्त्रीलिङ्गे कर्तरि सति भूतादिषु प्रोक्ताः प्रत्यया विज्ञेयाः । तत्र सामान्यपूर्णयोरेकरूपत्वमिति च ध्येयम् ॥ भूते यथा । व्यठ्येय । स्थूलाभूत्सा ॥ ठार्येयख् । त्वं स्पृष्टा ॥ नव्येव । नव्या अभूत ॥ बड्येयस् । अवर्धि ॥ बाँबर्येय । चञ्चलीभूता वयम् ॥ व्यठ स्थूलीभवने । ठार स्पर्शानुगमनपेशलीकरणेषु । नव अतिशयीभवने नूतनतायां च । बड गतिवृद्ध्योः । बाँबर त्वरायाम् । अनेन एयादयः प्रत्ययाः । यागमः (सू० ४६) । ठारः स्पर्शानुगमनयोरेव कर्तृप्रत्ययत्वम् पेशलीकरणे तु कर्मप्रत्ययत्वमित्यनुसंधेयम् ॥ सामान्यपूर्णभूतयोर्यथा । व्यठियेय । स्थूलीबभूव ॥ ठारियेयख् । पस्पर्शिथ ॥ नवियेव । नूत्ना बभूव यूयम् ॥ बडियेयस् । वव्रधे ऽहम् ॥ बाँबरियेय । चञ्चलीबभूविम ॥ पूर्ववत् धातुप्रत्ययाः । यागमः (सू० ४६) । व्यञ्जनान्तानां पूर्णे यात्पूर्व इजनादेशप्रत्ययानाम् (सू० ५०) इति इच् आगमः । चकारः स्वरार्थः ॥

॥ त्यंबो नित्यम् ॥ ४५ ॥

त्यंब इच्चाश्चल्ये इत्यस्य नित्यं स्त्रीलिङ्गप्रत्यया भवन्ति ॥ त्यंब्येयस् । चश्चल्यभूत्तस्य ॥ त्यंबियेयस् । चञ्चलीबभूव तस्य ॥ साधनं सुगमम् ॥

॥ यागमः सर्वेषु सामान्यपूर्णेषु च ॥ ४६ ॥

सर्वेषु कर्तृकर्मधातूनां सामान्यभूतेषु पूर्णभूतेषु च यकारागमो भवति च-शब्दात्प्रोक्तानादेशकर्तृधातूनां भूते ऽपि भवति ॥ व्रुतल्योव् । उदमज्जत् ॥ व्रुतल्याव् । उदमज्जत् ॥ व्रुतलियाव् । उन्ममज्ज ॥ तत्योव् । अतप्यत ॥ तत्याव् । अतप्यत ॥ ततियाव् । तेपे ॥ दर्योव् । अध्रोवत् ॥ दर्याव् । अध्रुवीत् ॥ दरियाव् । दुध्रोव ॥ नम्योव् । अनमत् ॥ नम्याव् । अनामीत् ॥ नमियाव् । ननाम ॥ व्रुतल ऊर्ध्वीभवने । तत तप्तीभवने । दर स्थैर्याविस्मृतिवर्षनिरोधेषु । नम नम्रीभवने । पुंकर्तरि (सू० १९) इति औव् । सामान्यपूर्णयोः आव् (सू० ४०) । अनेन सर्वत्र यकारागमः । व्यञ्जनान्तानां पूर्णे यात्पूर्वं इजनादेशप्रत्ययानाम् (सू० ५०) इति इच् ॥ सादेशकर्तृधातुसामान्यपूर्णयोर्यथा ॥ च्रज्योव् । पलायांचकार ॥ च्रज्याव् । पलायामास ॥ तर्योव् । अतारीत् ॥ तर्याव् । ततार ॥ म्वयोव् । अमृत ॥ म्वयाव् । मम्रे ॥ च्रल चलने । तर तरणे । मर मरणे । ओव् आव् प्रत्ययौ । अनेन यागमः । लान्तस्य ज (सू० ७४) इत्यादिना लकारस्य जकारः । मरो वकार (सू० ३०) इति मर उपधाया वत्वम् । मरश्चापुंभूते (सू० ५९) इति रकारलोपः ॥ कर्मधातुसामान्यपूर्णयोर्यथा । कर्योन् । अकार्षीत् ॥ कर्यान् । चकार ॥ वव्योन् । अवाप्सीत् ॥ वव्यान् । उवाप ॥ कर करणे । वव वापने । ओन्-आन् प्रत्ययौ । अनेन यकारागमः ॥ सादेशकर्तृधातुकर्मधातुसामान्यपूर्णयोः किम् । च्रलु । पलायितः ॥ च्रलि । पला-यिताः ॥ करुन् । कृतम् ॥ करिन् । कृताः ॥

॥ अप्रसिद्धचवर्गाल्लोपः ॥ ४७ ॥

अप्रसिद्धचवर्गात्परस्य यकारस्य लोपो भवति ॥ कच्चान्। सूत्रयामास ॥ घञ्जान्। प्रतिजग्राह ॥ दिञ्जान्। ददौ ॥ मछान्। मर्दयामास ॥ इछान्। इयेष ॥ गिन्जान्। चिक्रीड ॥ ग्रजान्। गर्जयामास ॥ वजान्। रुरोद ॥ वञ्जान्। उवाच ॥ कत सूत्रवेष्टने। हि प्रतिग्रहणक्रीणनधारणेषु। दि दाने। मथ मर्दने। इछ इच्छायाम्। गिन्द क्रीडायाम्। ग्रज गर्जने। वद रोदने। वन भाषणे। पूर्णभूते (३५ सूत्रेण) आन्। तवर्गस्याप्रसिद्ध (सू० ७२-७३) इति तथदनानां च छ ज ञ आदेशाः। हेरकारागमः (८।२।११ सूत्रेण)। यागमः (४६ सूत्रेण)। अनेन लोपः ॥ वांचू। प्राप्ता ॥ वाच्च। प्राप्ताः ॥ पूर्वं साधितम्। अनेन इकारस्य यत् (सू० ११) इत्यादेशप्राप्तस्य यकारस्य लोपः। अप्रसिद्धा-त्किम्। च्रच्यान्। चिच्छेद ॥ च्रट छेदने। पूर्णभूते (३५ सू०) आन्। यागमः। सामान्यपूर्णयोष्टवर्गस्य चवर्ग (सू० ६९) इति टकारस्य चत्वम् ॥

॥ पिगछोर्भूते ॥ ४८ ॥

पि पतने। गछ गतौ इत्यनयोर्भूतविषये यकारस्य लोपो भवति ॥ प्यौव्। पतितः ॥ गौव्। गतः ॥ धातोः पुंकर्तरि (सू० ३९) औव् प्रत्ययः। पेर-कारागमः (८।२।११)। गतौ गछो ऽन्त्यस्यैव (सू० ५८) इति छलोपः। यागमः। अनेन लोपः। उभयत्र ओकारे औ (सू० १।९) इत्यकारस्य औ परलोपश्च। पूर्वस्य इकारो ऽसवर्णे यो ऽपरलोप (सू० १।१०) इति यत्वम्। प्यय। पतिता ॥ गय। गता ॥ धात्वोः एय प्रत्ययौ। यागमः। अनेन लोपः। पेरकारागमः। गछः छलोपः। पिगछोः स्त्रियामत्प्रत्ययस्वरस्य (सू० ६०) इति एकारस्य अकारः। तस्य स्वरादल्लोपः (सू० ८।१।३९)। यत्वम् ॥

[॥ सकाराच्च बहुलम् ॥ ४८ क ॥

सकारात्परस्य यकारस्य विभाषया लोपो भवति ॥ फसौव् । वा । फस्यौव् । बद्धीभूतः ॥ फस बद्धीभवने । पुंकर्तरि औव् प्रत्ययः । यागमः । अनेन विकल्पेन लोपः । एवं ठास, दस, बास, मुस, स्सानां ज्ञेयम् ॥ बाहुलकत्वात्क्वचिन्नित्यम् । असौन् । अहासीत् ॥ असान् । जहास ॥ इत्यादि ॥ आवसादीनां निषेधः ॥ आवस्यौव् । विशीर्णः ॥ आवस विशरणे औव् प्रत्ययः । यकारागमः । तस्य बहुलग्रहणाल्लोपाभावः ॥ आवसादयस्तु । आवस ह्रस चस ग्रस रस र्स लिस विस व्वलस व्वस इत्यादयः ॥]

॥ न क्च् ग्र्च् च्च् छ्च् तेज् पज् रोच् व्यच् व्रज् बावज् ल्यच् श्रोचाम् ॥ ४९ ॥

क्च आर्द्रीभवने । ग्र्च पात्रस्थजलादिचेष्टायाम् । च्च वृत्तिसंकोचे । छ्च निःसारीभवने । तेज तीक्ष्णीभवने । पज युक्तीभवने । रोच रोचने । व्यच संभवे । व्रज दीप्तौ । बावज रोचने । ल्यच निर्बलीभवने । श्रोच शुद्धौ । एभ्यः परस्य यकारस्य लोपो न भवति ॥ क्च्यौव् । आर्द्रीबभूव ॥ ग्र्च्यौव् । अचेष्टत ॥ च्च्यौव् । समकोचीत ॥ छ्च्यौव् । निःसारीबभूव ॥ तेज्यौव् । तितेजे ॥ पज्यौव् [। युयुजे] ॥ रोच्यौव् । अरोचिष्ट ॥ व्यच्यौव् । अव्याचीत् ॥ व्रज्यौव् । अभ्राजिष्ट ॥ बावज्यौव् । अरोचिष्ट ॥ ल्यच्यौव् । निर्बलीबभूव ॥ श्रोच्यौव् । शुद्धीभूत् ॥ धातुभ्यः । पुंकर्तरि (सू० ३९) औव् प्रत्ययः । यागमः (सू० ४६) । तस्य पूर्वोक्तसूत्रेण लोपे प्राप्ते अनेन निषेधः ॥ [अछ्र लच्र वुच्रां च ॥ अछ्यौव् । दुर्बलीभूत् ॥ लच्यौव् । अभैषीत् ॥ वुच्यौव् । दग्धीभूत् ॥]

व्यञ्जनान्तानां पूर्णे यात्पूर्व इजनादेशप्रत्ययानाम् ॥ ५० ॥

अनादेशप्रत्ययानां येषां धातूनां भूते प्रत्ययानामादेशो न स्यात् तेषां

व्यञ्जनान्तानां पूर्णभूतविषये यकारागमात्प्राक् इच् आगमो भवति चकारः स्वरार्थः ॥ ज़ेठियाव् । दीर्घीबभूव ॥ तम्बलियाव् । चचाल ॥ बढियाव् । ववृधे। पूर्वं साधितानि ॥ अनादेशेभ्यः किम् ॥ म्वयाव् । मम्रे ॥ मेज्याव् । युयुजे ॥ प्रिय्याव् । पिप्रिये ॥ मर मरणे । मेल संगमे । प्रिय प्रीणने । भूतपूर्णे (३९ सूत्रेण) आव् । यागमः (सू० ४१) । मरो वकार (सू० ३०) इति वत्वम् । मरक्षापुंभूते (सू० ५९) इति रकारलोपः । लान्तस्य ज (सू० ७४) इत्यादिना लकारस्य जकारः । व्यञ्जनान्तेभ्यः किम् । प्ययाव् । पपात ॥ पि पतने आव् । यागमः । सर्वत्राकारागमो निदियिवर्जितात् (सू० ८।२।११) इत्यकारागमः । पूर्णभूते किम् । ज़ेठ्यौव् । दीर्घीभूतः ॥ साधितचरम् ॥

॥ न गछो ऽप्रसिद्धचवर्गाच्च ॥ ५१ ॥

गछ गतौ इत्यस्मात्तथा अप्रसिद्धचवर्गाद्यात्पूर्व इच् आगमो न भवति ॥ गयाव् । जगाम ॥ गछ गतौ । पूर्णभूते आव् । यागमः । गतौ गछो ऽन्त्यस्यैव (सू० ५८) इति छकारलोपः । खोज़्याय । बिभाय सा ॥ पज़्याय । प्रतीयाय सा ॥ खछ्याय । आरुरोह सा ॥ रोज़्याय । अवतस्थौ सा ॥

॥ अच्प्रसोराकारः ॥ ५२ ॥

अच प्रवेशे । प्रसः कृतादेशस्य च यात्पूर्व आकारागमो भवति ॥ च्नायाव् । विवेश ॥ प्यायाव् । सुषुवे ॥ अच्न प्रवेशे । प्रस प्रसवे । पूर्णभूते आव् । यागमः । अच्न आदेर्लोप (सू० ५७) इति अकारलोपः । प्रसः पिश्च (सू० ५५) इति पि आदेशः । अनेन यात्पूर्व आकारागमः ॥

॥ येरात्प्रत्ययादिस्वरस्य च ॥ ५३ ॥

यि आगमने इत्यस्य आकारादेशो भवति प्रत्ययादिस्वरस्य च भूते एव आकारो भवति ॥ आव् । आगतः ॥ यि धातोः ओव् प्रत्ययः । अनेन द्वयोरेवा-

कारः। स्वरः सवर्णे दीर्घपरलोपौ (सू० १।१)। भूत एव किम्। आयोव्। आगमत्सः ॥ आयाव्। आजगाम ॥ धातोः ओव्-आव् प्रत्ययौ। यागमः। अनेन केवलधातोरेव आकारादेशः ॥

॥ जेरन्त्यस्वरस्य पूर्ववच्च ॥ ५४ ॥

जि जनने इति धातोरिकारस्याकारो भवति पूर्ववत्प्रत्ययादिस्वरस्य भूत एव आकारो भवति ॥ जाव्। जातः॥ जि धातोः ओव्। अनेन धातुप्रत्ययस्वरयोराकारौ। भूत एव किम्। जायोव्। अजनिष्ट सः॥ जायाव्। जज्ञे सः॥ अत्र केवलं धातुस्वरस्यैव न प्रत्ययादिस्वरस्य ॥

॥ प्रस: पिश्च ॥ ५५ ॥

प्रस प्रसवे इत्यस्य पि आदेशो भवति प्रत्ययादिस्वरस्य पूर्ववदाकारो भवति॥ प्याव्। प्रसूतः॥ प्रस धातोः ओव् प्रत्ययः। अनेन धातोः पि आदेशः प्रत्ययादिस्वरस्य चाकारः। यत्वम्। भूत एव किम्। प्यायोव्। प्रासूयत सः॥ प्यायाव्। प्रसुषुवे सः॥ प्यायेय। प्रासूयत सा॥ अत्र केवलं पि आदेशः॥

॥ नेरो द्रा च ॥ ५६ ॥

नेर निर्गमने इत्यस्य द्रा आदेशो भवति पूर्ववत्प्रत्ययादिस्वरस्य चाकारो भवति ॥ द्राव्। निर्गतः॥ द्राय। निर्गता॥ धातोः ओव्-एय प्रत्ययौ। अनेन धातोर्द्रा आदेशः प्रत्ययस्वरयोराकारः। भूत एव किम्। द्रायोव्। निरगमत्॥ द्रायाव्। निर्जगाम ॥ द्रायेय्। निर्जग्मुः॥ अत्र केवलं द्रा आदेशः ॥

॥ अच् आदेर्लोपश्च ॥ ५७ ॥

अच प्रवेशे इत्यस्य धातोराद्यक्षरस्य लोपो भवति चशब्दात्पूर्ववत्प्रत्यया-

दिस्वरस्याकारो भवति॥ ञाव्। प्रविष्टः॥ ञाय। प्रविष्टा॥ साधनं पूर्ववत्॥ भूत एव किम्। ञायोव्। अविक्षत्॥ ञायाव्। विवेश॥ ञायेय। सा विवेश॥ अनेन केवलम ऽकारलोपः। अत्र प्रसोराकार (सू०५२) इति यात्पूर्व आकारागमः॥

॥ गतौ गछोऽन्त्यस्यैव ॥ ५८ ॥

गछ् गतौ युक्तीभवने च। इत्यस्य धातोर्गतौ विषये अन्त्याक्षरस्यैव लोपो भवति न प्रत्ययादिस्वरस्याकारः। गोव्। गतः॥ गय। गता॥ साधितचरम्। गतौ किम्। गंछु। गंछि॥

॥ मरश्चापुंभूते ॥ ५९ ॥

मर मरणे। इत्यस्य धातोः पुंलिङ्गभूतं वर्जयित्वा शेषे सर्वत्रातीते अन्त्याक्षरस्य लोपो भवति॥ म्रयोव्। अमृत॥ म्रयाव्। मम्रे सः॥ म्रय। मृता॥ म्रयेय। मम्रे सा॥ साधितचरम्। अपुंभूते किम्। मुदु। मृतः॥ मर धातोः ओव् प्रत्ययः। तस्य (९१ सूत्रेण) छुह् आदेशः छहोर्लोपश्च। मरश्च पुंसि (सू० २३) इत्युपधाया ऊत्वम्। मरश्च मरणे (सू० ६९) इति रकारस्य दत्वम्॥

॥ पिगछोः स्त्रियामत्प्रत्ययस्वरस्य ॥ ६० ॥

पि पतने। गछ् गतौ। इत्यनयोर्भूते प्रत्ययादिस्वरस्य अकारो भवति॥ प्यय। पतिता॥ प्यय। पतिताः॥ प्ययख्। पतिता त्वम्॥ प्ययव। पतिता यूयम्॥ प्ययस्। पतिताहम्॥ प्यय। पतिता वयम्॥ गय। गता॥ गय। गताः॥ गयख्। गता त्वम्॥ गयव। गता यूयम्॥ गयस्। गताहम्॥ गय। गता वयम्॥ धातोः पराः एय् आदिप्रत्ययाः। यागमः। तस्य पिगछोर्भूत (सू० ४८) इति लोपः। अनेन प्रत्ययस्वरस्य अकारः। एव प्रत्ययस्य (६१ सूत्रेण) वः। पेरकारागमः (८।२।११ सूत्रेण)। यत्वम्॥

॥ मध्यमानेकत्वे यत् ॥ ६१ ॥

यत् यकारो भवतीति स्पष्टम् । उदाहरणं पूर्वसूत्रे साधितमेव ॥ प्ययव । पतिता यूयम् स्त्री० ॥ गयव । गता यूयम् स्त्री० ॥

॥ डेषब्यहरोषमषां ठः सर्वत्र ॥ ६२ ॥

डेष प्रेक्षणे । ब्यह उपवेशने । रोष रुष्टौ । मष विस्मृतौ । एषां धातूनां सर्वत्र पुंलिङ्गे स्त्रीलिङ्गे एकानेकत्वे च सर्वेषु भूतेषु चान्त्याक्षरस्य ठकारो भवति ॥ ड्यूठुन् । दृष्टः ॥ डीठिन् । दृष्टाः ॥ डीठून् । दृष्टा ॥ डेछ्यन् । दृष्टास्ताः ॥ धातोः पर उन् प्रत्ययः । कर्मणि पुंबहुत्वे (सू० ४) इति उकारस्य इकारः । पुंस्येकारस्य यूदीताव् (सू० २१) इत्युपधायाः क्रमात् यू-ईकारौ । स्त्रीलिङ्गे तु । एकत्वे ऊमात्रादेशः (सू०८)। स्त्रियां यत् (सू०५) इति। बहुत्वे यकारः(सू०५)। स्त्रियामीदेतौ सर्वत्र (सू० २३) इत्युपधाया ईकार-एकारौ । अनेन सर्वत्र अन्त्यस्य ठकारः । स्त्रियां भूतानेकत्वकर्मणि च (७० सूत्रेण) इति ठस्य छः । एवं । डेछ्योन् । अद्राक्षीत् ॥ डेछ्यान् । ददृशे ॥ स्त्रीलिङ्गे यथा ॥ डेछ्येयन् । ददृशे सा ॥ ब्यूठु । उपविष्टः ॥ रूठु । रुष्टः ॥ मठु । विस्मृतः ॥ धातूनां परः ओव् प्रत्ययः । तस्य छुह् आदेशः छहोर्लोपश्च । ब्यहः फेरब्यहमेलां च (सू० २२) इत्यनेन यूकारः । रोष ओकारस्योकारः सादेशपुंकर्तरि च (सू० २४) इत्युपधाया ऊकारः । अनेन सर्वत्र ठकारः । मषः इदुदूद्युतानां पूर्ववर्णस्वराप्रसिद्धता (सू० १९) । एवं बेछ्याव् । समास्त सः ॥ रोछ्याव् । रुरोष सः । मछ्याव् । विसस्मे सः ॥ साधनं पूर्ववत् ॥

॥ कूचक्रचोस्तः ॥ ६३ ॥

क्रुच आर्द्रीभवन । ह्रच विलीभवने । इत्यनयोरन्त्याक्षरस्य तकारो भवति

सर्वत्र ॥ क्तु । अतिम्यत् ॥ क्ति । अतिम्यन् ॥ कृद्‍योव् । अतिमीत् ॥ कृद्‍याव् ॥ तितेम ॥ ह्तु ॥ अकुध्यत् ॥ ह्ति । अकुध्यन् ॥ ह्चोव् । अक्रोथीत् ॥ ह्चाय् । चुकुथुः ॥ धात्वोः परौ औव्–एय् प्रत्ययौ । प्रथमयोः छुह् छिह् आदेशौ छहो-र्लोपश्च । अनेन चकारस्य तकारादेशः । स च तवर्गस्याप्रसिद्ध (सू० ७२) इति निर्देशादप्रसिद्धो ज्ञेयः । अपरयोश्चस्य तकारे कृते तवर्गस्याप्रसिद्ध (सू० ७२) इत्यनेन तकारस्य चकारः । एयश्च पुंसि (सू० १८) इत्यनेन एकारस्य आय आदेशः ॥

॥ दज़रोज़वूपजां दः ॥ ६४ ॥

दज़ भस्मीभवने । रोज़ स्थितौ । वूपज़ उत्पत्तौ । इत्येषां धातूनामन्त्यस्य दकारो भवति ॥ दंद्तु । दग्धः ॥ दंद्दि । दग्धाः ॥ रूद्तु । अवस्थितः ॥ रूद्दि । अवस्थिताः ॥ वूपंद्तु । उत्पन्नः ॥ वूपंद्दि । उत्पन्नाः ॥ धातुभ्यः ओव्-एय् प्रत्ययौ । तयोः छुह् छिह् आदेशौ ॥ रोजः ओकारस्योकारः सादेशपुंकर्तरि च (सू० २४) इत्युपधाया ओकारस्य ऊकारः । अनेनान्त्यस्य दत्वम् ॥

॥ मरश्च मरणेऽस्त्रियाम् ॥ ६५ ॥

मर मरणसंधापनयोरित्यस्य मरणार्थे अन्त्याक्षरस्य दकारो भवति अस्त्रियाम् ॥ मूद्तु । मृतः ॥ मूद्दि । मृताः ॥ मरश्च पुंसि (सू० २६) इत्युपधाया ऊत्वम् । अनेन रकारस्य दकारः । अस्त्रियां किम् । म्वय । मृता ॥ धातोः ओव् प्रत्ययः । तस्य । मरः स्त्रियां स्त्रीप्रत्ययादेशा (सू० ९२) इति सूत्रेण छ्यह् आदेशः छहोर्लोपश्च । स्त्रियां भूतेऽपि (सू० ३१) इत्युपधाया वत्वम् । मरश्चापुंभूते (सू० ५९) इति रकारस्य लोपः । मरणार्थे किम् । मंरुन । संधापितः ॥ मंरुन् । संधापिता ॥ सुगममेव ॥

॥ खसवसोस्थः सर्वत्र ॥ ६६ ॥

खस आरोहणे । वस अवतरणे । इत्यनयोः सर्वत्र पुंलिङ्गे स्त्रीलिङ्गे च अन्त्यस्य थकारो भवति ॥ खंथु । आरूढः ॥ वंथु । अवतीर्णः ॥ खंछू । आरूढा ॥ वंछू । अवतीर्णा ॥ साधनं पूर्ववत् । स्त्रियामन्त्यस्य थकारे कृते तवर्गस्याप्रसिद्ध (सू० ७२) इत्यादिना छकारः ॥

॥ लसश्च स्त्रियाम् ॥ ६७ ॥

लस सम्यग्जीवने इत्यस्य स्त्रीलिङ्गविषये अन्त्यस्य थकारो भवति ॥ लोसधातोरपि वेष्यते ॥ लूंछू । जीविता ॥ लांछ । जीविताः ॥ धातोः ओव् एयू प्रत्ययौ तयोरादेशौ । पुंकर्तृप्रत्ययोकारस्य स्त्रियां च (सू० १०) इत्युकारस्य ऊमात्रादेशः । इकारस्य यत् (९ सूत्रेण) । अनेन सकारस्य थकारः । तस्य तवर्गस्याप्रसिद्ध (सू० ७२) इति छः । अप्रसिद्ध (सू० १२) इत्यादिना प्रत्ययकारस्य अकारः । स्त्रियामेकत्वानेकत्वे ऊदात्वप्रसिद्धाव् (सू० २८) इति धातूपधाया अप्रसिद्धौ ऊकार–आकारौ ॥ स्त्रियां किम् । लूस्तु । जीवितः ॥ प्रत्ययादेशे कृते । लसश्च पुंभूते (सू० ३३) इति तंकारागमः । लसश्च (सू०२७) इत्युपधाया ऊत्वम् ॥

॥ अनादेशकर्तृधातुभूतादौ नो आदेशाः ॥६८॥

येषां धातूनां कर्तरि प्रत्ययस्यादेशो न भवति तेषां भूतसामान्यभूतपूर्णभूतेषु वक्ष्यमाणा आदेशाः नो भवन्ति ॥ क्रय्योव् । कृशोभवत् ॥ क्रय्याव् । कृशोभूत् ॥ क्रटियाव् । कृशीबभूव ॥ जेठ्योव् । दीर्घीबभूव ॥ जेठ्याव् । दीर्घीबभूव ॥ जेठियाव् । दीर्घीबभूव ॥ बुड्योव् । वृद्धीबभूव ॥ बुड्याव् । वृद्धीबभूव ॥ बुडियाव् । वृद्धीबभूव ॥ कान्योव् । काणीबभूव ॥ कान्याव् । काणीबभूव ॥ कानियाव् । काणीबभूव ॥ ठीक्योव् । अतिष्ठत् ॥ ठीक्याव् । अस्थात् ॥ ठीकियाव् । तस्थौ ॥ स्वग्योव् ।

सुमूल्यीबभूव ॥ स्वग्याव्। सुमूल्यीबभूव॥ स्वगियाव्। सुमूल्यीबभूव॥ तत्योव्। अतप्यत ॥ तत्याव्। अतापि॥ ततियाव्। तेपे॥ तन्योव्। अकुष्यत ॥ तन्याव्। तन्वीबभूव ॥ तनियाव्। तन्वीबभूव॥ क्रट कार्श्ये। जेठ आयतीभवने। बुट स्थविरीभवने। कान काणीभवने। ठीक स्थितौ। स्वग मूल्याल्पतायाम्। तत तप्तीभवने। तन विरलीभवने॥ ओव् आव् आव् प्रत्ययाः। यागमः। तृतीये। व्यञ्जनान्तानां पूर्णे यात्पूर्व इजनादेशप्रत्ययानाम् (सू० ५०) इति इच्। चकारः स्वरार्थः। एवं स्त्रीलिङ्गेष्वपि बोध्यम्॥

॥ सामान्यपूर्णयोष्टवर्गस्य चवर्गः ॥ ६९ ॥

अनादेशव्यतिरिक्तानां शिष्टानां कर्तृभावकर्मधातूनां सर्वेषां सामान्यभूते पूर्णभूते च टवर्गस्य क्रमेण चवर्गादेशो भवति ॥ च्रेच्योन्। अकुट्टयत् ॥ च्रेच्यान्। कुट्टयामास ॥ डेछ्योन्। अदृश्यत ॥ डेछ्यान्। ददृशे ॥ गंज्योन्। अबान्त्सीत् ॥ गंज्यान्। बबन्ध ॥ रञोन्। अपाक्षीत्॥ रञान्। पपाच ॥ च्रेट कुट्टने। डेप प्रेक्षणे। गंड ग्रन्थे। रन पाके। ओन्-आन् प्रत्ययौ। डेषव्यहरोषमर्षां ठः सर्वत्र (सू० ६२) इति पकारस्य ठकारः। यागमः (सू० ४६)। अनेन ट ठ डानां च छ जा आदेशाः [। रनस्तु। नान्तस्य ञ (सू० ७३) इत्यनेन नकारस्य ञत्वम्। अप्रसिद्धचवर्गाल्लोप (सू० ४७) इति यकारस्य लोपः]। कर्तृधातूनां यथा। फच्याव्। उद्भिद्यते स्म सः॥ रोछ्याव्। रुरोष ॥ बुज्याव्। निममज्ज ॥ छ्यञाव्। छिद्यते स्म ॥ फट काष्ठभेदाङ्कुरोद्भेदयोर्जलनिमज्जनादिषु। रोष रुष्टौ। बुड निमज्जने। छ्यन छेदे। आव् प्रत्ययः। रोषः डेषव्यहरोषमर्षां ठः सर्वत्र (सू० ६२) इति ठकारः। यागमः। अनेन ट ठ डानां च छ जा आदेशाः [। छ्यन इत्यस्य नकारस्य नान्त (सू० ७३) इति ञत्वम्। अप्रसिद्ध (सू० ४७) इत्यनेन यलोपः। शेषं पूर्ववत्]॥ एवं भावधातूनामपि बोध्यम्॥

॥ सादेशभूतकर्तृकर्मिणोरनेकत्वे च स्त्रियाम्॥७०॥

भूते प्रत्ययादेशयुतानां कर्तृधातूनां भूते कर्मिधातूनां स्त्रीलिङ्गे कर्तरि कर्मणि सति बहुत्वविषये टवर्गस्य चवर्गादेशो भवति सर्वत्र सामान्यभूते पूर्णभूते च॥ स्त्रीकर्तरि यथा। फ़ंटू। मग्ना सा॥ फच्य। मग्नास्ताः॥ मंठू। विस्मृता सा॥ मछ्य। विस्मृतास्ताः॥ ब्वंडू। निमग्ना सा॥ ब्वज्य। निमग्नास्ताः॥ छ्यंञ्। छिन्ना सा॥ छ्यञ। छिन्नास्ताः॥ फट काष्ठभेदादिषु। मष विस्मृतौ। ब्वड निमज्जने। छ्यन्न छेदे। ओव्-एय् प्रत्ययौ तयोः छुह् छिह् आदेशौ छहोर्लोपश्च। पुंप्रत्ययोकार (सू० १०-११) इत्यादिना ऊमात्रादेशः इकारस्य च यः। मषः ठकारः। अनेन टादीनां बहुत्वे चाद्या आदेशाः [। नस्य (सू० ७३) ञः]। स्त्रीकर्मणि च यथा। च़ेच्यन्। कुट्टितास्ताः॥ डेछ्यन्। दृष्टास्ताः॥ गंज्यन्। बद्धास्ताः॥ रञन्। पच्यन्ते स्म ताः॥ च़ेच्येयन्। कुट्टयामास स ताम्॥ डेछ्येयन्। ददृशे सा तेन॥ गंज्येयन्। बबन्धे सा तेन॥ रञेयन्। पेचे सा तेन॥ अत्र सामान्यपूर्णभूतस्वरूपेषु पूर्वसूत्रेणादेशे सिद्धे ऽपि भूतस्वरूपार्थमेव योगारम्भः। धातोः उन्। स्त्रियां यत् (सू० ५) इति उकारस्य यकारः। डेषः ठः (सू० ६२)। अनेन क्रमात् टवर्गस्य चवर्गादेशः [। नस्य (७३ सूत्रेण) ञः]। बहुवचने किम्। च़ीटून्। कुट्टिता सा तेन॥ डीठून्। दृष्टा सा तेन॥ गंडून्। बद्धा सा तेन॥ रंनून्। पक्का सा तेन॥ साधितचरम्॥

॥ कवर्गस्यैकत्वे ऽपि ॥ ७१ ॥

प्रत्ययादेशयुतानां स्त्रीलिङ्गे कर्तरि सति कर्मिधातूनां कर्मणि सति एकत्व-बहुत्वयोः कवर्गस्य चवर्गादेशो भवति सर्वत्र सामान्यपूर्णयोरपि॥ थंचू। श्रान्ता सा॥ थच्य। श्रान्तास्ताः॥ ह्वंछू। शुष्का सा॥ ह्वछ्य। शुष्कास्ताः॥ लंजू। लग्ना॥ लज्य। लग्नाः॥ थक श्रमे। ह्वख शोषे। लग संगे पीडायां साम-ञ्जस्ये च। ओव्-एय् प्रत्यययोः छुह् छ़िह् आदेशौ। पुंप्रत्ययोकार (सू० १०।११) इत्यादिना ऊमात्रा-यकारौ। अनेन कादीनां चादयः॥ कर्मिणां यथा। छंचून्।

अवकीर्णा तेन ॥ छच्यन्. । अवकीर्णास्तेन ॥ लेछ्ून् । लिखिता तेन ॥ लेछ्यन् । लिखितास्तेन ॥ दंजून् । आहता तेन ॥ दज्यन् । आहतास्तेन ॥ छक कीर्णने । लेख लेखने । दग घातने । उन् प्रत्ययः । उकारस्य एकत्वे ऊमात्रादेशः (सू० ८)। बहुत्वे यकारः (सू० ९)। स्त्रियामीदेतौ सर्वत्र (सू० २१) इत्युपधाया ईकार-एकारौ। अनेन कखगानां चछजा आदेशाः॥ सर्वेषाम् सामान्यपूर्णयोर्यथा । थच्योव् । थच्याव् । शथाम ॥ हछ्योव् । हछ्याव् । चस्कन्द ॥ लज्योव् । लज्याव् । ललाग ॥ छच्योन् । छच्यान् । अवाकिरत् तं सः ॥ लेछ्योन् । लेछ्यान् । लिलेख तं सः ॥ दज्योन् । दज्यान् । आजघान तं सः ॥

॥ तवर्गस्याप्रसिद्धः सर्वत्र सामान्यादौ ॥ ७२ ॥

तवर्गान्तानां धातूनां सर्वत्र सामान्यभूते पूर्णभूते च सादेशस्त्रीकर्त्रेकत्वबहुत्वयोश्च स्त्रीकर्मैकत्वबहुत्वयोश्च अप्रसिद्धः चवर्गो भवति ॥ कंचून् । सूत्रिता सा तेन ॥ कच़न् । सूत्रितास्तास्तेन ॥ कच़ांयन् । सूत्रयामास तां सः ॥ मंछून् । लिप्ता सा तेन ॥ मछ़न् । लिप्तास्तास्तेन ॥ मछ़ांयन् । लिलेप तां सः ॥ लंज़ून् । प्रेषिता सा तेन ॥ लज़न् । प्रेषितास्तास्तेन ॥ लज़ांयन् । प्रेषयामास तां सः ॥ कत सूत्रवेष्टने । मथ उपदेहे । लद वस्तुप्रेषणे गृहादिनिर्माणे च । उन्-ओन् प्रत्ययौ । उकारस्य एकत्वे ऊमात्रादेशः (सू० ८)। बहुत्वे यकारः (सू० ९) । अनेन तथदानां च़छ़ज़ा आदेशाः । अप्रसिद्धच़वर्गादकार (सू० १२) इति यकारस्य अकारः । ओनः अप्रसिद्धच़वर्गादांय (सू० १७) इति ओकारस्य आंय आदेशः ॥ सादेशस्त्रीकर्तरि यथा । वांच़ू । प्राप्ता ॥ वाच़ । प्राप्तास्ताः ॥ वूंछ़ू । उत्थिता ॥ वूछ़ । उत्थितास्ताः ॥ दंज़ू । दग्धा ॥ दज़ । दग्धास्ताः ॥ वात प्रापणे । वुथ उत्थाने । दज़ भस्मीभवने । धातोः ओव्-एय् प्रत्ययौ तयोः छुह् छिह् आदेशौ । दज़रोजव्रजां द (सू० ६४) इति जकारस्य दः । पुंप्रत्ययोकार (सू० १०-११) इत्यादिना क्रमात् ऊकार-यकारौ । अनेन तथदानां च़ छ़ ज़ा आदेशाः । अप्रसिद्धच़वर्गादकार (सू० १२) इति यकारस्य अकारः ॥

॥ नान्तस्य ञः ॥ ७३ ॥

नकारान्तस्य धातोः सर्वत्र सामान्यभूते पूर्णभूते च सादेशस्त्रीकर्त्रेकत्वबहुत्वयोश्च स्त्रीकर्मैकत्वबहुत्वयोश्च ञकारो भवति ॥ रञोन्। अपाक्षीत् ॥ रञान्। पपाच ॥ छ्यञ्। छिन्ना ॥ छ्यञ। छिन्नास्ताः ॥ रंञून। पक्का सा ॥ रञन्। पक्कास्ताः ॥ साधनं पूर्ववत् ॥

॥ लान्तस्य जः ॥ ७४ ॥

लकारान्तस्य धातोः सर्वत्र सामान्यभूते पूर्णभूते च सादेशस्त्रीकर्त्रेकत्वबहुत्वयोश्च स्त्रीकर्मैकत्वबहुत्वयोश्च जकारो भवति ॥ पाजून्। पालिता सा ॥ पाज्यन्। पालितास्ताः ॥ पाज्येयन्। पालयामास ॥ वांजून। अवतारिता ॥ वाज्येयन्। अवतारयामास ताम् ॥ पाल रक्षणे। वाल अवतारणे। अनेन लकारस्य जकारः। शेषं साधनं पूर्ववत् ॥ सादेशस्त्रीकर्तरि यथा ॥ च़ंजू। पलायिता ॥ च़ज्य। पलायिताः ॥ फ़ुंजू। फुल्ला ॥ फ़ुज्य। फुल्लाः ॥ फंजू। जीर्णा सा ॥ फज्य। जीर्णास्ताः ॥ एवं सर्वेषाम् ॥

॥ पिहमुहसहग्रहचूहां शः ॥ ७५ ॥

पिह संचूर्णने। मुह मोहने। सह सहने। ग्रह घर्षणे। चूह चूषे। एषां सर्वत्र सामान्यभूतादावन्त्यस्य शकारो भवति ॥ पिशून्। पिष्टा सा ॥ पिश्यन्। पिष्टास्ताः ॥ पिश्येयन्। पिपेष ताम् ॥ मुशून्। मुषिता सा ॥ मुश्यन्। मुषितास्ताः॥ मुश्येयन्। मुमोष ताम् ॥ संशून्। सोढा सा ॥ सश्यन्। सोढास्ताः ॥ सश्येयन्। सेहे ताम् ॥ ग्रशून्। घृष्टा सा ॥ ग्रश्यन्। घृष्टास्ताः ॥ ग्रश्येयन्। जघर्ष ताम् ॥ चूशून्। चूषिता सा ॥ चूश्यन्। चूषितास्ताः ॥ चूश्येयन्। चुचूष ताम् ॥ साधनं पूर्ववत्। एषां धातूनां सादेशकर्तृप्रयोगाभावात्तदुदाहरणाभाव इति बोध्यम् ॥

॥ हहरस्तु मध्यान्त्यवर्णविनिमये वा ॥ ७६ ॥

[हहर विवाहकर्मणि इत्यस्य धातोर्मध्यमान्तिमवर्णयोर्हकाररेफयोर्विकल्पेन विनिमये कृते सति अन्त्यभूतस्य] हकारस्य अकारादेशो भवति ॥ हरंशून्। विवाहिता ॥ हरंहून्। विवाहिता ॥

॥ थकपकोरोवादीनां पुंवर्तमानादेशाश्छह्योर्लो-पश्च भूते ॥ ७७ ॥

थक श्रमे। पक गतौ। अनयोः ओव् एयू ओख् एव ओम् एयू इति पुंकर्तृप्रत्ययानां भूतविषये क्रमेण पुंकर्तृसंबन्धिवर्तमानायाः छुह् छिह् छुख् छिव छुम् छिह् इत्येते आदेशा भवन्ति छकारहकारयोश्च लोपो भवति ॥ ततः स्त्रीकर्तरि सति पुंकर्तृप्रत्ययोकार (सू० १०) इत्यादिसूत्रैः स्त्रीसंबन्धिस्वरूपाणि साध्यानि ॥ थंकु। श्रान्तः ॥ थंकि। श्रान्ताः ॥ पंकु। चलितः ॥ पंकि। चलिताः ॥ पंकुख्। चलितस्त्वम् ॥ पंकिव। चलिता यूयम् ॥ पंकुम्। चलितोऽहम् ॥ पंकि। चलिता वयम् ॥ धात्वोः पुंकर्तरि (सू० ३९) इति ओव् एयू ओख् एव ओम् एयू प्रत्ययाः। तेषामनेन छुह् आदयो वर्तमाना [विभक्तिप्रत्यया] देशाः छकारहकारयोश्च लोपः। एषामेव स्त्रीलिङ्गक्रिया-स्वरूपसिद्ध्यै पुंकर्तृप्रत्ययोकारस्य स्त्रियां च (सू० १०) इति सूत्रेण उकारस्य ऊमात्रादेशः। इकारस्य यत् (सू० ११) इति इकारस्य यकारः। कवर्गस्यैकत्वे ऽपि (सू० ७१) इति ककारस्य चत्वम्। पंचू इत्यादीनि संपद्यन्ते॥ पंचू। चलिता सा ॥ पच्य। चलितास्ताः ॥ पंचूख्। चलिता त्वम् स्त्री० ॥ पच्यव। चलिता यूयम् स्त्री० ॥ पंचूम्। चलिताहम् स्त्री० ॥ पच्य। चलिता वयम् स्त्रियः ॥ इति स्त्रीकर्तृस्वरूपाणि भवन्ति। एवमग्रे सर्वत्रावधार्यम् ॥

॥ ओवावादयः सामान्यपूर्णयोः ॥ ७८ ॥

येषां धातूनां भूतविषये वर्तमानप्रत्ययादेशो भवति तेषां सामान्यभूते ओव् आदयः पूर्णभूते आवादयः प्रत्ययाः अवगन्तव्याः ॥ पच्योव् । अचालीत् ॥ पच्याव् । चचाल ॥ पकगतौ । ओव् आव् प्रत्ययौ । यागमः । कवर्गस्यैकत्वे ऽपि (सू० ७१) इति ककारस्य चकारः । एवं सर्वेषां ज्ञेयम् ॥

॥ समखङ्खोः खात् ॥ ७९ ॥

खान्तेषु धातुषु । समख समक्षीभवने । हख शोषे इत्यनयोर्भूतविषये ओव् आदीनां प्रत्ययानां वर्तमानप्रत्ययादेशा भवन्ति छकारहकारयोश्च लोपः । ओव् आदयो निरादेशाः सामान्यभूते । आव् आदयश्च पूर्णभूते प्रत्यया विज्ञेयाः ॥ समॅखु । समक्षीभूतः ॥ समॅखि । समक्षीभूतास्ते ॥ हॅखु । शुष्कः ॥ हॅखि । शुष्कास्ते ॥ साधनं पूर्ववत् । स्त्रीलिङ्गे तु । समॅछू । समक्षीभूता सा ॥ समछ्य । समक्षीभूतास्ताः ॥ हॅछू । शुष्का सा ॥ हछ्य । शुष्कास्ताः । इत्यादयो ज्ञेयाः ॥ समछ्यौव् । समक्षीबभूव सः ॥ समछ्याव् । समक्षीबभूव सः । इति सामान्यपूर्णभूतयोर्बोध्यम् ॥

॥ तगश्वंगलगां गात् ॥ ८० ॥

गकारान्तेषु धातुषु । तग तज्ज्ञतायाम् । श्वंग शयने । लग संगे पीडायां सामञ्जस्ये च । इत्येषां भूतविषये ओव् आदीनां प्रत्ययानां वर्तमानप्रत्ययादेशा भवन्ति छकारहकारयोश्च लोपः । ओवावादयश्च सामान्यपूर्णयोर्वेद्याः ॥ तॅगु [। सुज्ञातम्] ॥ तॅगि [। सुज्ञातानि] ॥ लॅगु । लग्नः ॥ लॅगि । लग्नाः ॥ श्वॅगु । सुप्तः ॥ श्वॅगि । सुप्ताः । साधनं पूर्ववत् ॥ स्त्रीलिङ्गे तु । तॅजू [।सुज्ञाता] ॥ तज्य [। सुज्ञाताः] ॥ लॅजू । लग्ना ॥ लज्य । लग्नाः ॥ श्वॅजू । सुप्ता ॥ श्वंज्य । सुप्ताः ॥ इत्यादयो वेद्याः ॥ तज्योव् [। सुज्ञातमभूत्] ॥ तज्याव् । [। सुज्ञातं बभूव] ॥

लञ्योव् । अलागीत् ॥ लञ्याव् । ललाग ॥ श्वंञ्योव् । अस्वाप्सीत् सः ॥ श्वंञ्याव् । सुष्वाप सः ॥ इत्यादयः सामान्यपूर्णयोर्विज्ञातव्याः ॥

॥ कृच्खोच्पच्रोच्व्यच्ह्वचां चात् ॥ ८१ ॥

अप्रसिद्धच्रकारान्तानां मध्यात् । कृच्र आर्द्रीभवने । खोच्र भये । पच्र ऋणादिविश्वासे । रोच्र रोचने । व्यच्र संभवे । ह्वच्र विस्रीभवने । एषां धातूनां भूतविषये ओवादीनां प्रत्ययानां वर्तमानादेशाः स्युः छकारहकारयोश्च लोपः । ओवावादयश्च सामान्यपूर्णयोर्बोद्धव्याः ॥ कृतु । तिमितः सः ॥ कृति । तिमितास्ते ॥ खूचु । भीतः ॥ खूचि । भीताः ॥ पंचु । विस्रब्धम् तेन ॥ पंचि । विस्रब्धं तैः ॥ रूचु । रोचितः ॥ रूचि । रोचिताः ॥ व्यंचु । व्यचितः ॥ व्यंचि । व्यचिताः ॥ ह्वतु । कुथितः ॥ ह्वति । कुथिताः ॥ कृच्रह्वच्रोस्त (सू० ६१) इति द्वयोस्तकारः । खोच्ररोच्रोः ओकारस्योकारः सादेशपुंकर्तरि च (सू० २४) इत्युपधाया ऊकारः । शेषं साधनं पूर्ववत् ॥ स्त्रीलिङ्गे तु । कृचू । तिमिता सा ॥ कृच्र । तिमितास्ताः ॥ खूचू । भीता सा ॥ खोच्र । भीतास्ताः ॥ रूचू । रोचिता सा ॥ रोर्चे । रोचितास्ताः ॥ व्यंचू । व्यचिता सा ॥ व्यच्र । व्यचितास्ताः ॥ ह्वचू । अकुथ्यत्सा ॥ ह्वच्र । अकुथ्यन् ताः ॥ बहुवचनेषु इकारस्य यत्वे कृते तस्य अप्रसिद्धच्रवर्गादकारः (सू० १२) । खोच्ररोच्रोः स्त्रियामूदोताव् (सू० २५) इत्युपधाया ऊकार-ओकारौ । ह्वच्रः पुंलिङ्गसंबन्धिनि तकारे कृते तस्य तवर्गस्याप्रसिद्धः सर्वत्र सामान्यादाव् (सू० ७२) इति च्रत्वम् । कृच्योव् । तितेम सः ॥ खोच्रोव् । अभैत्सीत् सः ॥ रोच्योव् । रुरुचे ॥ व्यच्योव् । विव्याच ॥ ह्वच्रोव् । अकोथीत् ॥ इत्यादयः सामान्यभूतादौ निर्धार्याः । अत्र कृच्ररोच्रव्यच्रां न कृच्रग्रच्र (४९) इत्यादिसूत्रेण यकारलोपनिषेधः । शेषं पूर्ववत् ॥

॥ गछो योग्यार्थे ॥ ८२ ॥

गछ गतौ युक्तीभवने चेत्यस्य योग्येच्छाया अर्थे भूते ओव् आदीनां प्रत्ययानां वर्तमानप्रत्ययादेशाः स्युः छकारहकारयोश्च लोपः ॥ गंछु । गंछि । गंछुख् । गंछिव । गंछुस् । गंछि । इति । अस्य सामान्यपूर्णयोः प्रयोगादर्शनात्केवलं भूतप्रयोगा एव साधवः ॥

॥ व्वपजदजरोजां जात् ॥ ८३ ॥

व्वपज उत्पत्तौ । दज भस्मीभवने । रोज स्थितौ । इत्येषां जकारान्तेषु धातुषु भूतविषये ओव् आदीनां प्रत्ययानां वर्तमानादेशाः स्युः छहोर्लोपश्च । ओवादयश्च सामान्यपूर्णयोर्बोध्याः ॥ व्वंदु । उत्पन्नः ॥ व्वंदि । उत्पन्नाः ॥ दंदु । दग्धः ॥ दंदि । दग्धाः ॥ रुदु । स्थितः ॥ रुदि । स्थिताः ॥ अत्र दजरोजव्वपजां द (सू० ६४) इति जकारस्य दकारः । शेषं पूर्ववत् । स्त्रीलिङ्गकर्तरि तु । दंजू । दग्धा ॥ दज । दग्धाः ॥ रूजू । अवस्थिता ॥ रोज । अवस्थिताः ॥ व्वंजू । उत्पन्ना ॥ व्वपज । उत्पन्नाः ॥ अत्रापि पुलिङ्गस्वरूपेषु जकारस्य दकारे कृते तवर्गस्याप्रसिद्ध (७२) इत्यादिसूत्रेण दस्य जः । रोजः स्त्रियामूदोतात् (सू० २५) इत्युपधाया एकत्र ऊकारः ॥ व्वपजोव् । उदपद्यत सः ॥ व्वपजाव् । उत्पेदे सः ॥ दजोव् । अदह्यत ॥ दजाव् । देहे ॥ रोजोव् । अस्थात् सः ॥ रोजाव् । तस्थौ सः ॥ इत्यादीनि सामान्यभूतयोः स्वरूपाणि वेदितव्यानि ॥

फटफुटरोटां टात् ॥ ८४ ॥

टकारान्तेषु धातुषु । फट काष्ठभेदाङ्कुरोद्भेदयोर्जलनिमज्जनादिषु च । फुट भङ्गे । रोट अवष्टम्भे । एषां धातूनां भूतविषये ओव् आदीनां प्रत्ययानां वर्तमानप्रत्ययादेशा भवन्ति पूर्ववच्छहोश्च लोपः । सामान्यपूर्णभूतयोः ओवा-

घादयो मन्तव्याः ॥ फट्टु। उज्झितः ॥ फट्टि। उज्झिताः ॥ फुट्टु। भग्नः ॥ फुट्टि। भग्नाः ॥ रुट्टु। स्तम्भितः ॥ रुट्टि। स्तम्भिताः ॥ साधनं सुगमम् ॥ स्त्रीकर्तरि तु। फट्टू। उज्झिता ॥ फच्चय। उज्झिताः ॥ फुट्टू। भग्ना ॥ फुच्चय। भग्नाः ॥ रुट्टू। स्तम्भिता ॥ रोच्चय। स्तम्भिताः ॥ अत्र सादेशकर्तृकर्मिणोरनेकत्वे च स्त्रियाम् (सू० ७०) इति सूत्रेण बहुषु टस्य चत्वम्। रोटः स्त्रियामूदोताव् (सू० २९) इति एकत्वे ऊकारः। शेषं पूर्ववद्विधेयम्। फच्चोव्। उज्झ्यते स्म सः ॥ फच्च्याव्। उज्झ्यते स्म सः ॥ फुच्चोव्। भज्यते स्म सः ॥ फुच्याव्। भज्यते स्म सः ॥ रोच्चोव् वा रोट्योव्। अवाष्टम्भिष्ट ॥ रोच्चाव् वा रोट्याव् [। अवतस्तम्भे] ॥ रोटोऽत्र विकल्पेन वर्तमानादेशा बोध्याः। आदेशाभावे अनादेशकर्तृधातुभूतादौ नो आदेशा (९८) इति सूत्रेण चकारादेशनिषेधः। तत्र रोटियाव् इति पूर्णभूतस्वरूपं वेद्यम् ॥

॥ बुडो डात् ॥ ८५ ॥

डकारान्तेषु धातुषु। बुड निमज्जने इत्यस्य भूतविषये ओव् आदीनां ग्रुह् आदिप्रत्ययादेशाः स्युः। लोपसामान्यपूर्णभूतप्रत्ययादयश्च पूर्ववज्ज्ञेयाः ॥ बुडु। निमग्नः ॥ बुडि। निमग्नाः ॥ साधनं सुगमम्। स्त्रीकर्तरि यथा। बुडू। निमग्ना ॥ बुज्य। निमग्नाः ॥ बहुत्वे सादेशभूतकर्तृकार्मिणोर्ट्र (सू० ७०) इत्यादिना डस्य जः ॥ बुज्योव्। न्यमज्जीत् ॥ बुज्याव्। निममज्ज ॥ इति सामान्यपूर्णस्वरूपे ॥

॥ वातस्तात् ॥ ८६ ॥

तकारान्तेषु। वात प्रापणे इत्यस्य भूतविषये वर्तमानप्रत्ययादेशाः स्युः छसेर्लोपश्च। सामान्यपूर्णप्रयोगाश्च पूर्ववत् ॥ वोतु। प्राप्तः ॥ वाति। प्राप्ताः ॥ अत उच्चुतस्योपधाया आत ओत्वम् (सू० २०) इत्युपधाकारस्य ओकारः। अपरत्र इदुदुच्चुतानां पूर्ववर्णस्वरामसिक्तता (सू० १९) इति। स्त्रीकर्तरि यथा।

वांचू । प्राप्ता ॥ वाच । प्राप्ताः ॥ तवर्गस्याप्रसिद्ध (सू० ७२) इत्यादिना चत्वम् । बहुत्वे अप्रसिद्धसवर्गादकार (सू० ?१) इति यकारस्याकारः ॥ वाञोव् । प्राप्सीत् ॥ वाञाव् । प्राप ॥ इति सामान्यपूर्णयोः प्रयोगौ ॥

॥ वुथस्थात् ॥ ८७ ॥

थकारान्तेषु । वुथ उत्थाने इत्यस्य भूतविषये वर्तमानादेशादयः स्युः ॥ वुथु । उत्थितः ॥ वुथि । उत्थिताः । सुगमम् ॥ स्त्रीकर्तरि यथा । वुछू । उत्थिता ॥ वुछ । उत्थितास्ताः ॥ अत्र तवर्गस्याप्रसिद्ध (सू० ७२) इति थस्य छत्वम् । यकारस्य अकारः ॥ वुछोव् । उदस्थात् सः ॥ वुछाव् । उत्तस्थौ सः ॥ इति सामान्यपूर्णयोर्भवतः ॥

॥ छ्यनसपनोर्नात् ॥ ८८ ॥

नकारान्तेषु । छ्यन छेदे । सपन संपन्ने । इत्यनयोर्भूतविषये वर्तमानमत्ययादेशाद्या भवन्ति । तत्र सपन सहचरयोः सपद संपन्ने । सपज संपन्ने । इत्यनयोश्चेत्थं वर्तमानादेशादयो बुद्धिमद्भिरोह्याः ॥ सपंजु । संपन्नः ॥ सपंजि । संपन्नाः ॥ स्त्रीलिङ्गे । सपंञ् । संपन्ना ॥ सपञ । संपन्नास्ताः ॥ साधनं पूर्ववत् ॥ सपञोव् । समपादि ॥ सपञाव् । संपेदे । इति च विज्ञेयम् ॥

॥ वुपश्रपोः पात् ॥ ८९ ॥

वुप अन्तर्दाहे । श्रप जीर्णने । इत्यनयोः पकारान्तेषु धातुषु भूतविषये वर्तमानमत्ययादेशाः स्युः छहोर्लोपश्च ॥ वुपु [। अन्तर्दग्धः] ॥ वुपि [। अन्तर्दग्धाः] ॥ श्रपु [। जीर्णः] ॥ श्रपि [। जीर्णाः] ॥ वुप्योव् [। अन्तर्दग्धोभूत्]॥ वुप्याव् [। अन्तर्दग्धो बभूव] ॥ साधनं सुगमम् ॥ विकल्पेन पूर्णभूते । वुपियाव् [। अन्तर्दग्धो बभूव] ॥ श्रपियाव् [। जीर्णो बभूव] ॥ इति स्वरूपे भवतः ॥

॥ प्रयलयवयां यात् ॥ ९० ॥

यकारान्तेषु धातुषु । प्रय प्रीणने । लय अर्घणे । वय पथ्यीभवने । इत्येषां धातूनां भूतविषये वर्तमानप्रत्ययादेशाः पूर्ववत्स्युः ॥ प्रयु [। प्रीणितः] ॥ प्रयि [। प्रीणिताः] ॥ लयु [। अर्घितम्] ॥ लयि [। अर्घितानि] ॥ वयु [। पथ्यीभूतम्] ॥ वयि [। पथ्यीभूतानि] ॥ साधनं पूर्ववत् । प्रय्योव् । प्रय्याव् । लय्योव् । लय्याव् । वय्योव् । वय्याव् । इति सामान्यपूर्णस्वरूपाणि भवन्ति ॥

॥ खरतरफरफेरमरसोरां रात् ॥ ९१ ॥

रकारान्तेषु धातुषु । खर अप्रीतौ । तर तरणे । फर स्तेये । फेर भ्रमणविस्त्रीभवनपश्चात्तापवैलोम्येषु । मर मरणसंधापनयोः । सोर अवसाने । इत्येषां भूतविषये पूर्ववत् वर्तमानादेशादयः स्युः । तत्र मरः संधापनार्थे कर्मप्रयोगाः कर्तृप्रयोगाश्च भवन्ति । मरणार्थे तु केवलं कर्तृप्रयोगा एवेति निर्णेयम् ॥ खरु । [। अप्रीणितः] ॥ खरि [। अप्रीणिताः] ॥ तरु । तीर्णः ॥ तरि । तीर्णाः ॥ फरु । चोरितं तेन ॥ फरि । चोरितं तैः ॥ फ्यूरु । परिवर्तितः ॥ फीरि । परिवर्तिताः ॥ मूरु । मृतः ॥ मूरि । मृताः ॥ सूरु । अवसितः ॥ सूरि । अवसिताः ॥ पूर्वं सर्वाणि साधितान्येव । मरः संधापनार्थे तु । मरु । संधापितः ॥ मरि । संधापिताः ॥ इत्यादयो भवन्ति । मरुन् । संधापितस्तेन सः ॥ मरिन् । संधापितास्ते तेन ॥ इत्यादीनि कर्मस्वरूपाणि स्युः । स्त्रीकर्तृस्वरूपाणि च पूर्ववत्साध्यानि ॥

॥ मरः स्त्रियां स्त्रीप्रत्ययादेशाः ॥ ९२ ॥

प्रोक्तानां धातूनां मध्यात् । मर मरणे इत्यस्य स्त्रीकर्तरि सति ओव् आदीनां प्रत्ययानां वर्तमानसंबन्धिस्त्रीप्रत्ययादेशाः स्युः । न तु पुंकर्तृप्रत्ययोकार (सू० १०) इत्यादिना सिद्धिः ॥ म्वय । मृता सा ॥ म्वय । मृताः ॥ म्वयस्व् ।

मृता त्वम् ॥ म्वयव । मृता यूयम् ॥ म्वयस् । मृता अहम् ॥ म्वय । मृता वयम् ॥ मर मरणे ओव् आदीनां क्रमात् छ्यह् छ्यह् छ्यख् छ्यव छ्यम् छ्यह् इति आदेशेषु कृतेषु छहोर्लोपः । स्त्रियां भूते ऽपि (सू० ११) इति उपधाया वत्वम् । मरश्चापुंभूते (सू० ५९) इति रकारलोपः । संधापनार्थे तु । मंरू । संधापिता ॥ मर्य । संधापिताः । इत्यादयो भवन्ति ॥

॥ गळ्चळडलडोलफलफ्लूलमेलां लात् ॥ ९३ ॥

ळकारान्तेषु धातुषु । गळ नाशे । च्रळ चलने । डल उल्लङ्घने । डोल अपरिचयने । फळ वस्त्रादिजीर्णने साफल्ये च । फ्लूल विकसने । मेळ संगमे । इत्येषां धातूनां वर्तमानप्रत्ययादेशाः स्युः भूतविषये ॥ गंळ्रु । नष्टः ॥ गंळि । नष्टास्ते ॥ च्रंळ्रु । पलायितः ॥ च्रंळि । पलायिताः ॥ डंळ्रु । उल्लङ्घितः ॥ डंळि । उल्लङ्घिताः ॥ डूळ्रु । अपरिचितः ॥ डूळि । अपरिचितं तैः ॥ फंळ्रु । जीर्णः ॥ फंळि । जीर्णाः ॥ फ्लूंळ्रु । विकसितः ॥ फ्लूंळि । विकासितास्ते ॥ म्यूळ्रु । संगतः सः ॥ मीळि । संगतास्ते ॥ डोळः ओकारस्योकारः सादेशपुंकर्तरि च (सू० २४) इत्युपधाया ऊकारः । मेळः फेरव्यहमेलां च (सू० २२) इत्युपधाया एकत्वे यूकारः बहुत्वे ईकारः । शेषं सुकरम् । स्त्रीकर्तरि यथा । गंजू । नष्टा ॥ गज्य । नष्टाः ॥ च्रंजू । पलायिता सा ॥ च्रज्य । पलायितास्ताः ॥ डंजू । उल्लङ्घिता ॥ डज्य । उल्लङ्घिताः ॥ डूजू । अपरिचिता ॥ डोज्य । अपरिचितास्ताः ॥ फंजू । जीर्णा ॥ फज्य । जीर्णास्ताः ॥ फ्लूंजू । विकसिता ॥ फ्लूज्य । विकसितास्ताः ॥ मीजू । संगता ॥ मेज्य । संगतास्ताः ॥ अत्र डोळः स्त्रियामूदोताव् (सू० २५) इत्युपधाया ऊकार-ओकारौ । मेळः स्त्रियामीदेतौ सर्वत्र (सू० २३) इति एकत्वे ईकारः । एवं । च्रज्योव् । पलायामास ॥ च्रज्याव् । मदुद्राव ॥ इत्यादि स्वरूपाणि साध्यानि ॥

॥ ब्रुवरावोर्वात् ॥ ९४ ॥

वकारान्तेषु धातुषु ब्रुव उत्पत्तौ । राव नष्टीभवने । इत्यनयोर्भूतविषये प्रोक्तवत् वर्तमानादेशाः स्युः ॥ ब्रुंवु । उद्भूतः ॥ ब्रुंवि । उद्भूतास्ते ॥ रांवु । नष्टः सः ॥ रांवि । नष्टास्ते ॥ एकत्र उद्युतस्योपधाया आत ओत्वम् (सू० २०) इति । अन्यत्र इदुदूद्युतानां पूर्ववर्णस्वराप्रसिद्धता (सू० १९) इति ॥ स्त्रीकर्तरि यथा । रांवू । नष्टा सा ॥ राव्य । नष्टास्ताः ॥ ब्रुंवू । उत्पन्ना ॥ ब्रुव्य । उत्पन्नास्ताः ॥ राव्योव् । व्यनशत् सः ॥ राव्याव् । ननाश ॥ इत्यादयश्च सामान्यादिषु विचार्याः ॥

॥ द्रुषपोषमषरोषां षात् ॥ ९५ ॥

षकारान्तेषु धातुषु । द्रुष च्यवने । पोष पर्याप्ततायाम् । मष विस्मृतौ । रोष रुष्टौ । इत्येषां भूतकालविषये वर्तमानादेशाः प्रोक्तवद्भवन्ति ॥ द्रुंषु । श्च्योतितः ॥ द्रुंषि । श्च्योतिताः ॥ पूषु । पर्याप्तः ॥ पूषि । पर्याप्ताः ॥ मंठु । विस्मृतः सः ॥ मंठि । विस्मृतास्ते ॥ रुठु । रुष्टः सः ॥ रुठि । रुष्टास्ते ॥ पोषरोषोः ओकारस्योकारः सादेशपुंकर्तरि च (सू० २४) इति उपधाया ऊकारः । मषरोषोः डेषव्यद्दरोषमषां ठः सर्वत्र (सू० ६२) इति ठकारः ॥ स्त्रीकर्तरि यथा । द्रुंषू । श्च्योतिता सा ॥ द्रुष्य । श्च्योतितास्ताः ॥ पूषू । पर्याप्ता सा ॥ पोष्य । पर्याप्तास्ताः ॥ मंठू । विस्मृता सा ॥ मछ्य । विस्मृतास्ताः ॥ रुठू । रुष्टा सा ॥ रोछ्य । रुष्टास्ताः ॥ पोषरोषोः स्त्रियामूदोताव् (सू० २५) इति । मषरोषोः ठकारे कृते । सादेशभूतकर्तृकर्मिणोरनेकत्वे च स्त्रियाम् (सू० ७०) इति ठस्य छः । द्रुष्योव् । द्रुष्याव् । चुश्च्योत ॥ पोष्योव् । पोष्याव् । पर्याप ॥ मछ्योव् । व्यस्मारि ॥ मछ्याव् । विसस्मे ॥ रोछ्योव् । अरोषीत् ॥ रोछ्याव् । रुरोष ॥ इति सामान्यपूर्णयोः साध्यानि ॥

॥ आसखसफसबसलसलोसवसां सात् ॥ ९६ ॥

सकारान्तेषु धातुषु। आस सत्तायाम्। खस आरोहे। फस बद्धीभवने। बस निवासे। लस सम्यग्जीवने। लोस श्रमे। वस अवरोहणे। इत्येषां भूतकालविषये वर्तमानादेशाः प्रोक्तवत्स्युः॥ ओसु। आसीत् सः॥ ओसि। आसन् ते॥ खंथु। आरूढः सः॥ खंथि। आरूढास्ते॥ फंसु। बद्धीबभूव सः॥ फंसि। बद्धीबभूवुस्ते॥ बंसु। निवसितः सः॥ बंसि। निवसितास्ते॥ लूस्तु। जीवितः सः॥ लूस्ति। जीवितास्ते॥ लूसु। श्रान्तः सः॥ लूसि। श्रान्तास्ते॥ वंथु। अवरूढः सः॥ वंथि। अवरूढास्ते॥ प्रथमस्य उद्युतस्योपधाया आत ओत्वम् (सू० २०) इति। खसवसोस्थः सर्वत्र (सू० ६६) इत्यनयोः सकारस्य थकारः। लसः लसश्च पुंभूते (सू० ३१) इति तकारागमः। लसश्च (सू० २७) इत्युपधाया ऊत्वम् एकत्वे ख्यातः बहुत्वे अप्रसिद्धः। लोसः ओकारस्योकारः सादेशपुंकर्तरि च (सू० २४) इत्युपधाया ऊकारः। स च लसधातुवत्प्रसिद्धाप्रसिद्धो निर्णयः॥ स्त्रीकर्तरि यथा। ओस्॒। आसीत् सा॥ आस। आसन् ताः॥ खंछ्॒। आरूढा सा॥ खछ। आरूढास्ताः॥ फंस्॒। बद्धीबभूव सा॥ फस। बद्धीबभूवुस्ताः॥ बंस्॒। निवसिता सा॥ बस। निवसितास्ताः॥ लूछ्॒। जीविता सा॥ लाछ। जीवितास्ताः॥ लूस्॒ वा लूछ्॒। श्रान्ता सा॥ लोस वा लोछ। श्रान्तास्ताः॥ वंछ्॒। अवतीर्णा सा॥ वछ। अवतीर्णास्ताः॥ आस एकत्व इदुदूद्युतानाम् (सू० १९) इति आकारस्य अप्रसिद्धता। बहुत्वे सकाराच्च (सू० १३) इति यकारस्याकारः। खसवसोस्थकारे कृते। तवर्गस्याप्रसिद्ध (सू० ७२) इति छकारः थकारस्य चाकारः। लसः स्त्रियामेकत्वानेकत्वे ऊदातावप्रसिद्धाव् (सू० २८) इति ऊकार आकारौ। लोसः स्त्रियामूदोतात्र् (सू० २५) इति ऊकार-ओकारौ। विकल्पेन थकारछकारौ। शेषं पूर्ववत्। आस धातोः सामान्यपूर्णभूतप्रयोगाः साधुशाब्दवन्नोच्चार्यन्ते अतो नोदाहृताः॥ खछोव्। खछाव्। आरुरोह॥ फसोव्। फसाव्। बबन्धे॥ बसोव्। बसाव्। उवास॥ लाछोव्।

लोछाव् । जिजीव ॥ लोसोव् । लोसाव् । शश्राम ॥ वछोव् । वछाव् । अत्र-रुरोह ॥ इत्यादयः सामान्यपूर्णयोः प्रयोगा वेदितव्याः । लसधातोः । लसोव् । लसाव् । जिजीव । इति विकल्पेन स्वरूपाणि सेत्स्यन्ते परंतु [अ]साधुश-ब्दतया नादीयन्ते । फसवसलोसां यागमस्य प्रत्ययाद्यवयवत्वे सिद्धे । सकाराच्च (सू० ११) इति निर्देशतः [सकाराच्च बहुलम् (सू० ४८ क) इति सूत्रेण] तस्य लोपः । यद्वा खसवसोस्थ (सू० ६६) इति ज्ञापकात् सकारस्थकारपरिणतो भवति थकारस्य तवर्गस्याप्रसिद्ध (सू० ७२) इत्यनेन छकारपरिणामः सिद्ध एव अतः सकारात्परस्यापि यकारस्य अप्रसिद्धच्चवर्गाल्लोप (सू० ४७) इति लोप-विधिः ॥

॥ व्यहो हात् ॥ ९७ ॥

हकारान्तेषु धातुषु व्यह उपवेशने इत्यस्य भूतविषये वर्तमानादेशाः स्युः ॥ व्यूठु । उपविष्टः ॥ वीठि । उपविष्टाः ॥ डेपव्यहरोषणषां ठः सर्वत्र (सू० ६२) इति ठकारः । फेरव्यहमेलां च (सू० २२) इति उपधाया एकत्वे यूकारः बहुत्वे ईकारः । स्त्रीकर्तरि । बीठ् । उपविष्टा ॥ बेछ्य । उपविष्टाः ॥ अन्त्यस्य ठकारे कृते । सादेशभूतकर्तृकर्मिणोरनेकत्वे च स्त्रियाम् (सू० ७०) इति छकारः । स्त्रियामीदेताव् (सू० २३) इत्युपधाया ईकार-एकारौ । शेषं पूर्ववत् । बेछ्योव् । उपाविशत् ॥ बेछ्याव् । उपविवेश ॥ इत्यादयः सामान्यपूर्णयोर्विवेच्याः ॥ क्रियातिपत्त्यपरपर्यायापूर्णभूतस्योभयोर्भविष्यदतीतयोरन्तर्गतत्वात्तन्निरूपणं द्वि-तीये भविष्यत्पादे यथासंभवं विरचितमिति चतुष्प्रकारोऽतीतकालः ॥

इति शारदाक्षेत्रभाषाव्याकरणे कश्मीरशब्दामृते आख्यातप्रक्रियायां भूतपादस्तृतीयः ॥८।३ ॥

अथाख्यातप्रक्रियायाम् ॥ ८ ॥

हेतुपादः ॥ ४ ॥

॥ स्वाकर्तृत्वावसरे परक्रियाकर्तृत्वारोपो हेतुः॥१॥

निखिलस्य वस्तुजातस्य कर्तृत्वं भवत्येव अतो यस्य कस्यचिद्वस्तुन आत्मनः कर्तृत्वाकाले क्रियाकरणे प्रवर्तमानस्य तदितरस्य वस्तुनः कर्तृत्वे य आरोपः स हेतुरवधार्यः। यथा लोभः कुरुते पापमित्यत्र लोभस्य स्वकर्तृत्वं। लोभः कारयति पापमित्यत्र लोभव्यतिरिक्तस्य पापक्रियाप्रवर्तमानस्य जीवस्य कर्तृत्वे लोभस्य कर्तृत्वारोपः। अस्यामवस्थायां लोभः स्वयं करणक्रियां न विदधाति किंतु जीवस्य पापक्रियाया हेतुः संपन्नः क्रियायाश्च कर्तेत्यभिधीयत इति ॥

॥ हेतौ धातोराव् ॥ २ ॥

क्रियाया अर्थे हेतोः कर्तृतया अभिधेये सति धातोः पर आव् भवति स च धातुवद्भवति। यथा केवलो धातुर्विभक्तिसमुदायेषु परिणतो भवति तथा आव् प्रत्ययविशिष्टो ऽपि भवतीत्यर्थः ॥ करनावान् छुह् । कारयति ॥ परनावान् छुह् । पाठयति ॥ रननावान् छुह् । पाचयति ॥ साधनमुत्तरसूत्रे ॥

॥ आव्य ऽनागमः ॥ ३ ॥

धातोः आवि आव्हेतौ परे अन् आगमो भवति ॥ करनावान् छुह् । कारयति ॥ परनावान् छुह् । पाठयति ॥ रननावान् छुह् । पाचयति ॥ कर करणे । पर पठने । रन पाके । हेतौ धातोराव् (सू० २) इति आव् । अनेन अन् आगमः । करनाव् । परनाव् । रननाव् इति सिद्धे वर्तमानायां छुह प्रत्ययः (८।१।११ सूत्रेण) । धातोरानागमः (सू० ८।१।१९) ॥

॥ वुफो नो लः सूचनायाम् ॥ ४ ॥

वुफ विहायसा गतावित्यस्य मनुष्यादिसूचनाया अर्थे अनागमसंबन्धिनो नकारस्य लकारो भवति ॥ वुफलावान् छुह् । सूचयति ॥ सूचनायां किम् । वुफनावान् छुह् । उड्डाययते ॥

॥ वुज़्कांम्पप्रसां वा ॥ ५ ॥

वुज़् जागरणे । कांम्प कम्पने । प्रस प्रसवे । एषां धातूनां आवि परे विकल्पेन अन् आगमो भवति [१४-१९ सूत्राभ्याम् आव आदेर्ह्रस्वः] ॥ वुज़्वान् छुस् । जागरयति तम् ॥ कांम्पवान् छुस् । कम्पयति तम् ॥ प्रसवान् छुस् । प्रसावयति ॥ पक्षे । वुज़्नावान् छुस् । जागरयति ॥ कांम्पनावान् छुस् । कम्पयति ॥ प्रसनावान् छुस् । प्रसावयति ॥

॥ येरनादेशो ऽनि ॥ ६ ॥

यि आगमने इत्यस्य आव्संबन्धिनि अनि परे अन् आदेशो भवति ॥ अननावान् छुह् । आनाययति ॥

॥ सादेशानादेशभूतेभ्यस्त्र्यक्षरधातुभ्यो ऽनो लोपः ॥ ७ ॥

येषां कर्तृधातूनां भूतकालविषये प्रत्ययानामादेशः कृतो न भवति येषां च कृतो भवति ते त्र्यक्षराश्चेत्स्युस्तेभ्य आवि परे अन् आगमस्य लोपो भवति ॥ ब्वबरावान् छुह्। समापयति ॥ काञ्जरावान् छुह्। पिङ्गलीकरोति ॥ कुमलावान् छुह्। कोमलीकरोति ॥ चोंखरावान् छुह्। संकोचयति ॥ छ्वाँछ्नावान् छुह्। लघ्वीकरोति ॥ मन्दछावान् छुह्। ह्रेपयति ॥ व्वज़लावान् छुह्। उज्ज्वलीकरोति ॥ ब्वबर समाप्तौ। काञ्जर पिङ्गलीभवने। कुमल कोमलीभवने। चोंखर संकोचने। छ्वाँछ्न लघ्वीभवने। मन्दछ मन्दाक्षे। व्वज़ल रक्तीभवने। हेतौ धातोराव् (सू० २) इत्याव्। आव्यनागमः (सू० ३)। अनेन लोपः। सादेशानां यथा। समखावान् छुह्। समक्षीकरोति ॥ व्वपज़ावान् छुह्। उत्पादयति ॥ सादेशानादेशभूतेभ्यः किम्। कमवनावान् छुह्। अर्जयति ॥ कतरनावान् छुह्। कृन्तयति ॥ कपटनावान् छुह्। शकलीकरोति ॥ त्र्यक्षरेभ्यः किम्। बुडनावान् छुह्। स्थविरीकरोति ॥ खंल्रावान् छुह्। विस्तारयति ॥ बंस्रावान् छुह्। भावयति ॥ थकनावान् छुह्। श्रामयति ॥

॥ वुष्णश्च ॥ ८ ॥

वुष्ण उष्णीभवने इत्यस्य आवि परे अनागमस्य लोपो भवति ॥ वुष्णावान् छुह्। उष्णीकरोति ॥

॥ पिद्योरिलोपश्च ॥ ९ ॥

पि पतने। दि दाने। इत्यनयोः आवि परे अनागमस्य लोपो भवति धातोरिकारस्य च लोपः ॥ पावान् छुम्। पातयति तम् ॥ दावान् छुह्। दापयति ॥

॥ इकारान्ताद्वा ॥ १० ॥

इकारान्ताद्धातोर्विकल्पेन अनागमस्य लोपो भवति ॥ न्यावान् छुह् । नाययति ॥ ख्यावान् छुह् । खादयति ॥ च्यावान् छुह् । पाययति ॥ ह्यावान् छुह् । हारयति ॥

॥ अनः पूर्वमाव् वा ॥ ११ ॥

इकारान्ताद्धातोः अनागमात्पूर्वं विकल्पेन आव् प्रयोज्यः [पक्षे अनागमलोपश्च] ॥ ख्यावनावान् छुह् वा ख्यावान् छुह् । खादयति ॥ च्यावनावान् छुह् वा च्यावान् छुह् । पाययति ॥

॥ निद्योरावादिलोपः ॥ १२ ॥

नि हरणे । दि दाने । इत्याभ्यां परस्य आव आदिलोपो भवति ॥ निवनावान् छुह् । हारयति ॥ दिवनावान् छुह् । दापयति ॥ [अन्लोप] पक्षे । न्यावान् छुह् । हारयति ॥ दावान् छुह् । दापयति ॥

॥ हेर्ह्रस्वः ॥ १३ ॥

हि प्रतिग्रहणादिषु । इत्यस्मादाव आदेर्ह्रस्वो भवति ॥ ह्यवनावान् छुह् । प्रतिग्राहयति ॥ [अन्लोप]पक्षे । ह्यावान् छुह् । प्रतिग्राहयतिं ॥

॥ वुज़्बुडलारपिलकांम्परन्ज़्भ्य आवो ह्रस्वः ॥ १४ ॥

वुज़ जागरणे । बुड निमज्जने [। लार स्पर्शानुगमनस्निग्धीकरणेषु] । पिल पर्याप्तौ । कांम्प कम्पने । रन्ज़ प्रीतौ रागे च । एभ्यः परस्य [विकल्पेन]

अनो लोपे कृते आव् प्रत्ययस्य ह्रस्वो भवति ॥ वुजवान् छुह् । जागरयति ॥ वुडवान् छुह् । निमज्जयति ॥ [लारवान् छुह् । स्पर्शयति ॥] पिलवान् छुह् । प्रापयति ॥ कांम्पवान् छुह् । कम्पयति ॥ रन्जवान् छुह् । रन्जयति ॥ [* अन आगमस्य लोपाभावपक्षे तु ।] वुज़नावान् छुह् । जागरयति ॥ वुडनावान् छुह् । निमज्जयति ॥ [लारनावान् छुह् । स्पर्शयति ॥] पिलनावान् छुह् । पर्यापयति ॥ कांम्पनावान् छुह् । कम्पयति ॥ रन्जनावान् छुह् । रन्जयति ॥

॥ प्रसः पीनादेशश्च वा ॥ १५ ॥

प्रस प्रसवे इत्यस्मात्परस्य आव् प्रत्ययस्य ह्रस्वो भवति विकल्पेन पीन आदेशः [अनो लोप] श्च स्यात् ॥ प्रसवान् छुह् । प्रसावयति ॥ पक्षे । पीनवान् छुह् । प्रसावयति ॥ प्रसनावान् छुह् इति तृतीयं स्वरूपमुक्तचरमेव [सू० ९] ॥

॥ फट उपधादीर्घश्च ॥ १६ ॥

फट काष्ठभेदादिषु इत्यस्मात्परस्य आव् प्रत्ययस्य ह्रस्वो भवति धातोरुपधायाश्च दीर्घः स्यात् ॥ फाटवान् छुह् । निमज्जयति ॥ [अनो लोपाभाव] पक्षे । फाटनावान् छुह् । उद्भेदयति ॥

॥ न क्वचादिभ्यो ऽनो लोपादि ॥ १७ ॥

क्वच धातुर्धातुपाठे सिद्ध एव पठितः क्वच आर्द्रीभवने । ग्वह दीप्तौ । ग्रक चाञ्चल्यपाकातिशययोः । ज़ोत दीप्तौ । दक धावने । तेल विस्फोटादिदंशे । तोप तोपे । दोर गतिचातुर्ये । नांम्प दीप्तौ । नील हरितीभवने । पिस पाकेन

[* अस्मिन्स्थाने मूलपुस्तके एभ्यः परस्य किगिति पाठो ऽसंगतार्थो ऽभूत् ।]

वहिर्निःसरणे । पेड निर्यासे । पोर पर्याप्त्यनार्द्रत्वयोः । मार समीक्षणे । फत्र प्रशस्तीभवने । फर स्तेये । फल वस्त्रजीर्णने । फुह फुश अन्तःकोपे । फेर भ्रमणादिषु । फोर स्फुरणे । बाद प्रबलीभवने । बास भासने । बुड स्थविरीभवने । भ्रज़ दीप्तौ । याप व्याप्तौ । रम्भ शोभायाम् । रस सरसीभवने । रोच़ रोचने । रोट अवष्टम्भे । रुड दृढीभवने । रूण जीर्णने । ल्यड पराजयीभवने । लोर वैकल्ये इत्यादयः [कृज़ादयः] ॥ एषामनो लोपादि न भवति आदिशब्दात् ह्रस्वविकल्पादि च न भवति ॥ कृच़नावान् छुह् । आर्द्रीकरोति ॥ ग्वहनावान् छुह् । दीपयति ॥ ग्रकनावान् छुह् । पाचयति ॥ ज़ोतनावान् छुह् । दीपयति ॥ दकनावान् छुह् । धावयति ॥ इत्यादि ॥ [अत्रानो लोपादिविधेरप्राप्तावपि वक्ष्यमाण (सू० २०) शिष्टेत्यादिसूत्रविध्याश्रयपरिशिष्टधातुपर्युदासज्ञापनार्थमयं योगारम्भः ॥]

॥ मरः संधापने ॥ १८ ॥

मर मरणसंधापनयोरित्यस्य संधापनार्थे अनो लोपादि न भवति ॥ मरनावान् छुह् । संधापयति ॥ संधापनार्थे किम् । मारान् छुह् । मारयति ॥ यद्यपि मार मारणे इत्यादयः केचिद्धातवो धातुपाठे सिद्धा एव पठिताः परंत्वत्र पाठकानां भ्रमनिरसनाय तेषां कारितक्रिया विशदीकृता ॥

॥ व्यठो वा ॥ १९ ॥

व्यठ तिक्तीभवने इत्यस्य विकल्पेन अनो लोपादि न भवति ॥ व्यठनावान् छुह् । तिक्तीकरोति ॥ पक्षे । व्यद्रावान् छुह् । तिक्तीकरोति ॥

॥ शिष्टेभ्य आवि रागमोऽनादेशेषु ॥ २० ॥

अनादेशभूतप्रत्ययेषु मध्याच्छिष्टेभ्यो धातुभ्य आव् प्रत्यये परे रकारागमो

भवति ॥ कंल्रावान् छुह् । मूकीकरोति ॥ खंल्रावान् छुह् वा खंज्रावान् छुह् । विस्तारयति ॥ ग्वंब्रावान् छुह् । गुर्वीकरोति ॥ च्वंक्रावान् छुह् । अम्लीकरोति ॥ चुक्रावान् छुह्[1] । कोपयति ॥ पूट्रावान् छुह् । स्थूलीकरोति ॥ व्यंठ्रावान् छुह् । स्थूलयति ॥ तीज्रावान् छुह् । उत्तेजयति ॥ ठीक्रावान् छुह् । स्थापयति ॥ इत्यादयः स्वयमेव साधनीयाः ॥

॥ चल्छ्यन्नथकफसफुटफ्ल्लमषरावक्कखक्कचश्र-पेभ्यो वा ॥ २१ ॥

सादेशभूतप्रत्ययधातुषु प्रोक्तेभ्यो धातुभ्यः आव् प्रत्यये परे रकारागमो विकल्पेन स्यात् ॥ चल्रावान् छुह् । मद्रावयति ॥ चलनावान् छुह् । विद्रावयति ॥ छ्यंञ्रावान् छुह् । छेदयति ॥ छ्यञनावान् छुह् । छेदयति ॥ थंक्रावान् छुह् वा थकनावान् छुह् । श्रमयति ॥ फंस्रावान् छुह् वा फसनावान् छुह् । निबद्धयति ॥ फुट्रावान् छुह् वा फुटनावान् छुह् । भनक्ति ॥ एवमितरेषामपि ज्ञेयम् ॥

छपचेनमानां भूतकर्मधातुषु ॥ २२ ॥

भूतकाले ये धातवः कर्मप्रयोगिणो भवन्ति तेषु मध्यात् । छप दृष्टिकालयोः क्षेपे । चेन चेतने । मान स्वीकरणे । इत्येतेभ्य आव् प्रत्यये रकारागमो वा भवति ॥ छंप्रावान् छुह् । क्षेपयति ॥ चीञ्रावान् छुह् । संज्ञापयति ॥ मांञ्रावान् छुह् । स्वीकारयति ॥ पक्षे । छपनावान् छुह् । चेननावान् छुह् । माननावान् छुह् ॥ प्रथमो वकारविशिष्टो ऽपि दृश्यते ॥ छ्वंप्रावान् छुह् । इति ॥

[१ च्वक धातुर्धातुपाठे वकारोपधः पठ्यते चुक्रावान् छुह् इत्येतत्प्रयोगनिष्पत्त्या अत्रोकारोपधो ज्ञेयः ॥]

॥ छकः स्वार्थे ॥ २३ ॥

छक कीर्णने इत्यस्य आव् प्रत्यये परे रकारागमो भवति स्वार्थे एव ॥ छकान् छुह् । अवकिरति ॥ छंक्रावान् छुह् । अवकिरति ॥ छंक्रान् छुह् । अवकिरति ॥ हेतौ तु । छकनावान् छुह् वा छंक्रनावान् छुह् । इति स्वरूपे स्तः ॥

॥ रादावो लोपो वा ॥ २४ ॥

रकारात्परस्य आव्प्रत्ययस्य विकल्पेन लोपो भवति ॥ चुक्रान् छुह् । कोपयति ॥ छ्यंट्रान् छुह् । उच्छिष्टीकरोति ॥ छ्यंव्रान् छुह् । शमयति ॥ छ्रट्रान् छुह् । संक्षेपयति ॥ पूट्रान् छुह् । स्थूलयति । इत्यादि ॥ पक्षे । चुक्रावान् छुह् । कोपयति ॥ छ्यंट्रावान् छुह् । उच्छिष्टीकरोति ॥ छ्यंव्रावान् छुह् । शमयति ॥ छ्रट्रावान् छुह् । शमयति ॥ पूट्रावान् छुह् । स्थूलयति ॥

॥ तवर्गस्याप्रसिद्धचवर्गो रे ॥ २५ ॥

तवर्गान्तस्य धातोः रे रप्रत्यये परे अप्रसिद्धचवर्गादेशो भवति ॥ छंच्रावान् छुह् । श्वेतयति ॥ तंच्रावान् छुह् । तापयति ॥ स्वंच्रावान् छुह् । शमयति ॥ श्वंज्रावान् छुह् । शोधयति ॥ थंज्रावान् छुह् । उन्नतीकरोति ॥ बंञ्रावान् छुह् । भावयति ॥ तंञ्रावान् छुह् । कर्शयति ॥ क्यंञ्रावान् छुह् । क्लेदयति । इत्यादयो विज्ञेयाः ॥ छत श्वैत्ये । तत तप्तीभवने । स्वत शमने । श्वद शोभने । थद उन्नतीभवने । बन भवने । तन विरलीभवने । क्यन्न क्लेदने । हेतौ (२ सूत्रेण) आव् । शिष्टेभ्य आवि रागमो ऽनादेशेषु (सू० २०) इति रकारागमः । अनेन क्रमात्तवर्ग्याणामप्रसिद्धचवर्ग्यादेशः ॥

॥ जेरन्त्यस्योव् ॥ २६ ॥

जि जनने इत्यस्य रकारे परे अन्त्यस्वरस्य ओव् आदेशो भवति ॥ ज़ोव्रान् छुह् । जनयति ॥ पक्षे ज़ोव्रावान् छुह् । जनयति ॥

॥ भूतोक्तस्त्र्येकत्ववदुपधादेशादयश्च ॥ २७ ॥

धातूनां रकारे परे उपधादेशादयः भूतोक्तस्त्रीलिङ्गैकत्ववत् भवन्ति। ये भूतकाले स्त्रीलिङ्गैकवचनसंबन्धिन उपधाया आदेशादयो भवन्ति ते हेतुसंबन्धिनि रकारे ऽपि भवन्तीत्यर्थः ॥ मांन्र्यावान् छुह् । मानयति ॥ कांन्र्यावान् छुह् । काणीकरोति ॥ म्रीट्रावान छुह् । मूढीकरोति ॥ मीट्रावान् छुह् । मधुरीकरोति ॥ पूठ्रावान् छुह् । स्थूलयति ॥ लूक्रावान् छुह् । क्षुद्रीकरोति ॥ मान स्वीकरणे । कान काणीभवने । म्रेठ मूर्खीभवने । मेठ मधुरीभवने । पोठ स्थूलीभवने। लोक क्षुद्रीभवने । हेतौ धातोराव् (सू० २) इति आव् प्रत्ययः। छपच्नेनमानां भूतकर्मधातुषु (सू० २२) इति रकारागमः । शिष्टानां पश्चानां शिष्टेभ्य आवि रागमो ऽनादेशेषु (सू० २०) इति रकारागमः । तवर्गस्याप्रसिद्धत्तवर्गो रे (सू० २५) इति नकारस्य ञकारः । एकत्वे ऊमात्रादेशः (सू० ८।३।८) इति सूत्रवृत्तिसिद्धा उपधाया आकारस्याप्रसिद्धता । स्त्रियामीदेतौ सर्वत्र (सू० ८।३।२३) इति एकारस्य ईकारः । स्त्रियामूदोताव् (सू० ८।३।२५) इति ओकारस्य ऊकारः । मांन्राव् इत्यादिसिद्धौ वर्तमानायां छुह् (सू० ८।१।११) । धातोरानागमः (सू० ८।१।१९) ॥

॥ तरमरडललगां हेतुप्रत्ययागमलोपोपधादीर्घौ ॥२८॥

तर तरणे । मर मरणसंधापनयोः । डल उल्लङ्घने । लग संगे पङ्क्तियां संगतीभवने च । एषां धातूनां हेतोः कारितस्य संबन्धिनोः प्रत्ययागमयोर्लोप उपधायाश्च दीर्घो भवति ॥ मरः मरणार्थ एव । लगः संग एव ॥ तारान् छुह् । तारयति ॥ मारान् छुह् । मारयति ॥ डालान् छुह् । उल्लङ्घयति ॥ लागान् छुह् । संगमयति ॥ मरणार्थे किम् । मरनावान् छुह् । संधापयति ॥ संगे किम् । लगनावान् छुह् । साधनं पूर्ववत् ॥

॥ खसवसोरन्त्यस्य रश्च ॥ २९ ॥

खस आरोहे । वस अवरोहणे । अनयोर्हेतुमत्ययागमलोपौ भवतः अन्त्याक्षरस्य च रकारो भवति ॥ खारान् छुह् । आरोपयति ॥ वाळान् छुह् । अवतारयति ॥

॥ श्वङ्गः सावादेशो वा ॥ ३० ॥

श्वङ्ग शयने इत्यस्य हेतुमत्ययागमलोपौ सावादेशश्च विकल्पेन भवति ॥ सावान् छुह् । शाययति ॥ पक्षे । श्वङ्गनावान् छुह् ॥

॥ दज़ो ज़ालः ॥ ३१ ॥

दज़ भस्मीभवने इत्यस्य हेतुमत्ययागमलोपौ जाल आदेशश्च भवति ॥ ज़ालान् छुह् । दाहयति ॥ दज़नावान् छुह् इति न साधुशब्दः ॥

॥ डेषो हावो वा ॥ ३२ ॥

डेष प्रेक्षणे इत्यस्य धातोर्हेतुमत्ययागमलोपौ हावादेशश्च भवति ॥ हावान् छुह् । दर्शयति ॥ पक्षे । डेपनावान् छुह् । इति गौणः ॥

॥ गछ़ः पकः ॥ ३३ ॥

गछ़ गतौ इत्यस्य हेतुमत्ययागमलोपौ पकादेशश्च भवति ॥ पकनावान छुह् । गमयति ॥ गछ़नावान् छुह् इति न साधुशब्दः । किं तु गंगाय गछ़नावान् छुस् । गङ्गां गमयति । इत्येवंविधे स्थाने यत्र स्वसाहचर्यं न स्यात्तत्रापर एव मुख्यः । यत्र तु स्वसाहचर्यं स्यात् यथा गोव्वन् पकनावान् छुह् । गा गमयति ॥ इत्येवंविधे स्थाने प्रथम एव मुख्य इति निर्णयम् ॥

॥ वुथस्तुलः ॥ ३४ ॥

वुथ उत्थाने । इत्यस्य हेतुमत्प्रत्ययागमलोपौ तुलादेशश्च भवति ॥ तुलान् छुह् । उत्थापयति ॥ वुथनावान् छुह् । इति गौणः । अत्रापि स्वहस्तेन वस्तुन उत्थापने आद्यो मुख्यः । प्रेरणादिना सजीवस्योत्थापने ऽपरो मुख्यः ॥

इति शारदाक्षेत्रभाषाव्याकरणे कश्मीरशब्दामृते
आख्यातप्रक्रियायां हेतुपादश्चतुर्थः ॥८।४॥
समाप्ता चैषा आख्यातप्रक्रिया ॥८॥

अथ कृदन्तप्रक्रियायाम् ॥ ६ ॥

कृत्क्रियादिपादः ॥ १ ॥

॥ चादृते ऽनेककालक्रियायुगपदुक्तावप्रधाना कृत्क्रिया ॥ १ ॥

चशब्दं तदपरपर्यायमपिशब्दं च विना द्वयोः कालयोस्त्रयाणां वा वर्तमानातीतभविष्यद्रूपाणां कालानां क्रिययोः क्रियाणां वा युगपदुक्तौ एककालं भाषणे सति कृदन्तसंबन्धिनी क्रिया अप्रधाना आख्यातक्रिया कृदन्तमुख्यक्रिया वा एकैव प्रधाना ऽवधार्या। यथा द्वयोर्वर्तमानक्रिययोर्युगपदुक्तावेका मुख्या अपरा अप्रधाना। अतीतवर्तमानयोर्युगपदुक्तौ तयोरन्यतरा मुख्या। अतीतमुख्यतायां वर्तमानः अप्रधानः। वर्तमानमुख्यतायामतीतो ऽप्रधान इति। एवं वर्तमानभविष्यन्तौ ३ अतीतातीतौ ४ अतीतभविष्यन्तौ ५ भविष्यद्भविष्यन्तौ ६ वर्तमानभविष्यदतीताः ७ अतीतभविष्यद्वर्तमानाः ८ अतीतवर्तमानभविष्यन्तः ९ वर्तमानातीतातीताः १० वर्तमानभविष्यद्भविष्यन्तः ११ अतीतभविष्यद्भविष्यन्तः १२ अतीतवर्तमानवर्तमानाः १३ अतीतभविष्यदतीताः १४ भविष्यद्वर्तमानवर्तमानाः १५ इति पञ्चदश स्वरूपाणि भवन्ति। तत्र द्वयोः क्रिययोर्वर्तमानद्वयसत्त्वे भविष्यद्वर्तमानसत्त्वे वा परस्परमुख्यगौणकल्पनया न कोऽप्यर्थस्य विनिमयः स्यात्। केवलं मुख्यक्रियागौणक्रियानिर्देश इति। क्रियाद्वये वर्तमानातीतकालयोः सत्त्वे मुख्य-

गौणकल्पनयार्थविपर्यास इति। एवं क्रियात्रितयसमुदाये वर्तमानद्वयसत्त्वे मुख्यगौणकल्पनयार्थविलोमता न संभवति। वर्तमानैकसत्त्वे तु भविष्यदप्रधानक्रियया संबन्धे सति मुख्यगौणकल्पनयार्थविनिमयः। प्रधानक्रियया तु नार्थविपर्यय इति। अत्रातीतादिकालाः क्रियाकालापेक्षया निर्णेयाः न तु वर्तमानकालापेक्षयेति॥ क्रमादुदाहरणानि॥ ख्यवान् गछ़ान् छुह्। खादन् गच्छति॥ ख्यथ् क्यथ् गछ़ान् छुह्। भुक्त्वा गच्छति॥ ख्यवान् गछि। खादन् गमिष्यति॥ ख्यथ् गयाव्। भुक्त्वा जगाम॥ ख्यथ् गछि। भुक्त्वा गमिष्यति॥ परनस् कितु गछि। पठितुं गमिष्यति॥ ख्यवान् ख्यवान् परनस् कितु गयोव्। खादन्पठितुं जगाम॥ परिथ् जेननस् कितु गछ़ान् छुह्। पठित्वा जेतुं व्रजति॥ द्यथ् क्यथ् दवान् पकि। धृत्वा धावन्गमिष्यति॥ दिथ् क्यथ् दवान् गौव्। दत्त्वा धावञ्जगाम॥ जेननस् कितु दवान् गछि। जेतुं धावन्गमिष्यति॥ दिथ् क्यथ् ख्यनस् कितु गछि। दत्त्वा भोक्तुं गमिष्यति॥ च्यथ् क्यथ् असान् यिवान् छुह्। पीत्वा हसन्नायाति॥ श्रान् करिथ् परनस् कितु गयोव्। स्नात्वा पठितुं ययौ॥ नच़ान् बसनस् कितु गछ़ान् छुह्। नृत्यन्निवसितुं याति॥

॥ वर्तमाने धातुभ्य आन् ॥ २ ॥

मुख्यक्रियाया वर्तमानकाले चशब्दं विना अपरक्रियायां वाच्यायां सत्यां धातुभ्य आन् प्रत्ययो भवति स चाव्ययः॥ करान्। कुर्वन्॥ बोज़ान्। शृण्वन्॥ परान्। पठन्॥ इत्यादि। कर करणे। बोज़ निशामने। पर पठने। अनेन आन् प्रत्ययः॥

॥ वपूर्वः स्वरान्तात् ॥ ३ ॥

स्वरान्ताद्धातोरान् प्रत्ययः वकारपूर्वो भवति क्रियावर्तमाने गम्यमाने सति॥ दिवान्। ददन्॥ ख्यवान्। खादन्॥ च्यवान्। पिबन्॥ दि दाने। खि खादने। चि पाने। अनेन वान् प्रत्ययः। चिख्योः सर्वत्राकारागमो निदियिवर्जितात् (सू० ८।२।११) इत्यकारागमः॥

॥ आभीक्ष्ण्ये द्विश्च पदम् ॥ ४ ॥

आभीक्ष्ण्ये असकृत्कर्मणि गम्यमाने पदं द्विर्द्विवारं प्रयोज्यम् ॥ दिवान् दिवान् गौव्। ददद्ददद्गतः ॥ चयवान् चयवान् आव्। पिबन्पिबन्नागतः ॥ परान् परान् करुन्। पठन्पठन्नकरोत् ॥

॥ अतीते इथ् ॥ ५ ॥

मुख्यक्रियाकाले चशब्दं विना तदितरातीतक्रियायां गम्यमानायां धातोः इथ् प्रत्ययः स्यात् ॥ करिथ्। कृत्वा ॥ परिथ्। पठित्वा ॥ दारिथ्। धृत्वा ॥ साधनं सुगमम् ॥

॥ इथः क्यथ् वा ॥ ६ ॥

इथ् प्रत्ययात्परो विकल्पेन क्यथ् प्रत्ययो भवति ॥ करिथ् क्यथ्। कृत्वा ॥ परिथ् क्यथ्। पठित्वा ॥ दारिथ् क्यथ्। धृत्वा ॥ पक्षे। करिथ्। कृत्वा ॥ परिथ्। पठित्वा ॥ दारिथ्। धृत्वा ॥ इति पूर्वं साधितानि ॥

॥ स्वरान्तादिथो ऽत् ॥ ७ ॥

स्वरान्ताद्धातोः इथः इकारस्य अत् अकारो भवति ॥ धथ् क्यथ्। धृत्वा ॥ खयथ् क्यथ्। खादित्वा ॥

॥ निदियिभ्य इलोपः ॥ ८ ॥

नि हरणे। दि दाने। यि आगमने। एभ्य इकारलोपो भवति ॥ निथ्। हृत्वा ॥ दिथ्। दत्त्वा ॥ यिथ्। आगत्य ॥

॥ वुडो ज इथि मोक्षे ॥ ९ ॥

वुड उड्डयने इत्यस्य इथ् प्रत्यये परे डकारस्य जकारो भवति मोक्षे गम्यमाने ॥ वुजिथ् गौव् । मोक्षं गत इत्यर्थः ॥

॥ मंष्रावो रलोपः स्वरविनिमयश्च मरणकर्मणि ॥ १० ॥

मंष्राव विस्मारणे इत्यस्य धातोर्मरणपदे कर्मणि सति इथ् प्रत्यये परे रकारस्य लोपो भवति पूर्वापरस्वरविनिमयश्च स्यात् । पूर्वस्य दीर्घो द्वितीयस्य ह्रस्वो भवतीत्यर्थः ॥ मरुन् माषविथ् । मरणं विस्मारयित्वेत्यर्थः ॥

॥ इ प्रत्यय आभीक्ष्ण्ये द्विश्च पदम् ॥ ११ ॥

अतीते काले आभीक्ष्ण्ये गम्यमाने धातोः इ प्रत्ययो भवति पदं च द्विर्भवति ॥ क॑रि क॑रि । कारं कारम् ॥ बूज़ि बूज़ि । श्रावं श्रावम् ॥ लू॒नि लू॒नि । लावं लावम् ॥

॥ स्वरान्ताद्वा ॥ १२ ॥

स्वरान्ताद्धातोः अतीतकाले आभीक्ष्ण्ये गम्यमाने विकल्पेन इ प्रत्ययो भवति । पदं च द्विर्भवति ॥ दि दि । दायं दायम् ॥ यि यि । एत्यैत्य ॥ ख्य ख्य । भुक्त्वा भुक्त्वा ॥ प्रथमयोः निदियिभ्य इलोपः (सू० ८) । तृतीयस्य स्वरान्तादिथो ऽत् (सू० ७) इति इकारस्य अकारः । इकारो ऽसवर्णे यो ऽपरलोपः (सू० १।१०) । पक्षे दिथ् दिथ् । दायं दायम् ॥ यिथ् यिथ् । एत्यैत्य ॥ ख्यथ् ख्यथ् । भुक्त्वा भुक्त्वा ॥ च्यथ् च्यथ् । पायं पायम् ॥ साधनं पूर्ववत् ॥

॥ आदुपधाया अप्रसिद्धता ॥ १३ ॥

अतीतक्रियायां धातोरुपधाभूतस्याकारस्याप्रसिद्धता भवति ॥ कारिथ् । कथित्वा ॥ मारिथ् क्यथ् । हत्वा ॥ तारिथ् । तारयित्वा ॥ एवं । कारि कारि । काथं काथम् ॥ मारि मारि । मारं मारम् ॥ तारि तारि । तारं तारम् ॥ साधनं सुगमम् ॥

॥ एत ईत् ॥ १४ ॥

अतीतक्रियायां धातोरुपधाभूतस्य एकारस्य ईकारो भवति ॥ च़ीटि च़ीटि । कुट्टं कुट्टम् ॥ बीहि बीहि । आसमासम् ॥ लीखि लीखि । लेखं लेखम् ॥ च़ेट कुट्टने । ब्यह उपवेशने । लेख लेखने । इ प्रत्यय आभीक्ष्ण्ये द्विश्च पदम् (सू० ११) इति इ प्रत्ययः ॥ [ब्यह धातुरस्य विधेरनाश्रयः । किंच बिहि बिहि इति ह्रस्वेकारेणैव पाठः शुद्धो ऽस्ति ॥]

॥ ऊदोकारस्य ॥ १५ ॥

अतीतक्रियायां धातोरुपधाभूतस्य ओकारस्य ऊकारो भवति ॥ खूत्रि खूत्रि । भायं भायम् ॥ बूज़ि बूज़ि । श्रावं श्रावम् ॥ तूलि तूलि । तोलयं तोळयम् ॥ एवं । खूत्रिथ् । भीत्वा ॥ बूज़िथ् । श्रुत्वा ॥ तूलिथ् । तोलयित्वा ॥ साधनं सुगमम् ॥

॥ आनादयो ऽव्ययम् ॥ १६ ॥

आन् इथ् इथ्-क्यथ् इ इति चत्वारः प्रत्यया अव्ययमव्ययसंज्ञा भवन्ति ॥

॥ भविष्यति कितु पदम् ॥ १७ ॥

प्रधानक्रियाया भविष्यत्काले इतरस्यामप्रधानायां क्रियायां गम्यमानायां

धातोः कितु इति पदं भवति । पदग्रहणात् कितु इत्यस्य पुंस्त्रीत्वमेकत्वानेकत्वं च भवतीति विज्ञेयम् ॥ परनस् कितु । पठितुं सः ॥ रननस् कितु । पक्तुं सः ॥ परनस् किच़ू । पठितुं सा ॥ रननस् किच़ू । पक्तुं सा ॥ परनस् किति । पठितुं ते ॥ रननस् किच़ । पक्तुं ताः ॥ पर पठने । रन पाके । अनेन कितु । किताधनस् (सू० २०) इति अनस् आगमः । द्वितीययोः सर्वेषामुकारान्तानामूकारादेश (सू० ६।४) इति सूत्रेण ऊमात्रादेशः । तवर्गान्तानामप्रसिद्ध (सू० ६।११) इति तकारस्य च़कारः । तृतीययोरेकस्य उवर्णान्तानामिकारः (सू० २ । १ । ३०) इति उकारस्य इकारः । अपरस्य ऊमात्रादेशे तकारादेशे च कृते । बहुत्वे ऽकारागम (सू० २ । १ । ११) इत्यकारागमः । उवर्णान्तानामिकार (सू० २ । १ । ३०) इति ऊकारस्य इकारः । इकारो ऽसवर्णे यो ऽपरलोप (सू० १ । १०) इति यत्वम् । तस्य अप्रसिद्धच़वर्गाल्लोप (सू० ८ । ३ । ४७) । च़ेटनस् कितु । कुट्टयितुं सः ॥ च़ेटस् कितु (सू० ९ । २।१२) कुट्टनाय सः ॥ ग्रज़नस् कितु । गर्जितुं सः ॥ ग्रजि कितु (सू० ९।२।६९) गर्जनाय सः ॥ इति चतुर्थीस्वरूपाणि च तेषां धातूनां दृश्यन्ते येषां भावा अनेकधा भवन्ति । येषां तु पुंस्त्रीभेदाद्द्विविध एव स्यान्न तत्र चतुर्थीप्रयोगेन सिद्धिः । किंतु वक्ष्यमाणव्यञ्जनान्तेभ्यो धातुभावशब्देभ्यश्चतुर्थीप्रोक्तप्रत्ययेषु कृतेषु व्यञ्जनान्तस्योकारोपधाया अत् (सू० २ । १ । ३२) इत्यादिना चतुर्थीस्वरूपं सेत्स्यतीति ॥

॥ अनि च ॥ १८ ॥

प्रधानक्रियाया भविष्यत्काले इतरस्यामप्रधानायां क्रियायां गम्यमानायां धातोः परः अनि प्रत्ययो भवति ॥ परनि गछान् छुह् । पठितुं व्रजति ॥ रननि गौव् । पक्तुं गतः ॥ स्यनि गछि । अत्तुं यास्यति ॥

॥ समखः शुक्प्रष्टव्ये नित्यम् ॥ १९ ॥

समख समक्षीभवने इत्यस्य धातोः शोके प्रष्टव्ये सति नित्यमनि प्रत्ययो भवति ॥ समखनि गोव्। शोकपृच्छायै गत इत्यर्थः ॥ अन्यत्र । समखन-पुछ्ण् रूदु । समक्षीभवनाय स्थितः ॥

॥ कितावनस् ॥ २० ॥

धातोः कितु प्रत्यये परे अनस् आगमो भवति ॥ करनस् कितु। कर्तुं सः । साधनं सुगमम् ॥

॥ निदियिभ्यो ऽकारलोपः ॥ २१ ॥

नि हरणे । दि दाने । यि आगमने । एभ्यः परस्य अकारस्य लोपो भवति ॥ निनस् कितु । हर्तुं सः ॥ दिनस् कितु । दातुं सः ॥ यिनस् कितु । आगन्तुम् ॥

॥ उनु वा ॥ २२ ॥

धातोः कितु प्रत्यये उनु (सू० ९ । २ । ३) आगमो विकल्पेन भवति ॥ करुनु कितु । कर्तुं सः ॥

॥ उन्वन्तं लिङ्गवत् ॥ २३ ॥

अत्र वक्ष्यमाणे भावविकल्पस्वरूपे च उनु (सू० ९। २। ३) अन्ते यस्य तत्पदं लिङ्गवद्भवति । यथा कितु प्रत्ययस्य पुंस्त्रीत्वमेकत्वानेकत्वं च संभवति तथैव तस्मात्पूर्वस्य उनु विशिष्टस्य धातोरपि भवति ॥ रनुनु कितु । पक्तुं सः ॥ रनंनि किति । पक्तुं ते ॥ करञ्ञ् किञ्चु । कर्तुं सा ॥ करञ्ञ किञ्ञ । कर्तुं ताः ॥ साधनमुक्तवत् ॥

॥ स्वरान्तेभ्यो ऽनिदियिभ्य आदेरत् ॥ २४ ॥

नि हरणे । दि दाने । यि आगमने एतान्वर्जयित्वा स्वरान्तेभ्यो धातुभ्यः उनु प्रत्ययस्यादेरुकारस्य अकारो भवति ॥ ख्यनु कितु । खादितुं सः ॥ च्यनु कितु । पातुं सः ॥ प्यनु कितु । पतितुं सः ॥ ह्यनु कितु । वोढुं सः ॥ अनिदियिभ्यः किम् । दिनु कितु । दातुं सः ॥ निनु कितु । हर्तुं सः ॥ यिनु कितु । आयातुं सः ॥ साधनं पूर्ववत् ॥

॥ कर्तरि वुनु ॥ २५ ॥

धातोः कर्तर्यर्थे वुनु प्रत्ययो भवति ॥ करवुनु । कर्ता ॥ परवुनु । पाठकः ॥

॥ वुनावकारागमः ॥ २६ ॥

धातोः वुनु प्रत्यये परे अकारागमो भवति ॥ व्यठवुनु । स्थूलीभवन् ॥ पोठवुनु । पोण । सुगमम् ॥

॥ स्वरान्तेभ्यो वपूर्वः ॥ २७ ॥

स्वरान्तेभ्यो धातुभ्यो वपूर्वः अकारागमः वकारागमो भवति ॥ निववुनु । हारकः ॥ दिववुनु । दायकः ॥ यिववुनु । आगन्ता ॥ एवं । ख्यववुनु । खादकः ॥ च्यववुनु । पायकः ॥ ह्यववुनु । क्रायकः ॥ अत्र वकारागमे कृते सर्वत्राकारागमो निदियिवर्जितात् (सू० ८।२।११) इति धातोरेव अकारागमः ॥

॥ वोलुग्राक् पदौ च ॥ २८ ॥

धातोः कर्तर्यर्थे वोलु प्रत्ययः ग्राक् प्रत्ययश्च भवति उदाहरणमुत्तरसूत्रे ॥

॥ तयोरनागमः ॥ २९ ॥

तयोर्वोलु ग्राक् प्रत्यययोः परयोर्धातोः अन् आगमो भवति ॥ करन्-वोलु । कर्ता ॥ परन्-वोलु । पठिता ॥ एवं । करन्-ग्राख् । कर्ता ॥ परन्-ग्राख् । पाठकः ॥ पदसंज्ञाव्यपदेशाद्वक्ष्यमाणपुंस्त्रीभावपदात्परौ प्रयुक्तौ सन्तौ प्रोक्तसमासवत्सिद्धिरवधार्या ॥ तद्यथा । ज्ञानुन् भावपदात् अग्रे वोलुपदं । व्यञ्जनान्तस्योकारोपधाया अत् (सू० २।१।३२) इति उपधाया उकारस्य अकारः ॥ एवं । ज्ञाञ्-वोलु । अत्र ज्ञान् (सू० ९।२।७१) भावपदात् अग्रे वोलु पदम् । तवर्गान्तानाममसिद्ध (सू० ६।११) इति नकारस्य ञकारः । कृतादेशानामूमात्रा आगम (सू० २।१।१६) इति ऊमात्रा आगमः ॥ ज्ञानन्-वोलु । ज्ञाता ॥ ज्ञाञ्-वोलु । ज्ञाता ॥ इति सिद्धम् । यस्यैव धातोः स्वार्थे पुंस्त्रीरूपे भावपदे स्यातां तस्यैव स्वरूपद्वयं संगच्छत इत्यवधार्यम् ॥ [यस्यैवेत्यत्रायमर्थः यस्य धातोः स्वार्थे निजार्थे कर्तुः स्वस्यैवात्मन आन्तरधर्मद्योतके न तु केनचिद्बाह्येन कर्मादिना संयुज्यमानार्थके पुंस्त्रीरूपे पुंसि स्त्रियां च न तु द्वयोरन्यतरस्मिन्नेव निष्पद्यमानप्रयोगे भावपदे वक्ष्यमाणभावप्रत्ययान्तरूपे स्यातां तस्यैवेति। यथात्र ज्ञानुन् ज्ञान् इत्युभे पुंस्त्रीरूपे भावपदे कर्तृसंबन्धिज्ञानरूपस्यान्तरधर्मस्य वाचके स्त इति बोध्यम् । करादीनां (सू० ९।२।२।) स्वबाह्यकर्मसंयोगात् ज़रादीनां (सू० ९।२।२४) नित्यस्त्रीभावात् छ्वकादीनां (सू० ९।२।९) स्त्रीभावप्रत्ययान्तभावाभावात् डलादीनां (सू० ९।२।२७) बाह्यकर्मसंयोगभावात्पदसंज्ञाव्यपदेशादित्यादिना सूचितविधेरप्रसक्ततोक्तेति ॥]

॥ स्वरान्तात्सस्वरः ॥ ३० ॥

सः अन् आगमः स्वरान्ताद्धातोः सस्वरः स्वरान्तो भवति ॥ ख्यन-वोलु । खादिता ॥ च्यन-वोलु । पाता ॥ एवं । ख्यन-ग्राख् । भक्षकः ॥ च्यन-ग्राख् पायकः ॥

॥ न्यादीनामल्लोपः ॥ ३१ ॥

नि हरणप्रापणयोः । दि दाने । यि आगमने । इत्येषाम् अन् आगमस्य अकारलोपो भवति ॥ निन-वोलु । नेता ॥ दिन-वोलु । दाता ॥ यिन-वोलु । आगन्ता ॥ एवं । निन-ग्राख् । नायकः ॥ दिन-ग्राख् । दायकः ॥ यिन-ग्राख् । आगन्ता ॥

॥ दिदावोर्नल्ललौ व्यभिचारिण्याम् ॥ ३२ ॥

दि दाने । दाव दापने । इत्यनयोर्व्यभिचारिण्यां स्त्रियां क्रमेण नल् अल् प्रत्ययौ भवतः ॥ दिनल् । व्यभिचारिणी ॥ दावल् । व्यभिचारिणी ॥

॥ कर्मोपपदे पुंस्य ऽश्लीले ॥ ३३ ॥

तयोर्दिदावोः कर्मण्युपपदे सति पुंसः अश्लीले नल् अलौ भवतः ॥ माज्य-दिनल् । मातृगामी ॥ब्यञ्ज-दिनल् । स्वसृगामी ॥ कोरि-दिनल् । कन्यागामी ॥ एवं । माज्य-दावल् । ब्यञ्ज-दावल् । कोरि-दावल् ॥

॥ नलो लो वा ॥ ३४ ॥

नल् प्रत्ययस्यादेर्विकल्पेन लकारो भवति ॥ माज्य-दिलल् ॥

॥ क्वचिल्लोपः ॥ ३५ ॥

नल् प्रत्ययस्यादेः क्वचिल्लोपो भवति ॥ माज्य-दिल् । मातृगामी ॥

॥ प्रधानातीते उः ॥ ३६ ॥

धातोः प्रधाने क्रियारूपे अतीते गम्यमाने उ् प्रत्ययो भवति ॥ कंरु । कृतम् ॥ पंरु । पठितम् ॥ खंनु । खातम् ॥

॥ चिख्योरौवादेशः ॥ ३७ ॥

चि पाने। खि खादने। इत्यनयोः उ प्रत्ययस्य औव् आदेशो भवति॥ च्यौव्। पीतम्॥ ख्यौव्। भुक्तम्॥

॥ नेरूव् ॥ ३८ ॥

नि हरणे इत्यस्मात् उ् प्रत्ययस्य ऊव् आदेशो भवति॥ न्यूव्। नीतम्॥ तत्र युष्मच्छब्दकर्तारि आख्यातोक्तभूतक्रियैव (सू० ८।१।१४) मुख्या स्पष्टा च भोक्ता तु गौणेति बोध्यम्॥

॥ कर्तृधातूनामाख्यातभूतक्रियैव नित्यम् ॥३९॥

येषां धातूनामतीतकाले कर्तृप्रयोगा एव भवन्ति तेषामाख्यातोक्तभूतकालक्रियैव नित्यं भवति कर्मप्रयोगाभावात्॥ च़लु। पलायितः॥ च़लि। पलायिताः॥ व्यठ्योव्। पुष्टः॥ व्यठ्येय्। पुष्टाः॥ आख्यातप्रक्रियायां साधितानि॥

॥ भूतपदान्मंतु पदं कर्मणि ॥ ४० ॥

कर्मणि धातुक्रियाविशिष्टे पदार्थे अभिधेये सति कर्मधातोः कृदुक्तभूतक्रियापदात् कर्तृधातोश्चाख्यातोक्तभूतपदात् मंतु पदं भवति। मंतु पदे तु मुतु इति उकारविशिष्टं च व्यवह्रियते। भूतपदग्रहणेन यथा मंतु पदस्य प्रथमादिविभक्तिपरिणामो भवति एकत्वानेकत्वपुंस्त्रीपरिणामश्च भवति तथा तत्तद्भूतक्रियापदस्यापि भवति। मंतु विशिष्टं पदं त्वेकमेव भवति न तु द्वितयम्॥ कंरु-मंतु। कृतम्॥ कंरू-मंचू। कृता॥ गंरु-मंतु। घट्टितम्॥ गंरू-मंचू। घट्टिता॥ कंरि-मंति। कृतानि॥ कर्य-मच़। कृताः॥ गंरि-मंति। घट्टितानि॥ गर्य-मच़। घट्टिताः॥ कर करणे। गर घट्टने। प्रधानातीते उः (सू० ३६)। कंरु पदात् गंरु पदाच्चानेन मंतु पदम्। पुंबहुत्वे पूर्वोत्तरपदयोरन्त्यस्वरस्य इकारः। स्त्रीलिङ्गे ऊमात्रादेशः। तका-

वस्य च व्रत्वम् । एवं सर्वत्र विभक्तिगणे विज्ञेयम् ।। कर्तृधातूनां यथा । व्यठ्यो-मंतु । स्थूलीभूतः ।। खूचु-मंतु । भीतः ।। व्यठ स्थूलीभवने ओव् यागमः (८।३।४६ सूत्रेण) व्यठ्योव् पदात् मंतु पदम् । संबन्धिप्रत्ययेषु वयोर्लोप (सू० ८।३।४१) इति वकारस्य लोपः । एवं । खोच भये ओव् तस्य छुद् आदेशः छहोर्लोपश्च । ओकारस्योकारः सादेशपुंकर्तरि च (सू० ८।३।२४) इत्युपधाया ऊकारः । खूचु पदात् मंतु पदम् ।। ननु कर्तृधातूनां वकारस्य लोपे ओदन्तावशेषणादोदन्तस्य च लिङ्गप्रयोगादर्शनात्कथं पूर्वपदस्य लिङ्गपरिणामः क्रियते । अत्रोच्यते यथा उकारान्तस्य प्रथमाबहुत्वादिषु एकमात्र एव इकारादेशः क्रियते तथैव द्विमात्रस्य संध्यक्षरस्य ओकारस्यापि द्विमात्रसंध्यक्षरस्य एकारस्यादेशो भवतीति बोध्यम् । तेन व्यठ्ये-मंति । स्थूलीभूताः ।। यद्वा । व्यठ्येय् इति बहुवचनभूतक्रियाया मंतु पदे कृते प्रोक्तसूत्रेण यकारलोपात्सेत्स्यतीति ।। एकाक्षरावशिष्टानां तु पदसंज्ञानिवृत्तिः ।। तेन । आमंतु । आगतः ।। आमंति । आगताः ।। ज्ञामंतु । प्रविष्टः ।। ज्ञामंति । प्रविष्टाः ।। द्रामंतु । निर्गतः ।। द्रामंति । निर्गताः ।। प्यामंतु । प्रसूतः ।। प्यामंति । प्रसूताः ।। जामंतु । जातः ।। जामंति । जाताः ।। मूदु इति क्रियापदस्य मंतौ अन्त्यव्यञ्जनादेर्विकल्पेन लोप इष्यते ।। मूदु-मंतु । मृतः ।। पक्षे । मूमंतु । मृतः ।। स्त्रीलिङ्गे तु नित्यमिष्यते ।। मूमंचू । मृता ।। मूमच । मृताः ।।

॥ हेः पूर्वं भावपदं चारब्धे ॥ ४१ ॥

हि ग्रहणादिषु इत्यस्य धातोः कृदुक्तभूतपदात्परं मंतु पदं भवति । धातोः पूर्वं च भावपदं (सू० ९।२।३) प्रयोज्यम् आरब्धे कर्मणि अभिधेये सति ।। ग्यवुनु ह्यतु मंतु । गीयमानम् ।। करुनु ह्यतु मंतु । क्रियमाणम् ।।

॥ गछो ऽतीतानागतो धातुभावतस्तव्यार्थे ॥४२॥

अत्र शब्दशास्त्रे तव्यार्थकः शब्दः अतीतकाले भविष्यत्काले च भवतीति बोध्यम् । गछ सामञ्जस्ये इत्यस्य प्रधानभूतकालस्वरूपं प्रधानभविष्यत्कालस्वरूपं

च धातोर्भावशब्दाद्वक्ष्यमाणरीत्या पूर्वे परे वा प्रयुज्येते क्रमेण भूततव्यार्थभविष्यत्तव्यार्थके भवतः॥ ङ्य गंछ्रु गछुनु। त्वया गन्तव्यं भूते॥ त्त्वम गंछ्रु गछ्नु। युष्माभिर्गन्तव्यम्॥ अनागते यथा॥ तंतु गछि गछुनु। तत्र गन्तव्यम्॥ साधनं सुगमम्॥

॥ विधिनिषेधयोर्लगः ॥ ४३ ॥

लग संगे पीडायां च इत्यस्य स्वरूपं धातोर्भावशब्दात्प्रयोज्यम् विधौ निषेधे च गम्यमाने। तत्र अतीतक्रियाया विधिनिषेधयोर्निषेधादनागतस्वरूपमेव ज्यायः न भूतस्वरूपं। किंत्वपूर्णभूतस्वरूपं युज्यते॥ तंतु लगिं गछुनु। तत्र गन्तव्यम्॥ तंतु लगि न गछुनु। तत्र न गन्तव्यम्॥ तंतु लगिहे गछुनु [। तत्र गन्तव्यं योग्यमभविष्यत्]॥

॥ भाव्यार्थे पज़श्च ॥ ४४ ॥

पज़ युक्तीभवने इत्यस्यातीतापूर्णभूतस्वरूपं धातुभावतः प्रयोज्यं चशब्दाद्भूतप्रयोगाश्च भाव्ये सामञ्जस्ये गम्यमाने॥ तंतु पज़ि गछुनु। तत्र गमनेन भाव्यम्॥ तंतु पज़िहे गछुनु। [तत्र गन्तव्यं योग्यमभविष्यत्॥] एवमन्यत्॥

॥ षष्ठी तृतीया वैषां कर्तरि ॥ ४५ ॥

एषां प्रोक्तानां गछादीनां कर्तरि षष्ठी तृतीया वा स्यात्॥ ङ्य गंछ्रु करुन्। त्वया कर्तव्यं भूते॥ वा। च्योनु गंछ्रु करुन्। ते कर्तव्यं भूते॥ ङ्य पज़ि रनुन्। त्वया पक्तव्यम्॥ च्योनु पज़ि रनुन्। तव पक्तव्यम्॥ ङ्य लगि दपुन्। त्वया वाच्यम्॥ च्योनु लगि न दपुन्। तव न वक्तव्यम्॥

॥ एभ्य एव संबन्धप्रत्ययाश्च ॥ ४६ ॥

एभ्यो गछादिभ्यः स्वरूपेभ्यस्तत्संबन्धादिप्रत्ययाश्च भवन्ति न तु धातुभावतः ॥ गंछुस् करुन् । तस्मै कर्तव्यं भूते ॥ गंछुय् करुन् । तुभ्यं कर्तव्यम् भूते ॥ एवं । लग्यस् करुन् । कर्तव्यं तस्य ॥ लगिय् करुन् । कर्तव्यं तव ॥ लग्यम् करुन् । कर्तव्यं मम ॥ एवं । पज्यस् परुन् । पाठेन तस्य भाव्यम् ॥ पज्यम् परुन् । पाठेन मम भाव्यम् ॥

॥ एकपदे भावतः परा वा ॥ ४७ ॥

एकस्मिन्नेव क्रियारूपे पदे वक्तव्ये सति गछादीनां प्रयोगा भावतः परा वा प्रयोज्याः ॥ गंछु गछुन् वा गछुन् गंछु [। गन्तव्यम्] ॥ लगि परुन् वा परुन् लगि [। पठितव्यम्] ॥ पजि़ स्वंनु वा स्वंनु पाजि़ । अत्तव्यम् ॥

॥ अनेकपदेषु वाक्यारम्भपदात् ॥ ४८ ॥

एकाधिकपदैर्वाक्ये वक्तव्ये सति वाक्यस्य आरम्भपदादग्रे ते गछादीनां प्रयोगाः स्युः ॥ अद गंछु तंतु गछुनु । ततस्तत्र गन्तव्यम् ॥ एवं । अद लगि तति बिहुनु । ततस्तत्रासितव्यम् ॥ एवम् । अद पजि़ तति दपुनु । ततस्तत्र वक्तव्यम् ॥ एवमन्यत् ॥

॥ गछो गतागतप्रयोगा उदन्तभावतः कामार्थे ॥ ४९ ॥

इच्छार्थे गम्यमाने सति गछ गतौ सामञ्जस्ये च इत्यस्य अतीतानागतकालिकाः सर्वे प्रयोगा उकारान्तभावतः प्रयोज्याः । ते तु कर्तर्येव ज्ञेयाः । भावस्योकारान्तत्वं च धातुवत् एकत्वानेकत्वपरिणामार्थमिति ॥ तत्रानागते यथा ।

सुह् गछ़ि गछ़ुनु [। स गच्छतु] ॥ तिम्र गछ़न् गछ़ॖनि [। ते गच्छन्तु] ॥ च़ह् गछ़ख् गछ़ुनु [। त्वं गच्छ] ॥ त्वँ्हि गछ़िव् गछ़ॖनि [। यूयं गच्छत] ॥ बॖह् गछ़ गछ़ुनु [। अहं गच्छानि] ॥ अँसि गछ़व् जेनॖनि [। वयं जयेम ॥ इत्यादयो वाक्यार्था इच्छार्थे बोध्याः] ॥ अतीतकालिकेषु यथा । ताफ् गँछ़ु करुनु [। आतपो ऽभविष्यत्] ॥ कुलि गँछ़ि खसॖनि [। वृक्षा अरुक्ष्यन्] ॥ च़ह् गँछ़ुख् गछ़ुनु [। त्वमगमिष्यः] ॥ त्वँ्हि गँछ़िव गछ़ॖनि [। यूयमगमिष्यत] ॥ बॖह् गँछ़ुस् गछ़ुनु [। अहमगमिष्यम्] ॥ अँसि गँछ़ि बडॖनि [। वयमवर्धिष्याम ॥ इति वाक्यार्था आशंसापरा बोध्याः । अतीतकालश्चात्र क्रियातिपत्तौ चारितार्थः ॥ सर्वेषाम्] साधनं पूर्ववत् ॥

॥ भावकर्मणोरनी ॥ ५० ॥

धातोर्भावकर्मणोर्विषये अनी प्रत्ययो भवति ॥ करनी । करणीयम् ॥ पकनी । गमनीयम् ॥ वॖथनी । उत्थेयम् ॥ दिनी । देयम् ॥ ह्यनी । क्रेयम् ॥ हेः सर्वत्राकारागमो निदिायिवर्जितात् (सू० ८।२।११) इत्यकारागमः । शेषं स्पष्टम् ॥

॥ नञो ऽर्थे धातोरनय् ॥ ५१ ॥

धातोः नञ्शब्दस्य अभावस्यार्थे वाच्ये अनय् भवति स चाव्ययम् ॥ करनय् । अकृतम् ॥ गरनय् । अघट्टितम् ॥ परनय् । अपठितम् ॥ पोठनय् । अपुष्टम् ॥ दिनय् । अदत्तम् ॥ ह्यनय् । अक्रीतम् ॥ साधनं सुगमम् ॥

इति शारदाक्षेत्रभाषाव्याकरणे कश्मीरशब्दामृते कृदन्तप्रक्रियायां

कृत्क्रियादिपादः प्रथमः ॥ ६।१ ॥

अथ कृदन्तप्रक्रियायाम् ॥६॥

भावपादः ॥२॥

॥ भावे ॥ १ ॥

इतः परं ये वक्ष्यमाणाः प्रत्ययास्ते सर्वे भावे विज्ञेयाः ॥

॥ पुंस्युन् ॥ २ ॥

धातोर्भावे उन् प्रत्ययो भवति स च पुंलिङ्गे वर्तते ॥ करुन् । करणम् ॥ पठुन् । पठनम् ॥ ददुन् । दानम् ॥ असुन् । हसनम् ॥

॥ अंनु [उनु] वा ॥ ३ ॥

धातोर्भावविषये अंनु प्रत्ययो वा विकल्पेन भवति सोऽपि पुंलिङ्गे ॥ चरंनु । उपचयनम् ॥ जुवंनु । जीवनम् ॥ [अंनु प्रत्ययस्थाने उनु प्रत्ययव्यवहारो दृश्यते । यथा ९।१ सूत्रेषु २२,२३,४१,४२ इत्यादिषु] । पक्षे । चरुन् । जुवुन । इति स्वरूपे स्तः ॥

॥ तलबज़ोर्यागमो वा ॥ ४ ॥

तल स्नेहपाके । बज़ सेवायां स्नेहने च । इत्यनयोः उन् प्रत्यये परे

विकल्पेन यकारागमो भवति । तत्र बजः स्नेहन एव ॥ तल्युन् । स्नेहपाकः ॥ बज्युन् । स्नेहपाकः ॥ पक्षे । तलुन् । बजुन् ॥

॥ मषश्च रब् ॥ ५ ॥

मष विस्मरणे इत्यस्य भावे रब् प्रत्ययो भवति ॥ मषरब् । विस्मरणम् ॥ पक्षे । मषुन् ॥

॥ द्वदरज्वज़रस्वसरां च उ् ॥ ६ ॥

द्वदर जीर्णीभवने । ज्वज़र जर्जरत्वे । स्वसर काष्ठादिजीर्णने । इत्येषां भावे उ् प्रत्ययश्च स्यात् ॥ द्वदरु । जीर्णनम् ॥ ज्वज़रु । जीर्णनम् ॥ स्वसरु । जीर्णनम् ॥ पक्षे । द्वदरुन् । ज्वज़रुन् । स्वसरुन् ॥

॥ छ्वम्बज्वसबगारब्यहलमलोसवुनाम ऽच ॥७॥

छ्वम्ब कणमर्दने । ज्वस कासे । बगार म्रक्षणे । ब्यह उपवेशने । लम आकर्षणे । लोस श्रमे । वुन दैवानार्जवे । एषां भावे अ प्रत्ययश्च भवति ॥ छ्वम्ब । मर्दनम् ॥ ज्वस । कासः ॥ बगार । म्रक्षणम् ॥ ब्यह । आसनम् ॥ लम । आकर्षणम् ॥ लोस । श्रमः ॥ वुन [। दौर्भाग्यम्] ॥ पक्षे । छ्वम्बुन् । इत्यादयो भवन्ति ॥

॥ लदश्चाव् वेतने ऽपि ॥ ८ ॥

लद वस्तुप्रेषणे गृहादिनिर्माणोर्ध्वान्तरीकरणयोः सूत्रादिकर्माणि च इत्यस्य भावे आव् प्रत्ययश्च भवति ॥ तद्वेतने ऽपि गृहादिनिर्माण एव बोध्यम् । इतरयोस्तु गौणतया ॥ लदाव् । [गृहादि] निर्माणम् । तद्वेतनं च ॥

॥ छ्वकवछ्वकटकटुकट्वकठुकत्रुकथकपाकवफुकफ्वकव्रकामुंल्लोपो वा ॥ ९ ॥

छ्वकव जलावगाहने। छ्वक वाङ्नैर्वल्ये। टक शब्दवदन्तैश्छेदने। टुक आखुवच्छेदे। ट्वकव कूटाद्याघाते। ठुक उत्खनने। त्रुक कणशश्छेदने भक्षणे च। थक श्रमे। पाकव पचने। फुक अङ्गारप्रदीपने। व्रक दंष्ट्राघाते। एषां भावे उन् प्रत्ययस्य लोपो वा भवति ॥ तत्र छ्वको दाहवैदग्ध्ययोः। टकश्छेदन एव। ट्वकवछ्वकवपाकवानामन्त्यस्वरादिलोपः ॥ फुकः फूत्कारे उपधाया वत्वमिष्यते ॥ छ्वख् । जलशोधना ॥ छ्वख् । दाहः वैदग्ध्यं वा ॥ टख् । छेदः ॥ टुख् । छिद्रवच्छेदः ॥ ट्वख् । मृगादिहननम् ॥ ठुख् । उत्खननम् ॥ त्रुख् । कणभक्षणं छेदनं वा ॥ थख् । श्रमः ॥ पाख् । पाकः ॥ फुख् । अङ्गारप्रदीपनम् ॥ फ्वख् । फूत्कारः ॥ व्रख् । आघातः ॥

॥ ड्वगरङ्गसगां गात् ॥ १० ॥

ड्वगव अवखण्डने। रङ्ग रञ्जने। सगव वृक्षादिसिञ्चने। गकारान्तेषु एषां धातूनां भावे उन् प्रत्ययस्य विकल्पेन लोपो भवति। ड्वगवसगवयोर्मूलधातू अनुपलब्धावपि कारितोत्पन्नो व प्रत्ययो ऽनुमीयते। अतः ट्वकवधातुवदत्रापि अन्त्यस्वरादिलोपे गान्तेषु पठितौ ॥ ड्वग् । खण्डनम् ॥ रङ्ग् । रागः ॥ सग् । सेकः ॥

॥ वाँच्श्चात् ॥ ११ ॥

अप्रसिद्धचवर्गान्तेषु धातुषु वाँच वञ्चने इत्यस्य धातोर्भावे उन् प्रत्ययस्य लोपो वा भवति ॥ वाँछ् । वञ्चनम् ॥

॥ चेटलूटवाटां टात् ॥ १२ ॥

टकारान्तेषु धातुषु। चेटकुट्टने। लूट लुण्ठने। वाट संघापने। इत्येषां भावे उन् प्रत्ययस्य लोपो वा भवति॥ चेट्। कुट्टनम्॥ लूट्। लुण्ठनम्॥ वाट्। संधिः॥

॥ गण्डो डात् ॥ १३ ॥

डकारान्तेषु। गण्ड ग्रन्थे। इत्यस्य भावे उन् प्रत्ययस्य लोपो वा भवति॥ गंड्। ग्रन्थिः॥

॥ खनछ्यनोर्नात् ॥ १४ ॥

नकारान्तेषु। खन अवदारणे। छ्यन छेदे। इत्यनयोर्भावे उन् प्रत्ययस्य लोपो वा भवति॥ खन्। खातः॥ छ्यन्। छेदः॥

॥ कांम्पकृपचापजपटपां पात् ॥ १५ ॥

पकारान्तेषु। कांम्प कम्पने। कृप कर्तने। चाप अदने। जप जपने। टप परोक्षपरिभाषणे। एषां धातूनां भावे उन् प्रत्ययस्य लोपो वा भवति। टपः अभ्वाघाते कार्यघाते च॥ कांम्फ्। कम्पः॥ कृफ्। कृन्तनम्॥ चाफ्। अदनम्॥ जफ्। जपः॥ टफ्। अभ्वपादादिप्रहारादि॥

॥ भ्रमो मात् ॥ १६ ॥

भ्रम भ्रान्तौ। इत्यस्य मकारान्तेषु धातुषु भावे उन् प्रत्ययस्य लोपो वा भवति॥ भ्रम्। भ्रान्तिः॥

॥ चारचीरतारफुकारफ्यारमारस्वरां रात् ॥१७॥

रकारान्तेषु धातुषु । चार बलाद्बन्धने । चीर निष्पीडने । तार तारणे । फुकार कोष्णालापे । फ्यार रसनिष्कासने । मार मारणे । स्वर स्मरणे । इत्येषां भावे उन् प्रत्ययस्य लोपो वा भवति ॥ फुकारः पाकभेदे च । स्वरश्चेष्टा-यां च ॥ चार् । अतिबन्धनम् ॥ चीर् । निष्पीडनम् ॥ तार् । तारणम् ॥ फुकार् । ऊष्मनिर्गमः ॥ मार् । मारणम् ॥ स्वर् । चेष्टा स्मृतिश्च ॥

॥ च़्यलछ़लज़्लतोलद्लमेलां लात् ॥१८॥

लकारान्तेषु धातषु । च़्यल बलात्प्रवेशने । छ़ल छलने । ज़्ल नखैस्तक्षणे । तोल तोलने । दल विदारणे । मेल संगमे । एषां धातूनां भावे उन् प्रत्ययस्य लोपो वा भवति ॥ च़्यल् । बलात्प्रवेशः ॥ छ़ल् । छलम् ॥ ज़्ल् । नखक्षतम् ॥ तोल् । तौल्यम् ॥ द्ल् । अवखण्डनम् ॥ मेल् । सङ्गः ॥

॥ ज़ुवडुवतावव्वुहवां वात् ॥ १९ ॥

वकारान्तेषु । ज़ुव जीवने । डुव संमार्जने । ताव तापने । व्वुहव शापे । इत्येषां भावे उन् प्रत्ययस्य लोपो वा भवति ॥ ज़ुव् । जीवः ॥ डुव् । नाशः ॥ ताव् । तापः ॥ व्वुहव् । शापः ॥

॥ रसह्सवोः सात् ॥ २० ॥

रस सरसीभवने । ह्सव श्वादिसूचनायाम् । इत्यनयोर्भावे उन् प्रत्ययस्य लोपो वा भवति ॥ ह्सवो ऽत्रापि पूर्ववद्वकारलोप इष्यते ॥ रस् । रसः ॥ ह्स् । सूचना ॥

॥ गृहः सकारो वा ॥ २१ ॥

गृह घर्षणे इत्यस्य भावे उन् प्रत्ययस्य लोपो वा भवति। धातोरन्त्यस्य च विकल्पेन सकारो भवति ॥ गृह्। घर्षणम् ॥ पक्षे । गस् । घर्षणम् ॥

॥ चूहश्च ॥ २२ ॥

चूह चूषे इत्यस्य भावे उन्प्रत्ययस्य लोपो वा भवति ॥ चूह्। चूषणम् ॥

॥ स्त्रियाम् ॥ २३ ॥

इत उत्तरं ये वक्ष्यमाणाः प्रत्ययास्ते स्त्रियां भावे विज्ञेयाः ॥

॥ चरचुवमोरवमर्चां नित्यमिञ् ॥ २४ ॥

चर अन्तःकोपे । चुव कलहे । मोरव पीडासहने । मर्च्च अमर्षे । इत्येषां भावे नित्यम् इञ् प्रत्ययो भवति स च स्त्रियामेव ॥ चरिञ् । अन्तःकोपः ॥ चुविञ् । कलहः ॥ मोरवूञ् । सहनम् ॥ मर्चूञ् । अमर्षणम् ॥

॥ मोरवमर्चंखूसफिचादिभ्य ऊदादेः ॥२५॥

मोरव पीडासहने । मर्च्च अमर्षे । इत्याभ्यां परस्य उत्तरसूत्रे वक्ष्यमाणफिचादिभ्यश्च इञ् प्रत्ययस्य आदिस्वरस्य ऊमात्रादेशो भवति ॥ मोरवूञ् [। सहनम्] ॥ मर्चूञ् [। अमर्षणम्] ॥

॥ फिच [खूस] फुहफूशवजवबुचां वा ॥२६॥

फिच विस्मरणे । [खूस ततूरुहकर्षणे ।] फुह फूश अन्तःकोपे । वजव सार्द्रीकरणे । वुच दर्वी भवने । इत्येषां भावे स्त्रियां विकल्पेन इञ् प्रत्ययो

भवति ॥ फिच़ूञ़् । कार्यविस्मृतिः ॥ [ख़्सूञ़् । तनूरुह + + कर्षणम् ॥] फुहूञ़् । अन्तःकोपः ॥ फ़्शूञ़् । अन्तःकोपः ॥ वज़बूञ़् [। सार्द्रीभावाय जलादौ स्थापनम्] ॥ वुच़ूञ़् । दाहः [अत्रापि क्रोधेनैवान्तर्दाह इव संताप इत्यर्थः] ॥ पक्षे । फिच़ुन् । [ख़्सुन ।] फुहुन् । फ़्शुन् । वजवुन् । वुच़ुन् ॥

॥ सारखुतटुवडुवडलत्रुकथ्यकनच़्नटनमवुज़्वुठवुपां च ॥ २७ ॥

सार स्वारादिषु । खुत अन्तःखनने । टुव संकोचने । डुव संमार्जने । डल उल्लङ्घने । त्रुक भक्षणे । थ्यक श्लाघायाम् । नच़्न नर्तने । नट कम्पे । नम नम्रीभावे । वुज़ जलादिव्यक्तीभावे । वुठ वेष्टने । वुप अन्तर्दाहे । इत्येषां भावे स्त्रियां विकल्पेन इञ़् प्रत्ययो भवति ॥ सारिञ़् । स्वारः ॥ खुतिञ़् । अन्तःखननम् ॥ टुविञ़् । संकोचः ॥ डुविञ़् । संमार्जना ॥ डलिञ़् । प्रवणम् ॥ त्रुकिञ़् । कणभक्षणम् ॥ थ्यकिञ़् । श्लाघा ॥ नच़िञ़् । नर्तनम् नर्तकी च ॥ नटिञ़् । कम्पः ॥ नमिञ़् । नम्रता ॥ वुजिञ़् । जलादेराविर्भावः ॥ वुठिञ़् । वेष्टनम् ॥ वुपिञ़् । अन्तर्दाहः ॥ तत्र प्रसङ्गागतस्तद्धितोक्तः अल्प्रत्ययश्चेञन्तभावादेव व्यवह्रियते नान्यत इति धीमद्भिरवधार्यम् । तद्यथा । थ्यकिञल् । श्लाघी ॥ नटिञल् । कम्पवान् । इत्यादि ॥

॥ लिवल्यवोश्च ॥ २८ ॥

लिव लेपने । ल्यव लेहने । इत्यनयोर्भावे स्त्रियां विकल्पेन इञ़् प्रत्ययो भवति ॥ लिविञ़् । लेपनम् ॥ ल्यविञ़् । लेहनम् ॥

॥ लिवो वस्य पश्च ॥ २९ ॥

लिव लेपने । इत्यस्य वकारस्य पकारश्च भवति ॥ लिपिञ़् । लेपनम् ॥

॥ करो ळेपकायुधे ॥ ३० ॥

कर करणे । इत्यस्य ळेपकायुधे गम्यमाने स्त्रियाम् इञ् प्रत्ययो भवति ॥ करिञ् । ळेपकायुधः ॥ भावे करुन् इति पुंलिङ्गमेव भवति ॥

॥ वटः संग्रहे ॥ ३१ ॥

वट वेष्टने । इत्यस्य संग्रहार्थे स्त्रियाम् इञ् प्रत्ययो भवति ॥ वटिञ् । संग्रहः ॥

॥ फरश्चौरिण्याम् ॥ ३२ ॥

फर स्तेये । इत्यस्य चौरिण्या अर्थे स्त्रियाम् इञ् प्रत्ययो भवति ॥ फरिञ् । चौरिणी ॥

॥ च्वकतपलङ्गामिश् ॥ ३३ ॥

च्वक क्रोधे ऽम्लीभवने च । तप औष्ण्योपादाने । ळङ्ग पङ्गवीभवने । इत्येषां भावे स्त्रियाम् इश् प्रत्ययो भवति ॥ च्वकिश् । क्रोधः ॥ तपिश् । तापः ॥ ळङ्गिश् । पङ्गुता ॥

॥ मिलवो ऽन्त्यस्य मश्च ॥ ३४ ॥

मिळव संयोजने इत्यस्य भावे इश् प्रत्ययो भवति । अन्त्याक्षरस्य च मकारो भवति ॥ मिळमिश् । संयोगः ॥

॥ कपटद्नह्नावपिलफिरमाज़मिलवमुचरमूरल्यववुठवुहामन् ॥ ३५ ॥

कपट कृन्तने । दून दूनव वस्त्रादिरजोपहरणे । नहाव क्रियाघाते । पिळ

प्राप्तौ। फिर पुस्तकादिपरिवर्तने। माज़ तत्परतायां शोधने च। मिळव संयोजने। मुच़र उद्घाटने। मूर स्वचो निष्कर्षे। ल्यव लेहने। वुठ वेष्टने। वुह अनिर्वाणे। इत्येषां भावे स्त्रियाम् अन् प्रत्ययो वा भवति ॥ कपटन्। कुन्तनम् ॥ दूनन्। [वस्त्रादेः] रजोपहरणार्थं कम्पनम् ॥ नहावन्। क्रियाघातः ॥ पिळन्। प्राप्तिः ॥ फिरन्। परिवर्त्तनम् ॥ माज़न्। शोधना। सा तु धान्यादिक एव व्यवह्रियते ॥ मिळवन्। संयोजना ॥ मुच़रन्। उद्घाटनम् ॥ मूरन्। त्वङ्निष्कर्षणम् ॥ ल्यवन्। लेहः ॥ वुठन्। वेष्टनम् ॥ वुहन्। अनिर्वाणः ॥

॥ गिळवश्चेष्टार्थेऽन्त्यलोपश्च ॥ ३६ ॥

गिळव भ्रामणे। इत्यस्य चेष्टाया अर्थे अन् प्रत्ययो भवति अन्त्याक्षरस्य च लोपो भवति ॥ गिळन्। चेष्टा ॥

॥ आंड्रखण्ड्रछ्वूट्रज़ीठ्रट्वूट्रपीठ्रफुट्रबंड्रबांग्रम्वंट्रवोवूरां च ॥ ३७ ॥

आंड्र मिश्रणे। खण्ड्र विभाजने। छ्वूट्र ह्रस्वीकरणे। ज़ीठ्र दीर्घीकरणे। ट्वूट्र वृत्तिसंकोचे। पीठ्र सशिक्षं प्रतिक्षेपणे। फुट्र भञ्जने। बंड्र वर्धने। बांग्र विभाजने। म्वंट्र घनीकरणे। वोवूर धातूनां तक्षणे। इत्येषां भावे अन् प्रत्ययो भवति ॥ आंड्रन्। मिश्रणम् ॥ खण्ड्रन्। खण्डना ॥ छ्वूट्रन्। संक्षेपता ॥ ज़ीठ्रन्। विस्तारः ॥ ट्वूट्रन्। वृत्तिसंकोचः ॥ पीठ्रन्। सशिक्षमुपालम्भः ॥ फुट्रन्। भञ्जनम् ॥ बंड्रन्। वर्धनम् ॥ बांग्रन्। विभागः ॥ म्वंट्रन्। घनता ॥ वोवूरन्। तक्षणम् ॥

॥ नव उपधाया वश्च ॥ ३८ ॥

नव नूतनतायाम् । इत्यस्य अन् प्रत्ययो भवति उपधाया अकारस्य वकारश्च भवति ॥ न्वन्रन् । दोषोपचयनम् ॥

॥ तंञ्रतंच्रस्यंज्रां च क्वचित् ॥ ३९ ॥

तंञ्र विरलीकरणे । तंच्र तापने । स्यंज्र ऋज्वीकरणे । इत्येषां भावे क्वचित् अन् प्रत्ययो भवति ॥ तंञ्रन् । तनुता ॥ तंच्रन् । तप्तता ॥ स्यंज्रन् । ऋजुता ॥

॥ ळारः कम्पे ॥ ४० ॥

ळार स्पर्शानुगमनस्निग्धीकरणेषु । इत्यस्य कम्पार्थे अन् प्रत्ययो भवति ॥ ळारन् । कम्पः ॥

॥ चिखिह्यां पुंस्येव ॥ ४१ ॥

चि पाने । खि खादने । हि धारणादिषु । इत्येषां भावे पुंसि अन् प्रत्ययो भवति ॥ च्यन् । पानम् ॥ ख्यन् । अशनम् ॥ ह्यन् । धारणम् ॥

॥ कडपांस्रश्रुकामञ् ॥ ४२ ॥

कड निष्कासने । पांस्र धिक्करणे । श्रुक क्रन्दने । इत्येषाम् अञ् प्रत्ययो भवति । तेषां तु नित्यं बहुत्वमेव ॥ कडञ् । धिक्कारः ॥ पांस्रञ् । धिक्कारः ॥ श्रुकञ् । रोदनम् ॥

॥ चेनश्चावागमः ॥ ४३ ॥

चेन चेतने । इत्यस्य अञ् प्रत्ययो भवति अव् आगमश्च ॥ चेनवञ् । संज्ञापनम् ॥

॥ अर्ज़्बावव्रपज़्श्रपस्य[illegible]वटशहलह्यकामत् ॥४४॥

अर्ज़ अर्जने । बाव अभिप्रायाविष्करणे । व्रपज़ उत्पत्तौ । श्रप जीर्णने । स्यद सिद्ध्यामृज्वीभवने च । [illegible] घट्टने । वट वेष्टने । शहल शीतीभवने । ह्यक शक्तौ । एषां भावे स्त्रियाम् अत् प्रत्ययो भवति ॥ व्रपजां ऽन्त्यस्वरादिलोपश्चेष्यते ॥ वटः संग्रहे ॥ गरः पुंसि च ॥ अर्ज़थ् । अर्जनम् ॥ बावथ् । अभिप्रायाविष्करणम् ॥ व्रपथ् । उत्पत्तिः ॥ श्रपथ् । अन्नादेर्जीर्णनम् ॥ स्यदथ् । सिद्धिः ॥ गरथ् । घट्टना ॥ वटथ् । संग्रहः ॥ शहलथ् । शीतलता ॥ ह्यकथ् । शक्तिः ॥

॥ पोठो ऽक् शक्तौ ॥ ४५ ॥

पोठ स्थूलीभवने । इत्यस्य धनादिशक्त्यर्थे अक् प्रत्ययो भवति ॥ पोठख् । [धनादिसंचयेन] शक्तिः ॥

॥ वखनखारज़ागवालनच्चहखामनाम ऽय् ॥४६॥

वखन व्याख्याने । खार आरोहणे । ज़ाग प्रतिजागरणे । वाल अवतारणे । नच्च नर्तने । हख शोषे । आमन वैवर्ण्ये । इत्येषां भावे स्त्रियाम् अय् प्रत्ययो भवति ॥ खारवालोर्निन्दार्थे तयोस्तु अन् आगमो वेष्यते ॥ वखनय् । व्याख्यानम् ॥ खारनय् वा खारय् । आरोहणम् ॥ ज़ागय् । प्रतिजागरणम् ॥ वालनय् वा वालय् । अवतारणम् ॥ नच्चय् । नर्तनम् ॥ हखय् । शोषणम् ॥ आमनय् । वैवर्ण्यम् ॥

॥ मङ्गो दीर्घश्च ॥ ४७ ॥

मङ्ग याचने । इत्यस्य भावे अय् प्रत्ययो भवति पूर्ववर्णस्य च दीर्घः स्यात् ॥ माङ्गय् । याचना ॥

॥ बांगूरो रलोपश्च ॥ ४८ ॥

स्पष्टम् ॥ बागय् । विभागः ॥

॥ जेन उपधाया इदाद्यन्तलोपो ऽपि प्रत्ययधात्वोः ॥ ४९ ॥

जेन जये । इत्यस्य अय् प्रत्ययो भवति उपधायाश्च इत्वं भवति प्रत्ययस्य आद्यक्षरस्य धातोश्चान्त्याक्षरस्यापि लोपो भवति ॥ जिय् । जयः ॥

॥ उदोपपदे साव उन्निद्रतायाम् ॥ ५० ॥

साव शायने । इत्यस्य उदशब्दे उपपदे सति उन्निद्रताया अर्थे अय् प्रत्ययो भवति ॥ उदसावय् । उन्निद्रता ॥

॥ केवलात्सुखार्थे ॥ ५१ ॥

साव शायने । इत्यस्मात्केवलात् सुखार्थे अय् प्रत्ययो भवति ॥ सावय् । सुखम् ॥

॥ होपपदे आमनो मिथ्याभियोगे ॥ ५२ ॥

आमन वैवर्ण्ये । इत्यस्य हशब्दे उपपदे सति मिथ्याभियोगार्थे अय् प्रत्ययो भवति ॥ हामनय् । मिथ्याभियोगः ॥

॥ लागो ऽनय् कृष्यर्थे ॥ ५३ ॥

स्पष्टम् ॥ लागनय् । कृषिः ॥

॥ बागो रलोपश्च ॥ ५४ ॥

स्पष्टम् ॥ बागनय् । विभागः ॥

॥ सादो निमित्ते ॥ ५५ ॥

स्पष्टम् ॥ सादनय् । मुख्यहेतुः ॥

॥ छकछिकचमकट्रकफूँकशैँकामिञो लोपः ॥५६॥

छक कीर्णने । छिक सेचने प्रमेहने च । चमक दीप्तौ । ट्रक धावने । फूँक आघ्राणे । शैँक शङ्कायाम् । इत्येषां धातूनां भावे इञ् प्रत्ययस्य लोपो भवति ॥ छख् । कीर्णनम् ॥ छिख् । सिञ्चनम् ॥ चमख् । दीप्तिः ॥ ट्रख् । धावनम् ॥ फूँख् । आघ्राणम् ॥ शैँख् । शङ्का ॥

॥ ज़ागटाँगदगमङ्गलगलागवुङ्गश्वङ्गां गात् ॥५७॥

गकारान्तेषु धातुषु । ज़ाग प्रतिजागरे । टाँग घोरवाशिते । दग घातने । मङ्ग याचने । लग सङ्गे पीडायां संगतीभवने च । लाग अनुकरणादिषु । वुङ्ग श्वरवे । श्वङ्ग शयने । इत्येषां धातूनां भावे इञ् प्रत्ययस्य लोपो भवति ॥ ज़ाग् । अवेक्षा ॥ टाँग् । घोरवाशितम् ॥ दग् । घातः ॥ मङ्ग् । याच्ञा ॥ लग् । सङ्गः ॥ लाग् । नियमाल्लगनम् ॥ वुङ्ग् । श्वादिरवः ॥ श्वङ्ग् । निद्रा ॥ वुङ्गस्तु अकारान्तस्वरूपं मनुष्याणां चिन्तया रात्रिक्षेपे चेति ॥ [वुङ्ग] ॥

॥ पचरोचश्रोचां चात् ॥ ५८ ॥

अप्रसिद्धचकारान्तेषु । पच्च ऋणादिविश्वासे । रोच्च रोचने । श्रोच्च शुद्धौ । इत्येषां धातूनां भावे स्त्रियाम् इञ् प्रत्ययस्य लोपो भवति ॥ पच्छ् । विश्वासः ॥ रुच्छ् । रुचिः ॥ श्रोच्छ् । शौचः ।

॥ इछप्रिछोश्छात् ॥ ५९ ॥

इच्छ इच्छायाम् । प्रिच्छ पृच्छायाम् । अनयोरप्रसिद्धछकारान्तेषु इञ् प्रत्ययस्य लोपो भवति ॥ इछ् । इच्छा ॥ प्रिछ् । पृच्छनम् ॥ द्वितीयस्योदाहृतिर्यथा । प्रिछ् ष्यौव् । पृच्छनयोग्यः संपन्नः ॥ यथा च । प्रिछ्-गाळू कंळूनस् । पृच्छनादिका रचिता तस्य ॥

॥ दून्छूरो ऽन्त्यव्यञ्जनलोपः ॥ ६० ॥

दून्छ्र् पृथक्पृथककरणे । इत्यस्य भावे इञ् प्रत्ययस्य लोपो भवति अन्त्यव्यञ्जनस्य च लोपो भवति ॥ दून्छ् । पृथक्पृथककरणम् ॥

॥ तछमन्दछरछां छात् ॥ ६१ ॥

अप्रसिद्धछकारान्तेषु धातुषु । तछ तक्षणे । मन्दछ मन्दाक्षे । रछ रक्षायाम् । इत्येषां भावे इञ् प्रत्ययस्य लोपो भवति ॥ तछ् । कण्डूः ॥ मन्दछ् । लज्जा ॥ रंछू । रक्षा ॥

॥ तछ ऊमात्रागमो वा ॥ ६२ ॥

स्पष्टम् ॥ तछू । कण्डूः ॥

॥ रछो नित्यम् ॥ ६३ ॥

अस्य नित्यम् ऊमात्रागमः स्यात् न तु विकल्पेन ॥ रछू । रक्षा ॥

॥ ग्रज़ो ज़ात् ॥ ६४ ॥

ज़कारान्तेषु धातुषु । ग्रज गर्जने । इत्यस्य इञ् प्रत्ययलोपो भवति ॥ ग्रज़् । गर्जनम् ॥

॥ चूँटछ़टफुटां टात् ॥ ६५ ॥

चूँट अपानशब्दे । छ़ट उत्क्षेपणे । फुट भङ्गे । इत्येषाम् इञ् प्रत्ययलोपो भवति ॥ चूँट् । पर्दनम् ॥ छ़ट् । उत्क्षेपनम् ॥ फुट् । बलिः ॥

॥ व्यठः प्रयोज़ने ॥ ६६ ॥

व्यठ तिक्तीभवने । इत्यस्य प्रयोजनार्थे इञ् प्रत्ययलोपो भवति ॥ व्यठ् । प्रयोजनम् ॥

॥ माँडवड्रोर्डात् ॥ ६७ ॥

माँड मिश्रीकरणे । वड्र निक्षेपे । इत्यनयोरिञ् प्रत्ययलोपो भवति ॥ माँड् । मिश्रणम् ॥ वड्रो ऽन्त्यव्यञ्जनलोप इष्यते ॥ वड् । उत्कोचः ॥

॥ छ़ाँड ऊमात्रागमो वा ॥ ६८ ॥

छ़ाँड अन्वेषणे । इत्यस्य ऊमात्रा आगमो वा स्यात् ॥ छ़ाँड् वा छ़ाँडू ॥ अन्वेषणम् ॥

[॥ छाडो नित्यम् ॥ ६८ क ॥

छाड अन्वेषणे । इत्यस्य धातोः स्त्रियां भावे इञ् प्रत्ययलोप ऊमात्रागमश्च नित्यं भवति ॥ छांडू । अन्वेषणम् ॥]

॥ न्यतलतोस्तात् ॥ ६९ ॥

न्यत पशुरोमकृन्तने । लतव लत्ताघाते । इत्यनयोः इञ् प्रत्ययलोपः स्यात् । लतवो वकारस्य च लोप इष्यते ॥ न्यथ् । पशुरोमकृन्तनम् ॥ लथ् । लत्ताघातः ॥

॥ पदप्यदप्वन्दां दात् ॥ ७० ॥

पद कुत्सिते शब्दे । प्यद कृत्तज्ञतायाम् । प्वन्द क्षुते । एषां भावे इञ् प्रत्ययस्य लोपः स्यात् ॥ पद् । पर्दनम् ॥ प्यद् । कृत्तज्ञता ॥ प्वन्द् । क्षुतम् ॥

॥ आमनज़ानोर्नात् ॥ ७१ ॥

आमन वैवर्ण्ये । ज़ान अवबोधने । इत्यनयोर्भावे इञ् प्रत्ययस्य लोपो भवति ॥ आमन् । आमता ॥ ज़ान् । ज्ञानम् ॥

॥ छानदोनोरूदागमश्च ॥ ७२ ॥

छान उत्पवने शातने च । दोन पिचुवद्विवरणे । अनयोः इञ् प्रत्ययस्य लोप ऊमात्रागमश्च भवति ॥ छांनू । उत्पवनम् ॥ दूनू । पृथक्पृथक्करणम् ॥

॥ चापः पात् ॥ ७३ ॥

चाप अदने। इत्यस्य इञो लोपो भवति ॥ चाफ्। अदनम् ॥

॥ वुफः फात् ॥ ७४ ॥

वुफ विहायसा गतौ। इत्यस्येञो लोपो भवति ॥ वुफ्। उड्डीतिः ॥

॥ लेखो ऽन्त्यस्य च फः ॥ ७५ ॥

लेख लेखने। इत्यस्य इञ् प्रत्ययलोपो भवति अन्त्यस्य खकारस्य च फकारः ॥ लेफ्। लिपिः ॥ शास्त्रदर्शिनां मते एवायं प्रयोगः ॥

॥ रम्बशूबोर्बात् ॥ ७६ ॥

रम्ब शोभायाम्। शूब शोभायाम्। बान्तेष्वनयोः इञ् प्रत्ययस्य लोपो भवति ॥ रम्ब्। शोभा ॥ शूब्। शोभा ॥

॥ प्रयो यात् ॥ ७७ ॥

प्रय प्रीणने। इत्यस्येञो लोपो भवति ॥ प्रय्। प्रीतिः ॥

॥ आवरडख्रतूरथाँथरदोरमूरलारसखरां रात् ॥ ७८ ॥

रकारान्तेषु। आवर व्यापने आवरणे च। डख्र् आधारीकरणे। तूर शीतलीभवने। थाँथर त्वरायाम्। दोर गतिचातुर्ये। मूर त्वचो निष्कर्षे भक्षणे च। लार स्पर्शानुगमनास्निग्धीकरणेषु। सखर प्रस्थाने। इत्येषां भावे इञ् प्रत्ययस्य लोपो भवति ॥ [आवरडख्रतूराणामुमात्रागमश्च बोध्यः ॥] आवरु। आवृतिः ॥ डख्रु। आधारः ॥ तूरु। शीतम् ॥ थाँथर्। [सभयं]

त्वरा ॥ दोर् । धावनम् ॥ मूर् । निष्कर्षणम् ॥ ळार् । पलायनम् ॥ राम्नर् । प्रस्थानम् ॥ [पूरो ऽनूच । पूरन् ॥]

॥ थारबाँबरसारहन्द्रामूदागमश्च ॥ ७९ ॥

थार त्वरायाम् । बाँबर त्वरायाम् । सार स्वारैकत्रीभवनक्रमानयनेषु । इन्द्र शीतीभवने । एषां भावे इञ् प्रत्ययस्य लोपो भवति ऊमात्रागमश्च स्यात् ॥ थारू । [सभयं] त्वरा ॥ बाँबरू । त्वरा ॥ सारू । स्वारः ॥ हन्द्रू । शीतम् ॥

॥ गाँगलटालतम्बलम्वकलवूललशहलां लात् ॥ ८० ॥

गाँगल ग्राँगल परैश्चाश्चल्ये । टाल उपेक्षागमने । तम्बल चाश्चल्ये । म्वकल मुक्तौ । वूलल अलंकरणे । शहल शीतीभवने । लकारान्तेषु एषां धातूनां भावे इञ् प्रत्ययस्य लोपो भवति ॥ गाँगल् वा ग्राँगल् । चश्चलता ॥ टाल् । उपेक्षागमनम् ॥ तम्बल् । चाश्चल्यम् ॥ म्वकल् । मुक्तिः ॥ वूलल् । वेशः ॥ शहल् । शीतलता ॥

॥ दवो वात् ॥ ८१ ॥

दव शीघ्रगतौ । इत्यस्य भावे इञ् प्रत्ययस्य लोपो भवति ॥ दव् । शीघ्रगतिः ॥

॥ वेतनार्थे धातोर्वञ् ॥ ८२ ॥

क्रियाया वेतने गम्यमाने सति धातोर्भावे स्त्रियां वञ् प्रत्ययो भवति ॥ करवञ् । कर्मवेतनम् ॥ परवञ् । पाठवेतनम् ॥ लोनवञ् । लवनवेतनम् ॥ रोजवञ् । स्थितिवेतनम् ॥

॥ व्यञ्जनान्तादकारागमः ॥ ८३ ॥

व्यञ्जनान्ताद्धातोरकारागमो भवति उदाहरणानि पूर्वसूत्रे (८२) उक्तानि ॥

॥ स्वरान्ताद्वः ॥ ८४ ॥

स्वरान्ताद्धातोः वकारागमो भवति ॥ दिववञ् । दानवेतनम् ॥ निववञ् । हरणवेतनम् ॥ ख्यववञ् । भुक्तिवेतनम् ॥ च्यववञ् । पानवेतनम् ॥

॥ छानद्वसिल्भ्यां वय् ॥ ८५ ॥

छानशब्द-द्वसिल्शब्दाभ्यां तयोर्वेतने गम्यमाने वय् प्रत्ययो भवति ॥ छानवय् । तक्षवेतनम् ॥ द्वसिल्वय् । लेपकवेतनम् ॥

॥ नावो वलोपश्च ॥ ८६ ॥

नाव् शब्दात्तद्वेतने अभिधेये वय् प्रत्ययो भवति वकारस्य च लोपो भवति ॥ नावय् । भ्रातरः ॥

॥ बार उपधाऽप्रसिद्धता ॥ ८७ ॥

बार्शब्दात्तद्वेतने वाच्ये वय् प्रत्ययो भवति उपधायाश्चाप्रसिद्धता । तदप्रसिद्धत्वे सिद्धे । व्यञ्जनान्तात् (सू० ८३) इत्यादिसूत्रेणोक्ताकारागमस्य च ऊमात्रादेशो ऽवगन्तव्यः ॥ बांरुवय् । भारवेतनम् ॥

॥ क्रेयाद्रु शिल्प्यर्थे ॥ ८८ ॥

[स्त्रियामिति निवृत्तम्] शिल्पिनः अर्थे तस्य [वि]क्रेयाद्वस्तुनः गेरु

प्रत्ययो भवति ॥ लायगंरु । लाजाविक्रेता ॥ गंदन्गंरु । पुस्तकसंदर्भी ॥ कङ्कन्गंरु । कङ्कतिकाविक्रेता ॥ मण्डन्गंरु । और्णमर्दकः ॥ एवमन्येषां रूढपदव्यतिरिक्तानां पदानां बोध्यम् । यथा स्वनर् इति स्वर्णकारस्य रूढिः तस्य स्वनगंरु इति न भवति ॥

॥ दाञ् आदेर्डः ॥ ८९ ॥

दाञ्शब्दात् क्रेयाद्वस्तुनः शिल्प्यर्थे गंरु प्रत्ययो भवति । आद्यक्षरस्य दकारस्य डकारो भवति । उत्तरपदे परे तु ञकारस्यानुस्वारः पूर्वं (सू० ३ । ८) सिद्ध एव ॥ डाँगंरु । धान्यविक्रेता ॥

॥ योग्यार्थे लगो हार् ॥ ९० ॥

लग सङ्गे पीडायां च । इत्यस्मात् हार् प्रत्ययो भवति योग्यार्थे ॥ लगहार् । योग्यः ॥

॥ धातोस्तद्योग्यार्थेऽनागमश्च ॥ ९१ ॥

तस्य धातोः क्रियाया योग्यत्वे अभिधेये सति हार् प्रत्ययो भवति अनागमश्च स्यात् ॥ करन्हार् । करणयोग्यः ॥ गण्डन्हार् । ग्रन्थनयोग्यः ॥

॥ स्वरादागमः स्वरवृद्धः ॥ ९२ ॥

स्वरान्ताद्धातोः अन् आगमः स्वरवृद्धः स्वरेण अकारेण वृद्धः भवति अर्थात् अन आगमो भवति ॥ ख्यनहार् । खादनयोग्यः ॥ च्यनहार् । पानयोग्यः ॥ ध्रनहार् । धारणयोग्यः ॥ तत्र न्यादिभ्यस्त्रिभ्य आगमादिवर्णलोप इष्यते ॥ निनहार् । हरणयोग्यः ॥ यिनहार् । आगमनयोग्यः ॥ दिनहार् । दानयोग्यः ॥

इति शारदाक्षेत्रभाषाव्याकरणे काश्मीरशब्दामृते कृदन्तप्रक्रियायां भावपादो द्वितीयः ॥९२॥ कृदन्तप्रक्रिया समाप्ता ॥ ९ ॥

समाप्तं चेदं काश्मीरशब्दामृतं नाम व्याकरणम् ॥

निष्प्रत्यूहनिरर्गलत्वविषये योगं जुपद्भ्यामिव
संप्रीत्या विषये[1] ऽत्र पण्डितपदुः प्रोद्भावितो ऽहं पुरा ।
तत्पादाभ्युपपत्तितः खलु सरस्वत्यां[2] गणेशेन[3] च
ग्रन्थं नूतनमेव पूर्तिमनयं सच्छाब्धिकोल्लासनम् । १ ॥
वेदव्याकरणे किल त्रिनयनाभ्यस्ते च सारस्वत
ऐन्द्रे सादर ऐन्दवे सुमनसां यो बाहुलेये ऽपि च ।
प्रीत्या ईश्वरकौल ईशनिरतः कश्मीरशब्दामृतं
सद्वर्षे सुतिथौ शुभोडुनि शुभे घस्रे च मासे व्यधात् ॥ २ ॥
दोषाच्छादनकृन्मर्त्यः किल देवप्रियो भवेत् ।
स देवानां प्रियो यस्तु दोषाच्छादनकृद्भवेत् ॥ ३ ॥

इति श्रीकश्मीरमण्डलान्तर्मध्यनगरवर्तिसिद्धलक्ष्म्युपचितप्राशस्त्यवितस्ताकमला-प्लावितक्रीडामठप्रदेशनिवासिनेश्वरकौलेनैषा शारदाक्षेत्रभाषाव्याकृतिः कश्मीरशब्दामृताख्या यथामति विस्तरतां नीता ॥ शुभाय भवतु वाचकश्रोतृपाठकानामोम् ॥

भद्रं पश्येम प्रचरेम भद्रम् । समाप्तं चेदं साङ्गं शब्दशास्त्रम् ।

---

(१) [1] विषये देशे च [2] सरस्वत्या देवतया तन्नाम्न्या मात्रा च ।
[3] गणेशेन देवेन तन्नाम्ना पित्रा च ॥

(२) वेदेति इदं पद्यं ग्रन्थारम्भ एव व्याख्याय प्रकाशितम् ॥

[३ । दोषेति दोषाणामाच्छादनं गोपनं शोधनं च करोतीति दोषाच्छादनकृत् तादृशो मर्त्यो देवप्रियो देवस्य प्रकाशात्मनो ज्योतिःस्वरूपस्येश्वरस्य प्रियो भवति ईश्वरस्तं प्रति प्रसन्नो भवतीत्यर्थः । यस्तु दोषाच्छादनकृत् दोषाणामाच्छादनं वस्त्रतुल्यं कृन्तति छेदयतीति स देवानां प्रियो (देवानां प्रिय इति च मूर्खे पा० सू० ६ । ३ । २१ स्थ-वार्तिकोक्तया) मूर्खः पापी च भवतीत्यर्थः ॥]

अथाकारादिवर्णान्तक्रमेण धातुपाठसूची ।

खि . चि . जि . दि . नि . पि . यि . हि ॥

खिस्क . ग्रक . चमक . च्वक . छक . छिक . [छ्वक] . टक . टुक . द्क .
ठाक . ठीक . ठुक . डक . ड्वक . त्रुक . थक . थ्यक . थ्वक . द्रक . निक .
पक . फक . फुक . फूँक . फ्रक . बक . भ्रक . लोक . व्वक . शेंक . श्वक .
सुक . ह्यक ॥

जख . लख . लिख . लेख़ . समख . ह्वख ॥

ड्यङ्ग . ज़ाग . टाँग . ठग . तग . तङ्ग . दग . द्वग . फाँग . बूग . मङ्ग .
रङ्ग . लग . लङ्ग . लाग . वुङ्ग . व्वलङ्ग . श्वङ्ग . स्वग . स्व्ग . हग ॥

खरच . बच ॥

अच़ . क्च़ . खोच़ . ग्व्च़ . चर्स़ . च्वच़ . छ्वच़ . तच़ . नच़ . पच़ .
फिच़ . मर्च़ . म्वच़ . रोच़ . ल्यच़ . वाँच़ . व्यच़ . वुच़ . श्रोच़ . ह्वच़ ॥

काँछ . तछ . बुछ . वेछ . मन्दछ . मुछ . रछ . वुछ . ह्यछ ॥

अछ़ . इछ़ . गछ़ . मिछ़ . म्रिछ़ ॥

माँज ॥

अर्ज . कन्ज . खून्ज़ . ग्रज़ . तेज़ . दज़ . न्यवाज़ . पज़ . पलज़ .
पाज़ . पूज़ . प्रिन्ज़ . बज़ . बावज़ . बुज़ . बोज़ . ब्रज़ . माज़ . रन्ज़ .
रोज़ . लज़ . वज़ . वुज़ . व्वपज़ . सपज़ . सोज़ ॥

कपट . कॉट . कुट . क्रट . खट . गुरट . ग्यपट . चट . चूँट . चंट .
छट . छाँट . छ्यट . छ्वट . ट्वट . डाँट . नट . पट . पलट . पिट . पीट .
प्रेखट . प्राट . फट . फुट . म्यट . रट . रोट . लूट. वट . वाट . वुट . हट ॥

काठ . कुठ . क्रेठ . ज़मठ . जंठ . ट्यठ . टोठ . ट्रैठ . नाँठ . पठ .
पोठ . ब्रेठ . मेठ . व्यठ . वुठ . शिठ . श्रिठ . हाँठ ॥

अड . कड . गण्ड . छण्ड . छाड . छाँड . ताड . पेड . बड . वुड .
बुड . मण्ड . माँड . म्रण्ड . रुड . लड . लयड . वुड . सुड . ह्वड ॥

तूरण . प्राण . प्रिण . रूण . वुण ॥

कत . खुत . छत . ज़ोत . तत . न्यत . मत . रुत . लत . वात .
व्वत . श्रुत . स्वत . सुत ॥

पाथ . मथ . व्वथ ॥

अन्द . आरद . गुन्द . गिन्द . तुन्द . थद . पद . प्यद . प्वन्द . बाद.
ब्राद .मन्द . लद . वद . वन्द . व्यन्द . वुद . सपद . साद . स्यद ॥

श्वद्ध ॥

अन . आछन . आन . आमन . कान . कुहन . कुन . क्यम्न . खन .
गन . गुमन . ज़ान . ज़ंन . छन . छान . छाँछन . छ्यम्न . छुन . छ्वम .
ज़ान . जंन . दमन . तन . तीलन . दोन . दून . नन . पछान . पर्जन .
पाकन . पिलन . पुछन . पुन . मज़न . मन . फान . बन . बसन . बाखन .
ब्यम्न . मान . मुन . मेन . रन . लहन . ल्वन . लोन . लूहन . वखन . वन .

व्यछ़न . व्रगन . वुन . वोन . शिग्न . सन . सपन . स्यन्न . हान . हामन . हॉन . ह्न ॥

कांम्प . कुप . क्रप . खप . गुप . च़ाप . छप . ज़प . टप . थ्यप . तप . त्रप . थिप . दप . नप . नाँप . पप . फ्यप . याप . व्यप . वुप . श्रप . हप ॥

वुफ ॥

कब . ग्यब . च्वम्ब . छ्वम्ब . थ्यम्ब . डुब . त्यम्ब . त्वम्ब . त्र्वम्ब . [निब.] फब . रम्ब . लब . लूब . शूब ॥

खम . गर्म . च़म . चुम . थम . दम . नम . भ्रम . लम . वाम . व्वम . शम . सम . हम . हुम ॥

काय . द्वय . दूय . पय . मय . विय . लय . लाय . लूय . वय . वाय . वुय ॥

अंदुर . अंन्ज़्र . अंब्र . अलर . आंज़्र . आँट्र . आंड्र . आपर . आवर . ईर . कतर . कंन्ज़्र . कर . कहर . काच़र . कायर . कार . काव्र . कूर . कूंर . खंण्ड्र . खर . खार . ख्वखर . खोर . गंन्ज़्र . गर . गार . ग्रांग्र . गीर . गेर . गोर . गोवर . च़र . च़र . चार . च़ार . च़्यंत्र . च़ीश़र . चीर . च्वकर . चूर . चौंखर . छंक्र . छर . छ़र . छ्यंट्र . छिन्दुर . छ्यव्र . छ्वंस्र . छ्वद्र . छ्वंप्र . छेर . छोर . जर . ज़र . ज़िढ़र . ज़ीद्र . ज़्वङ्गर . ज़्वज़र . ज़ुव्र . जूर . जांव्र . ज़्जर . ठहर . डंख्र . डर . तंच़्र . तंभ्र . तर . तार . तीज़्र . तुंर . तोवर . त्रकर . त्र्वप्र . त्रोर . थंज़्र . थर . थाँथर . थार . थुर . दर . दर्र . दांभ्र . दार . द्वदर . द्वब्र . दून्छ़र . दुर . दोर . नंभ्र . नांग्र . निक्र . न्वंम्र . न्वंव्र . नेर .

नोमूर . पंज़्र . पंज़्र . पंद्र . पर . पार . पाम्र . प्यतर . पीठ्र . पीर . पुश्र . पूठ्र . पूर . पैर . पोर . फार . फर . फंस्र . फहर . फांस्र . फिर . फुकार . फुट्र . फेर . फोर . फ्यार . बगार . बंड्र . बंन्ज़्र . बर . बंल्र . बहर . बांग्र . बांज़्र . बाँबर . बिगर . ब्यंड्र . ब्रमूर . मठार . मंन्ज़्र . मर . मर . मंप्र . महार . मार . मुच़र . म्वंट्र . म्वंण्ड्र . म्वंद्र . मुसर . मून्छ्र . मूँत्र . मूर . मोर . यंत्र . यार . येर . रंछ्र . रावर . ल्तार . लार . लंड्र . लूर . लोर . वंड्र . वथर . वर . वहार . वार . विच़ार . व्यंज़्र . व्यंज़्र . व्यंद्र . व्यंद्र . व्यंप्र . व्यलर . व्यंत्र्र . व्यसर . वुक्र . वुखर . वुथर . वुदर . वुफर . वुषर . वुर . वुसर . वोर . वोव्र . शूब्र . शेर . सखर । संज़्र . संन्ज़्र . सन्दर . सन्दार . सर . साँगर . सार . स्यंज़्र . स्यंन्द्र . सीर . स्वंम्ब्र . स्वर . स्वसर . सोर . हकर . हंट्र . हंन्द्र . हर . हहर . हार . हंख्र . हंब्र . हंप्र . हांर . हूर ॥

अल . अहल . कल . कुमल . कोल . खल . खोल . गल . गाँगल . गाल . गेल . ग्रांगल . च़ल . च़ाल . च़यखल . च़पल्ल . छल . छूल . छूकल . ज़ल . ज़ाल . ज़्ल . टल . टाल . डल . डाल . ड्यल . डूल . डोल . तम्बल . तल . ताल . तुल . तेल . तोल . थल . दल . न्यङ्गल . नील . पल . पाल . पिल . पिशल . पूल . पजल . फल . फाँफल . फूल्ल . बल . बोल . ममल . मल . म्वकल . मेल . लूल . वल . वाल . विगल . वुज़ल . वुतल . वुलल . वुशल . वोल . शहल . संबाल . हल . हाँकल . हिल . हूल ॥

अंदूराव . अंन्ज़्राव . अवसाव . अंब्राव . अर्याव . अलराव . आंहूराव . आपराव . आयव . आरव . आलव . आवराव . कंन्ज़्राव . कपटाव . कमनाव . कमव . कौंकव . कूच़व . काव . खंण्ड्राव . ख्वललाव . गंन्ज़्राव .

गिलव . ग्यव . गुज़राव . गुलव . ग्रांश्राव . घताव . चाव . चीङ्गाव . चुकाव .
चुक्राव . च्रग्नाव . च्वंम्राव . चुव . छंक्गाव . छंच्राव . छाव . छ्यंट्राव . छिव .
छिव्गाव . छ्यव . छ्यंव्गाव . छ्रूकव . छ्वंङ्गाव . छुंद्गाव . छ्वंग्राव . ज़ीठ्गाव .
ज़ुव . ज़ुव्राव . ज़ोव्गाव . ज़्रव . टुव . ट्रूकव . ठगाव . डखव . डंख्राव .
डुलनाव . डुलव , डुव . तंच्राव . तंस्राव . तव . ताव . तींज़्राव . तांवराव .
त्रक्राव . त्रंग्नाव . त्रंच्राव . त्रंस्राव . त्राव . त्रुम्वव . त्रुंश्राव . थंज़्राव . थव .
थाव . दंद्राव . दबव . दव . दांस्राव . दाव . द्रूगव . द्रूग्नाव . द्रुद्राव . द्रब्राव ,
द्रून्छ्राव . द्रूनव . द्रुंग्गाव . द्प्राव . नंस्राव . नंट्राव . नव . नहाव .
नाव . नांश्गाव . निक्राव . न्वंम्राव . न्वंव्गाव . नेछव . नोम्राव .
न्याव . पछताव . पंज़्गाव . पंज़्राव . पटाव . पंठ्गाव . पर्खाव . पर्ज़नाव .
पाकव . पाव . पांस्राव . पिट्गाव . पिलनाव . प्यव . पीद्राव . पीनव .
पुश्राव . पूठ्राव . पोरव . मज़नाव . माव . फर्काव . फालव . फांस्राव .
फ्यछ़व . फिरव . फुट्राव . बंच्गाव . बडाव . बंड्गाव . बंद्गाव . बंन्ज़्गाव
बंर्काव . बंल्राव . बांग्राव . बांज़्राव . बाव . ब्यंस्राव . बुव . ब्रम्राव .
मंच्राव . मनव . मंन्ज़्राव . मर्दाव . मंष्गाव . मांस्राव . मिलनाव . मिलव .
मुच्राव . म्वंद्गाव . म्वंण्ड्राव . म्वंद्गाव . म्वलव . मुसराव . मून्छ्राव .
मूँत्राव . मोरव . यंत्गाव . रंछ्राव . रन्ज़नाव . रन्ज़व . राव . रावराव .
रिन्ज़व . रिव . रुव . रुकव . लटाव . लडाव . लतव . ललव . लिथव .
ल्यंद्गाव . लिव . ल्यव . लूक्गाव . वज़व . वंड्राव . वथराव . वनव . वव .
वहाराव . व्यंज़्राव . व्यंस्राव . व्यंठ्राव . व्यंद्राव . व्यंप्राव . व्पव .
व्यंव्गाव . वुक्गाव . वूखराव . वुग्राव . वुडाव . वूथराव . वुसराव .
वूहव . वोन्राव . शमाव . शूश्राव . सगनाव . सगव . संस्राव . सताव .

सन्द्राव . साव . स्यंज़्राव . स्यंज़्राव . सिव . स्वखनाव . स्वखव . स्वग्राव . स्वंच़्राव . सुरव . सुलव . सुव . स्रव . स्वंग्राव . हंद्राव . हन्द्राव . हाँद्राव . हाव . हंख्राव . हंच़्राव . हंग्राव . हंम्राव . ह्सनाव . ह्सव ॥

कश . क्रेश . वृश . नश . पश . फ्यश . फुश . (फ्वश) फेश . ब्रश . शाश . स्वर्श ॥

डेप . तोप . द्रुप . पांप . बाप . मप . मुप . रोंप . वप . शप ॥

अबस . अस . आवस . आस . कस . कास . खस . ख्रस . च्रस . ज़्वस . द्रस . ठास . डस . त्रस . दस . पिस . प्रस . फस . बस . बास . मुस . रस . रूस . लस . लिस . लोस . वस . विस . वृबस . वृलस . वृस . स्रस ॥

कुह . खह . ग्वह . ग्रह . च़्रह . पिह . फह . ब्यह . मुह . ल्रह . वुह . स्रह ॥

इति शारदाक्षेत्रभाषाव्याकरणे कश्मीरशब्दामृते
अकारादिवर्णान्तक्रमेण धातुपाठ-
सूचीपत्रं समाप्तम् ॥

अथाकारादिक्रमेण सूचसूची ।

रछो नित्यम् ९ । २ । ६३

रंगूर्शोर्वात् ९ । २ । ७६

रसहसवोः सात् ९ । २ । २०

रसाचद्रति ४ । ९१

रातः किनु च ४ । १४२

रादाबो लोपो बा ८ । ४ । २४

राहुहोस्तत्काले ४ । ८९

रुक्षोभाभ्यामतिशये ४ । १७

रेङ् संबन्धस्य ४ । १६७

रेम्फ् अल्पकरणयोः ४ । १६९

र्यस्ताच्छील्ये ४ । ३५

लटोश्च ६ । १७

लदश्वाद् वेतने ऽपि ९ । २ । ८

लमो विलम्बके ४ । १०३

लसथ ८ । ३ । २७

लसथ पुंभूते ८ । ३ । ३३

लसथ स्त्रियाम् ८ । ३ । ६७

लागो ऽनघ् कृष्यर्थे ९ । २ । ५३

ळाँछूशब्दस्योपधाया ऊत्वं वा ४।९२

ळान्तस्य जः ८ । ३ । ७४

ळान्तानां जः ४ । ५२

ळान्तानां जः ६ । ७

ळाबो वार्धुषिके ४ । १०४

ळारः कर्मे ९ । २ । ४०

छिङ्काभीष्णयेन च ५ । ९

लिवलयबोध्र ९ । २ । १८

लिवो वस्य पश्च ९ । २। २९

लूक्शब्दादय् ४ । १२२

लूक्शब्देन शतादिषु ४ । १७७

लूरो लुण्ठके ४ । १०६

लूबो ऽन्त्यस्य दश्र ४ । १०८

लेखो ऽन्त्यस्य च फः ९।२।७७

ल्यकल्शब्दादूद् ४ । ३९

वकारात्सपूर्वे ऊकारः ८ । २ । १७

वखनखारजागवाळनन्द्वखामनामय्

९ । २ । ४६

वटः संग्रहे ९ । २ । ३१

वपूर्वः स्वरान्तात् ९ । १ । ३

वर्गमथमान्तानां मथमायां द्वितीयः

२ । १ । ६९

वर्तमानायां छुह्　छिह् छुख् छिव

छुस् छिह् पुंसि ८।१।११

वर्तमानायां मत्ययादावेव ३। २। २८

वर्तमाने धातुभ्य आन् ९ । १ । २

वर्षार्थे च ४ । १११

वा ऽकर्मकेभ्यः ८ । १ । ५१

वा कुंडल्कर्तळोः २ । १ । २९

वाक्यान्ते मौणः ८ । १ । २४

कश्मीरशब्दामृतम् ।

स्त्रियामूदातौ ८। ३। २५

स्त्रियामेकत्वानेकत्वे ऊदात्तावप्रसिद्धौ
८। ३। २८

स्त्रियामेकवचन एव २। १। ६७

स्त्रियाम् एय एय एयच् एव एयस्
एय प्रत्ययाः ८। ३। ४४

स्त्रियामेयादेशः सर्वत्र ८। ३। १६

स्त्रियां तूर् ४। ९

स्त्रियां भूते ऽपि ८। ३। ३१

स्त्रियां यत् ८। ३। ५

स्त्रियां हन्जू अन्तावेकत्वे २। १।
४४

स्त्रीसंबन्धैकानेकत्वे स्त्रौ हन्द्वन्तावेकत्वे
२। १। ४२

स्त्रीसंबोधने पुंवत् २। २। २५

स्त्रचपत्ये जो नवौ च ४। १२

स्त्रत्यये इकारागमः २। ३। १७

स्त्रकः स्वादादिसाहृश्ये ४। ९४

स्त्रलोपः स्त्रियां सर्वत्र १। १। ४०

स्वनरुपशब्दयोर्वा २। १। ४७

स्वनशब्दाद्रुडु ४। ६८

स्वमाधान्ये सान् ४। १८५

स्वप्रूर्तिवर्तमानद्रव्यगुणत्वाभिधेये
ऽल् ४। १५

स्वरः सवर्णे दीर्घपरलोपौ १। ९

स्वरादह्लोपः ८। १। ३९

स्वरादागमः स्वरश्छन्दः ९। २। ९२

स्वरान्तात्सस्वरः ९। १। ३०

स्वरान्तादितो ऽत् ९। १। ७०

स्वरान्ताद्यागम इकारे ८। २। १०

स्वरान्ताद्रः ९। २। ८४

स्वरान्ताद्रा ९। १। १२

स्वरान्ताद्रान् ५। ४

स्वरान्तानामुत्तमे मागमः ८।२।२९

स्वरान्तेभ्यो ऽनिदिदियिभ्य आदेरत्
९। १। २४

स्वरान्तेभ्यो वपूर्वः ९। १। २७

स्वस्वकार्योद्यमेनाभिधेये कंडु ४। ६

स्वाकर्तृत्वावसरे परक्रियाकर्तृत्वारो-
पो हेतुः ८। ४। १

हतपूर्वे पूर्वे च २। २। १३

हतपूर्वौ पूर्वे च २। २। १८

हतसांहे पूर्वे वा २। २। ४

हतसांहे पूर्वे वा द्वंद्वेषु २। २। ६

हतादिभ्यः संख्यायाम् ४। ७०

हतशब्दः पूर्वे च २। २। ८

हतो वा २। २। १०

हपूर्वाश्च केवलक्रियाया अन्ते २।२।२७

इति श्रीशारदाक्षेत्रभाषाव्याकरणे कश्मीरशब्दामृते
अकारादिक्रमेण सूत्रसूचीपत्रं
समाप्तम् ॥

अकारादिक्रमेणोदाहरणसूची।

करान् छ्यख्नय् ८ । १ । १६
करान् छ्यख्ना ८ । १ । १६
करान् छ्यत्या ८ । १ । १४
करान् छिथ् ८ । १ । ३७
करान् छिन ८ । १ । १३
करान् छ्यन ८ । १ । १३
करान् छ्यना ८ । १ । १४
करान् छिम् ८ । १ । ४१
करान् छिय् ८ । १ । ४०
करान् छ्यय् ८ । १ । १८
करान् छिव ८।१।१२-८।१।१५-८ । १ । ४१
करान् छ्यव ८ । १ । १२
करान् छिवख् ८ । १ । २६
करान् छ्यवनय् ८ । १ । १६
करान् छ्यवना ८ । १ । १६
करान् छिवम् ८ । १ । ४१
करान् छ्यवय् ८ । १ । १६
करान् छिवस् ८ । १ । ३६
करान् छिवा ८ । १ । १५
करान् छिस् ८ । १ । ३३-८।१।३६
करान् छ्यस् ८ । १ । १२
करान् छ्यस ८ । १ । १७
करान् छ्यसय् ८ । १ । १७
करान् छिह् ८ । १ । १२
करान् छ्यह् ८ । १ । १२
करान् छिह् अस्य ८ । १ । ४४
करान् छुख् ८ । १ । १२—८ । १ । १५—८ । १ । ३५
करान् छुखा ८ । १ । १५
करान् छुन ८।१।१३—८।२।१६
करान् छुना ८ । १ । १४
करान् छुम् ८ । १ । ४१
करान् छुय् ८ । १ । ४०
करान् छुव ८ । १ । ४१
करान् छुस् ८ । १ । १२—८ । १ । ३३—८ । १ । ३६
करान् छुस ८ । १ । १५
करान् छुसख् ८ । १ । ३५
करान् छुसथ् ८ । १ । ३७
करान् छुसय् ८ । १ । ४०
करान् छुसव ८ । १ । ४१
करान् छुसस् ८ । १ । ३३
करान् छुसा ८ । १ । १५
करान् छुह् ८।१।१२—८।१।१६
करान् छुह् अस्य ८ । १ । ४४
करान् छुहख् ८ । १ । ३८
करान् छुहम् ८ । १ । ४१

करुन् द । ३ । ४६

करुन ६ । २ । २

करुनु ह्वतु मंतु ६ । १ । १४१

करुन कितु ६ । १ । २२

करुन ज्ञानि द । १ । १९८

करुन न द । २ । १९

करुन् ह्वतुन् द । १ । ५७

करहम् द । २ । १६

करहम् द । ३ । ३

करहुमख् द । १ । ३६

करहु मंतु ६ । १ । ४०

करुव द । ३ । ३

करहम् द । २ । १६

करहुन् द । ३ । ८

करू-मंचू ६ । १ । ४०

करेयेख् द । ३ । ३६

करेयेथ् द । ३ । ३६

करेयेन् द । ३ । ३६

करेयेम् द । ३ । ३६

करेयेय् द । ३ । ३६

करेयेव द । ३ । ३६

करोथ् द । १ । ३७

करोन द । २ । २६

करोम् द । २ । २६

कर्ते द । २ । १९

कर्तंजू भूतिन् २ । १ । २६

कर्तन् द । २ । १९

कर्तल् २ । १ । २६

कर्वेलि भूतिन् २ । १ । २६

कर्तेस् द । २ । १६

कट् तान् आव् द । १ । १६

कर्यख् द । ३ । १९

कर्येन् द । २ । २६-द । ३ । १९

कर्ये-मत्त ६ । १ । ४०

कर्येस् द । २ । २६

कर्या द । २ । ३१

कर्यान् १ । ३-द । ३ । ४६

कर्याव द । ३ । १४

कर्येंकु १ । १०

कर्यूस् द । २ । १७-द । २ । २६

कर्येख् द । ३ । १९

कर्येथ् द । ३ । १९

कर्येन् द । ३ । १९

कर्येम् द । ३ । १९

कर्येय् द । ३ । १९

कर्येयख् द । ३ । १६

कर्येयन् द । ३ । १६

कर्येव द । ३ । १९

कांम्फ़् ६ । २ । १५

कार्यर्दृ ४ । ४४

कारि कारि ६ । १ । १३

कालचनन् ४ । १४५

कालि ४ । १४३

कालिक्यथ् ४ । १४३

कालिक्यथ् कनि ४ । १५४

काव् २ । १ । ३६

काव-पुतु ४ । १

कार्यर्दृ ४ । ४४

काव सन्दु २ । १ । ३६—२ ।
१ । ४८

काविश् ६ । २०

कावौ सूतिन् २ । १ । ३१

काशिरू कठ् ४ । ११८

काशुरू कंरु ४ । ११८

काशुरू पद्मीन ४ । ११८

काशुरू पहान् ४ । १६३

काशू २ । १ । १६

काशूरू सूतिन् २ । १ । १६

काह् २ । १ । १६

क्यङ्गरावान् छुह् ८ । ४ । २५

काह् शथ् ४ । ११६

क्यथ ४ । १२५

क्यथताञ् पांठि ४ । १२६

क्यथ पांठि ४ । १२७—४ । १२६

क्यथय ४ । १२६

किथु ४ । १२६

क्यलि ४ । १३८

क्यलि ४ । १३८

क्र-कठ् ४ । ६

ककरु पुतु ४ । १

कछ् ४ । ८१

कछल् २ । १ । ७४

कछुलु २ । १ । ७४—४ । ८१

कछ्रु २ । १ । १६—६ । ११—६ ।
१८

कछ्रु छ्यह् २ । १ । २३

कछून् छुह् वुठान् २ । १ । १४—२ ।
१ । २३

कछ्रुव् सूतिन् २ । १ । २३

कंठू २ । १ । १७

कंठू सूतिन् २ । १७

कंद् ४ । ७४

कुंद्वंजु सूतिन् २ । १ । २६

कुंदल् २ । १ । २६

कुंडछि सूतिन् २ । १ । २६

कंडुलु ४ । ४७

गन्जुन् छुह् पारान् २ । १ । १५

गन्जुव् सृत्य् २ । १ । ३१

गेय् द । ३ । ४३

गय द।३।४८—द।३।५८—द।३।६०

गयख् द । ३ । ६०

गयत्र द । ३ । ६०—द । ३ । ६१

गयस् द । ३ । ६०

गयाव् द । ३ । ५१

गर अन्द्र छुह् जान् लॉक् २।१।५७

गर अन्द्र द्राव् २ । १ । ६५

गरकुन् ४ । १५८

गरथ् ६ । २ । ४४

गरन् १ । ५ क

गरन् अन्दर २ । १ । ५२

गरनय् ६ । १ । ५१

गरन यिवान् छुह् द । १ । ५३

गरप्यठ ४ । १३४

गरबोलु ४ । २४

गरस् अन्दर २ । १ । ५२

गर सूतिन् २ । १ । ४

गरिल् ६ । २६

गरि-मति ६ । १ । ४०

गरु ६ । ४

गरुकु ४ । ११६

गरु-मंतु ६ । १ । ४०

गरू ६ । ४

गरू-मंचु ६ । १ । ४०

गरौ अन्द्र छुह् जान् आँगुन् २।५७

गर्य-मन्त ६ । १ । ४०

गर्वाज्यश् ६ । २६—६ । २६

गर्वेठ् २ । १ । २६

गर्वेठि पुछ्य २ । १ । २६

गर्बोल् ४ । २४

गलु २ । १ । २७

गलि द । ३ । ६३

गलु द । ३ । ६३

गलौ सूतिन् २ । १ । २७

गश्यर ४ । ४६—४ । ५४

गंशु ४ । ४६

गस् ६ । २ । २१

गुह ६ । २ । २१

गाँगल् ९ । २ । ८०

गांम् ६ । ११

गाटल्यन २ । १ । ७३

गाटलिस् २ । १ । ७३ · २।१।७५

गाटलिस् प्यठ २ । १ । ७३

गाटल्यौ २ । १ । ७३

गाटुलु १ । ४—४ । ७३—६ । द

गारुलुय् २।३।२१

गारूतू ६।८

गारूलि २।१।७९

गारूलि बंनु २।१।७९

गारूलि सन्दि पुछ्य् २।१।७९

गारूलि संन्दु २।१।७९

गान् ६।११

गान·करु ४।९

गाम प्यठ २।१।६९—४।१३४

गामौ प्यठ २।१।६९

गामूकुन ४।१९८

गाच् २।१।७२

गाशलथ् ४।१६३

गासन् २।१।१९

गोसून् २।१।१९

ग्यम्रल् ४।१९

ग्यम्रलद ४।२०

गिन्ज्ञान् ८।३।४७

गिलन ६।२।३६

ग्यवुनु ब्रतुमंतु ६।१।४१

ग्यरपाम्परु ४।४४

गीदू २।१।३३

गीरि सूतिन् २।१।३३

गीरू २।१।३३

ग्वगल् २।१।७४

ग्वगुलु २।१।७४—६।८

ग्वगजि बंतु ४।७१

ग्वगृनि पंतरु ३।६

ग्वगजू ६।८

गुञरांम् ६।३१

गुपन रूर्थलु ४।१२१

गुपन वोलु ४।२४

ग्वबु ४।९९

ग्वबु गुर्बु छुह् पकान् ९।९

ग्वबु पकान् छुह् ९।९

ग्वब्यरु ४।९९

ग्वब्यांम् ८।३।१६

ग्वबुरावान् छुह् ८।४।२०

गुपञारु ४।९०

गुपंनु ४।९०

गुपहंतु ४।२९

ग्वयू ८।३।४३

ग्वरनुय् अन्दरु २।३।२१

ग्वरनुय् हन्दि पुछ्य् २।३।२१

ग्वरन् किन्न २।१।१९

ग्वरन् हन्दि पुछ्यि् २।३।२१

ग्वरन् हन्दिय पुछ्य् २।३।२१

ग्वर सन्दि ख्वत छुह् गारुलु २।१।६२

ग्वर सन्दिय् पुछ्य् २ । ३ । २१

ग्वर सन्दु त्राह् २ । १ । ४१

ग्वरसूय् अन्दर् २ । ३ । २१

ग्वरस् कंगिज़ि नमस्कार् २।१।३८

ग्वरस् किन्न अज्ञन् फोथ्य् २।१।७५

ग्वरस् छुह् नमस्कार् करान् २।१।४१

गुरि खर्यलु ४ । १२१

गुरिजू २ । ३ । ४६

गुरिज़ूरि ४ । १६२

गुरि मोह् २ । १ । ५६

गुरि रेम्फ् ४ । १६६

गुरि लोयु २ । १ । ४

गुरि सन्जू जंग् २ । १ । ४६

गुरि सन्दि सूतिन् २ । १ । ६१

गुरि सन्दु २ । १ । ३६

गुरि सन्दु ल्ठु २ । १ । ४६

गुरि सूतिन् २ । १ । ४-२।१।३०

गुरि सूत्य् आच् २ । १ । ६१

गुरिस् किति अनिन् रव २।१।७७

गुरिस् छुह् खसान् २।१।३०-२।१। २८

गुरिस् प्यठ् २ । १ । ५२

गुह २ । १ । ३०-२ । १ । ३८- ६ । ४

गुरू ६ । ४--६ । ८

गुर्यन् २ । १ । ३०

गुर्यन् किति २ । १ । ५५

गुर्यन् छुह् खसान् २ । १ । १२

गुर्यन् छुह् रछान् २ । १ । ३८

गुर्यन् प्यठ् २ । १ । ५२

गुर्यौ मोह् २ । १ । ५६

गुर्यौ सूतिन् २ । ३ । २३

गुर्यन्त्रूय् सूतिन् २ । ३ । २३

ग्वहनावान् छुह् ८ । ४ । १७

गूजू ६ । ८

गूठिङ् २ । १ । ३४

गूरिल ४ । ५८

गूरिलांज् ४ । ६१

गूरिस् २ । १ । ३४

गूह २ । १ । ३४—६ । ८

गूरू ६ । ८

गूलि २ । १ । ३४

गूलिस् २ । १ । ३४

गूलू २ । १ । ३४—६ । ८

गैय् १ । ८

गोँछुल् ४ । १५

गोँछुलदु ४ । २०

गोराज् ४ । ५८

च्यवचुनु ६ । १ । २७

च्यवान् ६ । १ । ३

च्यवान् च्यवान् आव् ६ । १ । ४

च्यवान् छुह् ८ । १ । २०

च्यह् ८ । २ । ११

च्यहाख् ८ । २ । ३२

च्यहान् ८ । २ । ३२

चीनि खोस ४ । १ । १७

चीर् ६ । २ । १७

चीरि २ । १ । ३३

चोंखरावान् छुह् ८ । ४ । ७

च्यांश्र २ । ३ । १२

च्याञ्र २ । ३ । १२

च्यांनि न्यचिन्नि २ । ३ । १२

च्यांनि सन्दि सूतिन २ । ३ । १४

च्यानि सूतिन २ । ३ । १४

च्यान्यौ सूतिन २ । ३ । १४

च्यावनावान् छुह् ८ । ४ । ११

च्यावान् छुह् ८।४।१० – ८।४।११

च्येन् १ । ६

च्यान् १ । ७

च्योनु २।३।११ – २।३।१३ – २।३।१४

च्योनु गंछु करहन् ६ । १ । ४६

च्योनु पज्जि रनुन् ६ । १ । ४५

च्योनु लगि न दपुन् ६ । १ । ४५

च्यौव् ६ । १ । ३७

ह्क र् २ । १ । ७४

चक्रुलु २ । १ । ७३ – ६ । ८

चक्रजू ६ । ८

चऽच्यान् ८ । ३ । ४७

छंज्रू ८ । ३ । ७४ – ८ । ३ । ६३

छऽउय ८ । ३ । ७४ – ८ । ३ । ६३

छऽउयाव् ८।३।४६ – ८ । ३ । ६३

छऽउयांव् ८ । ३ । ४६ – ८।३।६३

चटुलु ४ । ८३

छतुर् ख्यवान् छुह् ५ । ९

छतुर् छंतुर् ५ । ९

छतर्यर् ४ । ४४

छप छफ ३ । १४

छपल् ४ । १६

छमूर् ४ । ६६

छरंनु ६ । २ । ३

छरान् छ्यस् ८ । १ । ४५

छरिश्र ६ । २ । २४

छ्रिगिनख् ८ । २ । ६

छ्रिगिनय ८ । २ । ६

छ्रिरि नव ८ । २ । ६

छ्रिगिनस् ८ । २ । ६

छर्यर् ४ । ५२

टोपि फलु ३ । ९	ख्यक्र २ । १ । १
इकनावान् छुह ८ । ४ । १७	ख्यकन् कंह २ । १ । १८८
तुख् ६ । २ । ५६	ख्यकुकू १ । ४—२ । १ । १४१
ठीकियाव् ८ । ३ । ६८	ख्यकुकू बत २ । १ । ५०
ठीक्याव् ८ । ३ । ६८	ख्यकुकू रथ २ । १ । ५०
ठीक्यौव् ८ । ३ । ६८	ख्यज्यइह्रु ४ । १६२
ठीक्रावान् छुह ८ । ४ । २०	ख्यठ कन आव् ८ । १ । २७
तुख् ६ । २ । ६	ख्यठ कनि ८ । १ । २७
तूळ तूळ् ३ । १४	ख्यठ कर् आव् ८ । १ । २७
तूळल् ४ । १९	ख्यठ कृति ८ । १ । २७
तूँक तूँख् ३ । १४	ख्यठ क्याह् ८ । १ । २७
तूँकल् ४ । १९	डींजु ६ । ९
तूळ म्वंहु ३ । १२	डीठिन् ८ । ३ । ६२
दखंहु ६ । २	डीठून् ८ । ३ । ६२—८ । ३ । ७०
दखल् ४ । १९	डुलिजि ६ । ७
दञ्य ८ । ३ । ६३	डुलु ६ । ७
दंजु ८ । ३ । ६३	दुव् ६ । २ । १६
दंलि ८ । ३ । ६३	दुविज्ञ ६ । २ । २७
दलिझ् ६ । २ । २७	दुजु ८ । ३ । ६३
दंलु ८ । ३ । ६३	दुहु २ । १ । ३५
दाँगंहु ६ । २ । ८६	दुलि ८ । ३ । ६३
दाळान् छुह ८ । ४ । २८	दुलु ८ । ३ । ६३
दाम् ४ । १००	दूंस २ । १ । ३५
दाम्र ४ । १००	देच्छन् ८ । ३ । ६२—८ । ३ । ७०

पूजा करान् ॒ लुॆहॆ ८ । १ । २४
तव पत छॆहॆ आसनसॆ प्यॆठॆ बिहिठॆ
पूजा करान् ८ । १ । २३
तम् २ । ३ । २०
तसॆन्दु २ । ३ । २०
तसॆन्दुय् २ । ३ । २१
तापस् प्यॆठॆ २ । १ । ६६
ताप हॆतु ४ । २५
ताॗॖकु १ । २
ताफॖ २ । १ । ६६
ताफ़ॖ गॆछ़ु करॆन् ६ । १ । ४६
ताफ़ॖ गॆठ ३ । १
तार् ६ । २ । १७
तार २ । ३ । ३६ — २ । ३ । ४५
तारान् छुॖहॆ ८ । ४ । २८
तारि तारि ६ । १ । १३
तारिथ ६ । १ । १३
तारिन् ८ । १ । १६ — ८ । ३ । २०
ताव् ६ । २ । १६
तावॆहॆछ़ु बुतराथ् ४ । २५
तावॆहॆतु ४ । २५
तिकि-पूतु ४ । १
तिथ ४ । १२६
तिथ पाॗठि ४ । १२७

तिथ पाॗठिन् ४ । १२७
तिथय ४ । १२६
तिथु ४ । १२६
तिमन् २ । २ । १६
तिमन् प्यॆठ् २ । ३ । १६
तिमन् इॖन्दु २ । ३ । २०
तिमु आय १ । ३
तिमौ प्यॆठ २ । ३ । १६
तिमौ वॆनु २ । १ । ६६
तिमौ सूतिन् २ । ३ । १६
तिमॖ कॖरिजि ८ । २ । २४
तिम़ॖ गॆछ़न गॆछ़ूनि ६ । १ । ४६
तिम़ॖ छिॖहॆ परान् ८ । १ । ४
तिम़ॖ नय् करहॆन् ८ । २ । ३५
लॆंबियॆयस् ८ । ३ । ४५
लॆंब्यॆयस् ८ । ३ । ४५
तिमॖ हय् करहॆन् ८ । २ । ३५
ल्यॆलि ४ । १३८
ल्यॆलि ४ । १३८
तिहॖ २ । ३ । १
तिहॖन्दि पुछ़्य २ । ३ । १६
तिहॖन्दु २ । ३ । १६ — २ । ३ । २०
तीज़ॖरावॆन् छुॖहॆ ८ । ४ । २०
तीति २ । ३ । २७

दुरंहृ ४। १६२

दूरू २। १। ३९

दूरू पहान ४। १६३

दोर् ६। २। ७८

ध्यारज्ञ ४। १३

ध्यारथ्र ४। १३

ध्यारबोलु ४। २४

ध्यारु ब्यारु अनिन् ८। १। ३०

द्युन् ६। २। २

द्राग लबु ४। २०

द्राँछ्यर् ४। ४६

द्रार्भति ६। १। ४०

द्रार्भतु ६। २। ४०

द्राय् ८। ३। ४२

द्राय ८। ३। ६९

द्रायाव् ८। ३

द्रायेय् ८। ३। ६९

द्रायोव् ८। ३। ६९

द्राव् ८। ३। ६९

द्रेगु ४। ४७

द्न्ज्यर् ४। ४७

द्रैद् यिवान् छुह् ८। १। ५४

द्रोँदु ४। ४६

द्रोय् ८। ३। ४२

दुनन् ६। २। ३५

दहम्बया ४। १७०

दहारिग् ४। १६२

दहहना ४। १७०

नच्चय् ६। २। ४६

नच्चान् बसनस् किन्तु गच्छान् छुह् ६। १। १

नन्निझ् ६। २। २७

नंच्चुन ८। ३। ३

नट २। १। ६७

नटिझ् ६। २। २७

नंटिझ्ल ६। २। २७

नटि सूतिन् २। १। २६

नद् २। १। २६–२। १। ६७

नद्रुरि-म्बंदू ३। १२

नब् नम् फल् ३। ३

नमबूम् सूतिन् २। ३। २३

नमिझ् ६। २। २७

नमियाव् ८। ३। ४६

नंबु ४। १६२

नमौ सूतिन् २। ३। २३

नम्याव् ८। ३। ४६

नम्यौव् ८। ३। ४६

नंह ६। १८

महनिव्यन् हन्दि सूत्य् गौव् २।१।६१

महनिशिरेम्फ् ४ । १६६

महन्युव् २ । १ । ७९

महनिव्यौ सूत्य् गौव् २ । १ । ६१

महार्यञ् ६ । ३०

मा कर् ८ । २ । २०

मा करान् छुह् ८ । १ । २९

मार्गंकि व्ह २ । १ । ४८

माङ्क्य् ६ । २ । ४७

मा छुह् करान् ८ । १ । २९

माज्य २ । १ । ७०

माज्यकुन् ४ । १९८

माज्यकोर्य ३ । ३

माजितोन् ४ । ६३

माज्य-दावल् ६ । १ । ३३

माज्य-दिनल् ६ । १ । ३३

माज्य-दिल् ६ । १ । ३५

माज्य-दिलल् ६ । १ । ३४

माज्यन् हन्ज कोर्य २ । १ । ४५

माज्यन् हन्जू कूरू २ । १ । ४४

माज्यन् हन्दि न्यचिव्वि २।१।४३

माज्यन् हन्दु न्यचिवु २ । १ । ४२

माज्य हन्ज कोर्य २ । १ । ४५

माज्य हन्जू कूरू २ । १ । ४४

माज्य हन्जू माजू २ । १ । ४६

माज्य हन्दि न्यचिव्वि २ । १ । ४३

माज्य हन्दु न्यचिवु २ । १ । ४२

माज्य हन्दु मोलू २ । १ । ४६

माजू २ । १ । ७०–६ । ८

माज्युलु ४ । ६५

माजन् ६ । २ । ३५

मांज् रावान् छुह् द।४।२१–४।२।२७

माँड् ६ । २ । ६७

माताामाल्रैछु छ्यह् ४ । १६७

माननावान् छुह् ८ । ४ । २२

मानठ्यंतु ४ । २६

मामतुरु बोयु ४ । ८

मामत्रू बाय्यि काकञ् ४ । १०

मामत्रू ब्यञ ४ । ६

मार् २।१।१८—६।२।१७

मारनावान् छुह् ८ । ४ । १८

मारान् छुह् द।४।१८—द ४।२८

मारिथ् क्यथ् ६ । १ । १३

मारि मारि ६ । १ । १३

मारू २ । १ । १८

मारूथ् ८ । ३ । ८

मारून् ८ । १ । १६

मारूवल् ४ । १७१

हे नारान् सा २ । २ । ३
हे राम कौल् सा २ । २ । ३
होर् ४ । १३६
होर ४ । १३७
होरकनि ४ । १५३
होर्कुन् ४ । १५८
ह्युरुकुन् ४ । १५८
ह्यूरुकुन् ४ । १५८
ह्यावान् छुह् ८ । ४ । १३
ह्स् ६ । २ । २०

इति श्रीशारदाक्षेत्रभाषाव्याकरणे कश्मीरशब्दामृते अकारादिवर्ण-
क्रमेणोदाहरणसूचीपत्रं समाप्तम् ॥

अथ गणपाठः ।

तत्रादौ ॥

कथादयः ॥ २।१।२५ ॥

कथ्। वथ्। व्यथ्। ळथ्। दथ्। ध्वथ्। च्वथ्। च्नित्थ्। च्नैंथ्। ग्थ्। पींथ्। तोंथ्। इति कथादयः ॥

कछ़लादयः ॥ २।१।७४ ॥

कछ़्लु। च्वतुलु। च्नकुलु। ग्वगुलु। वातुलु। बतुकु। गगुरु। म्वंगुरु। इत्यादयः कछ़लादयः ॥

कृचादयः ॥ ८।४।१७ ॥

क्च्न आर्द्रीभवने। ग्वह दीप्तौ। ग्रक चाञ्चल्यपाकातिशययोः। ज्ञोत दीप्तौ। दृक धावने। तेळ विस्फोटादिदंशे। तोष तोषे। दोर गतिचातुर्ये। नोँप दीप्तौ। नीळ हरितीभवने। पिस पाकेन बहिर्निःसरणे। पेढ निर्यासे। पोर पर्याप्त्यनार्द्रत्वयोः। मार समीक्षणे। फब प्रशस्तीभवने। फर स्तेये। फळ वस्त्रजीर्णने। फुह फुश अन्तःकोपे। फेर भ्रमणादिषु।

फोर स्फुरणे । बाद प्रबलीभवने । बास भासने । बुड स्थविरीभवने । ब्रज दीप्तौ । याप व्याप्तौ । रम्ब शोभायाम् । रस सरसीभवने । रोच्न रोचने । रोट अवष्टम्भे । रुड रूढीभवने । रुण जीर्णने । ल्यड पराजयीभवने । लोर वैकल्ये । इत्यादयः कृचादयः ॥

चुरादयः ॥ ८।१।४५ ॥

चुर अन्तःकोपे । फृश फुह अमर्षे । मर्च्न अन्तःकोपे । वुच्न दग्धीभवने । फिच्न विस्मरणे । इति चुरादयः ॥

तिहादयः ॥ २।३।१ ॥

तिह् । यिह् । क्याह् । इह् । हुह् । इति तिहादयः ॥

मूलादयः ॥ २।१।३५ ॥

मूल् । कस्तूरु । कूट्ठ । चूँठ्ठ । छूल् । टूरु । हरु । ढूंस् । तुंरू । दूरू । नस्तूरु । बूथु । मूरू । रूदु । लूख् । लूदुर् । लूर्र् । हूँद् । सूर् । हूस् । इत्यादयो मूलादयः ॥

इति श्रीशारदाक्षेत्रभाषाव्याकरणे कश्मीरशब्दामृते गणपाठः समाप्तः ॥

समाप्तं चेदं साङ्गं कश्मीरशब्दामृतं नाम व्याकरणम् ॥

मुदे भूयात्सताम् ॥

ADDITIONS AND CORRECTIONS.

P.	L.	For	Read.
2	3	इश्वरकौल	ईश्वरकौल
7	12	पट्टु	पंट्टु
11	13	कङ्क़ून्	कंङ्क़ून्
13	3	सूतिन्	सुंतिन्
17	1	अन्	अत्
19	15	करिज़ि	कंरिज़ि
20	6	दपिज़ि	दंपिज़ि
26	14	तत्रेदानन्तिनः	तत्रेदानीन्तन
30	1	वत्च	वत्च्
,,	9	बांयिस	बांयिम्
37	13	सामान्य संज्ञायाः	सामान्यसंज्ञायाः
40	10	युस् यः	युस् । यः
41	14	अ्मि	अंमि
42	9	वनुथ्	वंनुथ्
46	14	तसंन्दूय , संन्दूय्	तसंन्दुय्, संन्दुय्
,,	19	गाटुलूय्	गाटुलुय्
57	2	मांड्	मारू [सू० २।१।१८]
59	15	कछलादि	कङ्क़लादि
84	17	कत्यती	कत्यनी

P.	L.	For	Read.
91	9	चाँ॑गिल्थ्	च़ाँ॑गिल्थ्
93	15	मा॑र्वल्	मा॑रूवल्
"	16	क्रूॅ॑रिवल्	क्रूॅ॑रिवल्[क्री॑रिवल्](क्रूॅ॑रिवल् is the form given in the Ms. but is incorrect.)
108	2	धातु पाठः	धातुपाठः
122	12	After this line, insert [अ भा । छुक्व । वाङ्नैर्बल्ये (सू० ६।२।९)]	
133	16	After this line, insert [अ क । निव । उल्लङ्घने (सू० २।१।२३)]	
141	16	For बंन	Read बन
148	3	रंङ्ग	रङ्ग
150	3	लताघाते	लत्ताघाते
153	6	षत्र	वष
156	13	*Dele* . अ क	
180	6	For छुम्	Read छुम्
194	3	कं॑रुव	कं॑रुव (which is more correct).
"	9	ली॑खिव	ली॑खिव (which is more correct).
213	9	वर्जथित्वा	वर्जयित्वा
218	16	गंडून्	गंडून्
236	19	ना॑म्प	नाँ॑प
272	6	च़ूँ॑ट	च़ूँ॑ट
"	7	च़ूँ॑ठ्	च़ूँ॑ठ्
278	11	खरच	खर्च

P.	L.	For	Read.
284	9	हस	हॖस
307	14,16	ख्योनु	ख्योनॖ
330	11,12	छ्यंस्, छ्यस	छ़्यंस्, छ़्यस, and transfer to proper place.
365	17	लूँछ़िल्	लॗँछ़िल्

In a few instances, the dot under ज़ has been omitted. This will cause no confusion, as ज without the dot cannot appear in any Kaçmīrī word.

www.ingramcontent.com/pod-product-compliance
Lightning Source LLC
Chambersburg PA
CBHW030857270326
41929CB00008B/456
9783743407480